# 増補 日本語が亡びるとき

## 英語の世紀の中で

水村美苗

筑摩書房

目次

# 増補　日本語が亡びるとき——英語の世紀の中で

「然し是からは日本も段々発展するでせう」と弁護した。すると、かの男は、すましたもので、

「亡びるね」と云った。（夏目漱石『三四郎』）

# 一章　アイオワの青い空の下で〈自分たちの言葉〉で書く人々

九月のアイオワ・シティの朝はかなり冷えこむ。ホテルの外に出れば、湯気の立つスターバックスのコーヒーを片手に、背中をちぢめてマイクロバスの到着を待つ作家たちの姿がちらほらとあった。作家という職業につきものの猫背がいよいよ猫背になっている。足下にはてんでな形をした旅行鞄が置いてあった。

ＩＷＰというこの長期プログラムに参加する作家たちのリストは、日本を発つまえに、ホームページを開いて印刷してきた。作家たちの顔と名前と略歴を一応は頭に入れておこうと、ご丁寧なことに、そのリストを飛行機の手荷物にまで入れてきた。だが、全員で三泊四日のミネアポリス旅行に発つという、その朝になっても、まだほとんど目を通していなかった。ここ数年来の身体の不調と投薬のせいで頭がぼんやりしており、目を通すのがおっくうだったのである。だいたいどう発音したらよいのかもわからない外国の名前ばかりであった。

ほとんどの作家はその朝が初対面であった。

なにやら一応親しげに話を交わしている作家も、寒い空気を一身に集めて孤独に立っている作家もいる。かれらはすでに一ト月ほどまえにアイオワに着いているが、私は二、三日まえに着いたばかりである。日本を発つまえから、「作家たちとの国際交流」なるものは最低限に留める決心でやってきたとはいえ、こうして一人、キャリーバッグのハンドルを片手に所在なく立っていると、とにもかくにも、まずは自己紹介をせねばという思いがつのってくる。それでいて、その朝も気分がすぐれず、行動に移すだけの気力が湧いてこなかった。

やがて二台のマイクロバスが前後して着いた。見ると、西洋人のほとんどが一つのバスに向かい、わずかに遅れて、そろって黒髪を頭に載せたアジア人たちが、ぞろぞろともう一つのバスに向かっている。西洋人の方がアジア人といっしょになるのをなんとなく避けるうちに、二手に分かれてしまうといった感じである。

なるほどね、と納得しながら、私はみんなが乗りこんだあとでアジア人の多いほうのバスへと向かった。

バスの奥の方には、中国人とも韓国人ともまだわからない、ごつごつとした男盛りの東アジア人の男が何人もいる。中の方には、少女のような若い女の人もいる。頬骨から顎にかけてさっと削ぎ落としたような線が、十年ほど前に見た『青いパパイヤの香り』という映画に出てきた女の人たちに似ている。ヴェトナム人――少なくとも東南アジア人だと思える。前方には、豊かな頬に細い下がり目をした日本人そっくりの男がいた。こちらは男盛りというよりは六十歳近い。日本人は私ひとりしか参加していないので日本人ではありえない。白人は三人しかいなかった。クリスという名のアメリカ人のプログラム・ディレクターがそのうちの一人で、ご苦労さまなことに運転手も兼ねるらしく、最後に乗りこんだ私は、マイクロバスの扉が一番前にあるせいで、そのクリスの隣りにすわることになった。

クリスとは、前日、自己紹介を済ませていた。かれはジャーナリストでも、詩人でもあり、すでに何冊も本を出している。まだ青年の面影が残った顔に金髪の顎鬚をのばした好男子でもあった。

そのクリスの運転で、マイクロバスが発車したとたんに、さりげなくうしろを振り返ると、私の斜めうしろで、例の日本人そっくりの男が窓の外をぼんやりと見ている。不思議なことに、窓際が空いているというのに、通路側にすわっていた。通路を隔てて、反対側に、若い白人の男がすわっていたが、やはり、不思議なことに、窓際が空いているというのに通路側にすわっていた。そして同じようにぼんやりと反対側の窓の外を見ていた。

大学を離れると同時に背の高い建物は姿を消し、田舎町らしい二階建ての小振りの家が、ぽつんぽつんと朝の白い光に照らされていた。美しいといえるほどの光景ではなかった。アメリカの映画に出てくる田舎の風景のような詩情はなく、人生そのもののように、雑然として、まとまりがなかった。

私は身体をもとに戻すとクリスに向かい、「A beautiful day!」と、アメリカ人ならこんな場合に言うべき言葉を発した。イギリス人だったら「Bloody chilly, this morning」と不平から挨拶を始めたかもしれない。クリスは「Yes, very beautiful!」といかにもアメリカ人らしく人生に前向きな言葉で応えてくれ、それをきっかけに会話のようなものが始まった。英語での会話は、私がなんとか質問を考えだし、ほとんど例外なく饒舌なアメリカ人がそれに長々と答えるというのが常のパターンだが、その日はさほど苦もなく次々と質問が私の口をついてでた。遅れて着き、オリエンテーション・ウィークにいなかったせいで、ＩＷＰにかんして何も知らなかった。

クリスは自在にハンドルを動かしながら、アメリカの知識人特有の呆れるほど秩序だった頭――「and」と「but」の区別すらはっきりつけずに話す日本人には到達不可能な秩序だった頭で、ＩＷＰのこれまでの歴史やら今の経済状況やらを、次から次へと説明してくれた。説明をしつつ、私の方を向いて金髪の顎鬚をしたがえた笑顔を見せる余裕もある。バックミラーもちゃんと見ている。右腕をのばしてラジオのチャンネルを変えたりボリュームを下げたりもする。クラシック音楽である。運転があまりに苦手で、運転しないうちについに免許を更新し忘れ失ってしまった私は、運転しながら理路整然と話し、さらに他のことが同時にいくつもできるクリスにひっそりと畏怖の念を抱きながら、かれの話にあいづちをうっていた。そして、そうしながらも、うしろにすわったアジア人たちの存在を背中に重く感じていた。ことに、すぐうしろに、一人、日本人そっくりなのがすわっているのが気になっていた。

　十五分ぐらいたったであろうか。クリスの話がとぎれるともなくとぎれたところで、今度は少し大げさにうしろを振り向いた。少なくともこの一番近くにすわった男ぐらいには自己紹介をしておこうと思ったからである。こういうときは、先へ延ばせば延ばすほど、口を切りにくくなる。

　相変わらずぼんやりと窓の外を見ていたその男が、私が振り向いたのに気がついた。私はできるだけ大きな笑みを浮かべて言った。

「日本からです」

　実際には、「ハーイ!」とカタカナで書くとひどく軽薄に見える前置きをしてから、「I'm from Japan」と言ったのである。

羊のように柔和な顔立ちをした人であった。こういうのを大人風と言うのかもしれないと思いながらその風貌を見るうちに、乏しい漢語の中から、春風駘蕩という表現が浮んだ。

中国人だろうか？

それとも、韓国人だろうか？

「モンゴルからです」

柔和な顔が笑みに埋もれた。

驚かされて世界地図が浮かび、それと同時に、そういえばＩＷＰ参加者のリストに、モンゴル民主化運動のリーダーであり、大統領候補にもなったという人物が載っていたのが朧気に思い出された。そう思って見直せば、今の日本の政治家には望むべくもない風格をそなえているような気がする。国が大きな変動期を生きるとき、泰平の世とはちがい、本来政治家になるべき人物が政治家になるのかもしれない。

モンゴル人の力士はテレビでよく観る。だが実物のモンゴル人に会ったのは生涯で二度目であった。

一度目は二十五年ほど前、自分はモンゴル人だと称する女の子にパリで会った。すらりとした立ち姿で目立って美しかった彼女は、先祖が十七世紀にモンゴルを出発し、それからゆるゆると三世紀かけてパリに辿り着いた、「信じられないでしょうけれど、ホントよ」、と完璧なパリジェンヌのフランス語で言った。そのときわたしの頭には、ゲルと呼ばれる例の丸いテントの集落が、悠久の時のなかを点と線を描きながら、ユーラシア大陸を西へ西へと移動してゆくさまが、シネマスコープの画面のように大きく浮かんだ。

今回会ったのは、モンゴル生まれ、モンゴル育ちの、正真正銘のモンゴル人である。「モンゴル」という言葉にはこの世を離れた響きがあった。体調を崩して以来ずっと重かった頭に、あたかも草原の風が吹きこんだようである。私は珍しいものでも見るようにその柔和な顔立を見ながら訊いた。

「小説家ですか？　詩人ですか？」

「詩人です」

「アメリカは初めてですか？」

もちろん初めてだろうと思いながらの質問である。

「はい、初めてです」

そう応えたモンゴルからの詩人は、通路を隔ててすわっている、若い白人の男の人を紹介してくれた。

「かれはリトアニアからです」

そうだったっけ、リトアニアからも一人くることになっていたのだっけ——こちらの男の子のほうはリストにあったかどうかも思い出せない。大体、世界地図を頭に浮かべても、子供のころから本といえば小説しか読んでこなかった報いで、ロシアに近いはずだという以外、どこにあるかもわからない。いったいどんな国なのか、どこが首都なのか、その名を知っているべき歴史的人物がいるのかどうかも、わからなかった。若い人だからツンツンと立ったヘアスタイルに片耳ピアスという、どこかトンがった格好である。

私は無難な質問をした。

「小説家ですか?」

「いいえ、詩人です」

「なるほど、わたしは小説家です」

Are you a novelist? No, I'm a poet. I see. I'm a novelist——という、英語の初級教科書の応用のような会話はそれでお終いであった。モンゴルの詩人もリトアニアの詩人も口の周りに笑みらしきものを浮かべてはいるが、それ以上何も言わない。

これで新参者としての挨拶を一応果たした——極端に非社交的な人間ではないことを周りに了解してもらった、とそう思った私はまえを向いた。モンゴルについてもリトアニアについても何も言うことがないのは申し訳ないが、会話が長続きしなかったのは私が無知だったせいだけではない。かれらの笑みらしきものからは、英語を話すのが苦手なのがひしひしと伝わってきていた。

道の両側には今は青い空の下にどこまでも平たくとうもろこし畑が続いていた。とうもろこし畑が自然を破壊する大規模農業を象徴するものであるのを知ったのは、のちの話である。そのときの私は、とうもろこし畑が続くのを見ながら、アメリカの映画に出てくる田舎の光景が窓の外に広がるようになったのを、ぼんやりと感じていただけであった。陽が高くなってきているので、夏に戻ったような明るさである。

五分ぐらいたったとき、ふと、リトアニアの詩人がうしろから首をのばした。

「「ボンサイ」を知っていますか？」

ボンサイ？

日本人との話題を探そうとしてくれたものと思える。

振り向いた私はとまどいを露わにして応えた。

「盆栽が何であるかは知っていますが、盆栽のことは何も知りません」

アメリカでボンサイ・ファンがいるのは知っていたが、肩をこごめて小さな松をちょんちょんと切る日本の爺さん趣味が、地図の上でどこにあるかも判然としないリトアニアの若者にまで広がっているとは思いも寄らなかった。どうやらかれは実際に興味があるらしい。一つの種類の木について何か質問があるとみえ、ウー、アー、と言いながら、もどかしそうに指で木の形らしきものを描いている。質問の内容以前に、いったい何の木についての質問なのだかがわからない。私は木の名前などは日本語でさえほとんど知らなかった。

松ですか、ノー、梅ですか、ノー、桜ですか、ノー、ノー、モット小サイノ、だってそもそも盆栽は小さいものではないですか、ンー、デモ、モット小サイノ、という意味をなさないやりとりが数分続くうちにモンゴルの詩人が助け舟を出そうと、身を乗り出してリトアニア人に何かを言った。

息を呑んだ。

ロシア語であった。学生のころ大学で上映していたソビエト映画をいくつも観たのですぐにわかった。映画で聞いたのと同じ流暢なロシア語で、リトアニアの若い詩人に何か質問している。ユーラシア大陸には、日本人とそっくりな顔をして、ロシア語を流暢に話す人たちがいるのは知っていた。だが、日本人とそっくりな顔をして、ロシア語を流暢に話す人を実際に見たのは初めてであった。モンゴルの近代史を知ってさえいれば驚くほどのことはなかったのだが、そのときの私はひたすら驚いた。

盆栽の話は頭から吹き飛んでしまった。

「ロシア語を話されるのですか?」

「はい、モスクワで勉強しました」

リトアニアの詩人が間に入った。

「かれのロシア語は私のロシア語よりよほど上手です」

モンゴルの詩人はそれを聞いて鷹揚に笑っている。

そのとき私は初めて理解した。この二人は、たんに偶然に通路を隔ててすわっていたのではなかった。東アジア人の六十近い男と白人の若い男は、はたからみれば奇妙な組み合わせではあったが、ロシア語を介して友達となっていたのである。

そうか、人はモンゴルに生まれて、モスクワに留学し、ロシア語を学んだりするのか。そして、人生も後半になって今度はアメリカの大学に招かれ、そこでかつてモスクワで学んだロシア語で、耳にピアスをした若いリトアニア人と友達になったりするのか。

一九八九年、ベルリンの壁が崩れ落ちると同時に冷戦構造が終焉をむかえ、アメリカが一人勝ちして、地球がどこまでも平たく資本主義に覆われるようになった——とは、ここ二十年近く、何回となくくり返された言葉である。

それが事実としてそのまま目のまえにあった。

いつのまにか二人はロシア語で会話をし始めていた。しばらくすると、リトアニア人の斜めうしろにすわっていた白人の中年の女の人もそのロシア語の会話に加わった。あとでわかったが、イフゲーニアという、ギリシャ神話に出てくるお姫様の名をした、ウクライナからの小説家であった。

うしろの方からは中国語と韓国語が聞こえてくる。

マイクロバスはユーラシア大陸の歴史を乗せてとうもろこし畑の中を走り続けた。途中で昼食を摂ったあと、アイオワ州を越えミネソタ州に入り、それからさらにバスにゆられてミネソタ州最大の都市、ミネアポリスのホテルに辿り着いたのはあたりがまた冷気を帯び始めた夕刻近くであった。

マイクロバスを降りてホテルの中に入ると、外国人と一緒に数時間閉じこめられていたせいか、突然、アメリカのまっただなかに放りこまれたのが肌で感じられた。ハンバーガーとポテトフライを食べ過ぎて上にも横にも膨張しきってしまったアメリカ人が、何かを声高にしゃべっている。顎と唇を思いきり動かし、子音も母音もともに強烈に発音するアメリカ英語が聞こえてくる。吹き抜けのロビーを飾る、日本のものほどひどくはないが、それでも嘘っぽい地中海のヴィラを模倣した白い柱やら白い壁が、これでもかこれでもかとアメリカの匂いを発している。そのアメリカの匂いが充満するロビーに、さまざまな国からきた作家たちが、長旅に疲れた顔を遠慮なく晒しながらてんでの形をした旅行鞄を片手で引き、ぞろぞろと集まったのであった。

日本からは私一人。アジアの他の国からは、中国人、韓国人、ヴェトナム人、ビルマ人、モンゴル人。アフリカからはボツワナ人。中東からはイスラエル人。東欧からは、ポーランド人、ルーマニア人、ハンガリー人、ウクライナ人、リトアニア人、ボスニア人。西欧からはイギリス人、アイルランド人、ドイツ人。北欧からはノルウェー人。南米からはチリ人とアルゼンチン人。総勢二十数名であった。

私はその日を境いに、この総勢二十数名の作家とともに一ト月同じホテルの同じ階で暮らすようになったのである。

米国のアイオワ大学が主催するIWPに参加しないかという話があったのはその年の春である。IWPとはInternational Writing Programの略で、国際創作プログラムとでも訳すべきか、世界各国から小説家や詩人を招待し、アメリカの大学生活を味わいながらそれぞれ自分の仕事を続けてもらおうという、たいへん結構なプログラムである。往復の旅費、大学が所有するホテルでの宿泊費、日々の生活費を出してくれる。さらに書籍代なども出してくれる。

アメリカに行く話が出たときの常として、私はまず困惑した。

ご存じのかたもいるかもしれないが、私は十二歳で父親の仕事で家族とともにニューヨークに渡り、それ以来ずっとアメリカにも英語にもなじめず、親が娘のためにともってきた日本語の古い小説ばかり読み日本に恋いこがれ続け、それでいながらなんと二十年もアメリカに居続けてしまったという経歴の持主である。インターネットというものがあり、たとえ親の仕事で外国に連れていかれても、コンピューターの画面をとおして日本の時間を外国でそのまま生きることができる今の人間には考えられない望郷の念に私は囚われ続けた。そして、アメリカと英語を避けるうちに、ご苦労さまなことに、大学、さらに大学院でフランス文学を専攻したりもした。さまざまな要因が重なってかくもわけのわからぬ人生を送るはめになってしまったのだが、そういう人生を送ってしまったという事実は、それに触れずには何も書けないほど、私のすべてを条件づけてしまった。

三十の声を聞いてようやく日本に戻ってきたときである。ある日、渋谷のセンター街の入口で四十半ばぐらいの手相見の男を見かけた。当時の私にとって手相見という風物が物珍しかったうえ、男はいかにもそれらしい黒い支那風の帽子をかぶり、ありがたそうな下ぶくれの顔をしていた。私の記憶の中ではいつのまにか二本のドジョウ髭まで垂らしている。

両方の手の平を差し出すと男はちらと見ただけで言った。

「外国に縁がありますね」

私は少なからず衝撃を受けた。そして、男に向かって、今までは外国にいたこと、だが、これからはもうずっと日本にいるつもりであることを告げた。

「いやあ、アナタはね、これからも一生外国に縁があるね」

自信たっぷりな口ぶりであった。

日本はすでに金持になっており、外国に出るのは特権的な経験ではなくなっていた。

私を喜ばすために言ったとは思えない。もちろん悲しますために言ったはずはない。ただ、私の方は、何十個もの段ボールとともにようやく祖国へと戻ってきたところである。まだその事実が深層心理では信じがたかったものとみえ、あれぇーっ、まだアメリカに住んでいる、いったいどうなってるんだろう、いったいいつになったら日本に帰れるんだろう、などという夢を見てうなされ、目が覚めると東京のせまいマンションの天井が目に入り、ほっと安堵の息をついたりしていたころである。あのころは、朝、窓から登校中の子供たちの叫び声が聞こえれば、まどろみのうちにその声が英語ではなく日本語なのに気がつき、そういえば、ああいう叫び声は日本の子供の声だ、小さいころ自分自身が小学校に登校するとき、道のあちこちから聞こえていた声だ、あの子供たちは日本の子供だ、私は今日本にいる、と意識が半覚醒から覚醒へと移行していくのにしたがい、祖国へと戻ってきたという思いに胸がひたひたと浸されていくことがよくあった。

手相見の言葉は、そのときの衝撃とともに、私の胸に刻みこまれた。

「外国に縁がある」手相などというものがあるのかどうか、私は知らない。ただ、しばらくしてから思いもよらぬ展開があり、再びアメリカに戻ることになったのは事実である。長年心で描いていた夢とは裏腹に、最初の小説をアメリカで書くことになったのも事実である。そして、それからも幾度も外国に出ることになったのも事実であった。世の中には世界を飛び回るのが仕事の人もいれば趣味の人もおり、そのような人と比べれば、出ているうちには入らない。だが、もう根が生えたように日本にいたい、そのまま日本に骨を埋め、日本の土に返りたい、と思っていた身としては、十二分に出ることになったのである。

もちろん私は喜んで行くわけではない。

幼いころから家にいるのが好きで、幼稚園に通い始めたころは、この先大人になるまで何年こうして家の外へ出なくてはならないのかと毎朝泣いたほどの外出嫌いである。しかも、海を越えるというのは、年を重ねるごとに、神経の負担に加えて、もともと丈夫ではない身体の負担がたいへんになってくる。

近年「国際」と名のつく催し物が急増したが、それは平たくいえば飛行機代が安くなったからで、作家もなんだかんだと外国に招かれる機会が多くなった。だが、作家が招かれるとすれば、おおむね、大学に招かれるということである。大学はつましく、つましいその大学のなかでも、文学部はことにつましい。ノーベル賞級の作家ならいざしらず、私程度の作家では、飛行機は当然エコノミークラスで飛ぶことを期待される。自分でビジネスクラス分を余分に出すほどのお金もない。ということは、外国に招かれるというのは、今や価格破壊で、囚人の護送トラックか家畜の運送トラックかと見まごう混み合った席で、餌かなんぞのようにぞんざいに与えられる食事をはみ、韓国や中国へ行くのでもないかぎり、十数時間くくりつけられたように一ところに座っていなければならないことを意味する。極東の島国の住人であるのを呪うのは、そんなときである。目的地に着いても誰かが迎えに来てくれていることはほとんどなく、大体は一人で心細くタクシーに乗りこむ。もちろん滞在中は疲れることの連続で、緊張するわ寝られないわ風邪をひくわで、日本に戻ってからもしばらくは大病を患ったあとのようにぐったりとし、もう外国に出るのは金輪際やめようと固く決心する。

それがまたしばらくすると誘いがある。

瞬間的な反応は、もうこりごりだ、という反応である。たとえ日本文学を大学で教えたりしていても、外国人はそうたやすく日本語の小説などは読めない。私の小説を読んでというより、たんに私が英語を解するので重宝がられて招かれている可能性の方が強く、なんだか安っぽく利用されている気がする。そもそも小説家が外国に出て小人数を前に自分の作品について話したり、自分の作品を朗読したりすることに、何の意味があろうか。だが、ぶつぶつ言いながらも何度かに一度は応じるのは、やはり招かれたのをありがたく思う気持がわいてくるからだが、それとは別に、手相見に言われた、「外国に縁がある」という言葉が心にずっとひっかかっているのもあった。

私の知らない天の摂理がどこかで働いているのかもしれず、たまには従おうという気になるのである。

今回IWPから誘いがあったときは、時期的には微妙なときであった。誘いがある二年ほど前からひどく体調を崩していたのである。

生きるというのは疲れるものである。

お醤油が切れる。牛乳が切れる。食器の洗剤が切れる。数年分買いだめしておいたつもりの「ランコム」の口紅まで切れる。食卓の下に綿ぼこりが舞う。新聞や雑誌がたまる。洗濯物もたまる。電子メールもくれば本物の手紙もくる。人様に見せられる格好をして人様と会う。口だけは達者だが身体はヨレヨレの老親の代わりに銀行でお金を下ろす。「ケアマネ」さんとの連絡もとる。相変わらずの姉の泣き言を電話で聞きもする。私自身バランスを崩しやすい年齢に達している。そこへ長い小説を、連載という形をとって毎月発表していた緊張が加わった。一ト月のうち、一日でも仕事をなまければ、三十分の一、質が低いものを出すことになるという強迫観念が、ひとときたりとも頭を離れなくなった。朝は歯を磨く前から、夜はどっとベッドに倒れこむまで机に向かう日が続いた。

夏のある日、レストランで長時間、首から背中にかけて冷房にあたっていたのがきっかけとなった。お祝いの席だったので、ふだんよりも背中が開いたドレスを着ていたのも災いしたのであろう。どんどんと気分が悪くなり、ついに我慢しきれなくなって立ち上がったときはすでに遅かった。手洗いに辿りつくなり、そのままうずくまるよりほかになかった。

手を両頬にあてれば氷のように冷えていた。

身体に血がめぐらなくなってしまっていたのである。その夏の日を境いにもう水道の水も冷たくて飲めなくなった。冷蔵庫を開けても悪寒が走るようになった。冷房が効いた地下鉄も、バスも、タクシーも乗れなくなった。冷えているであろうコンビニをガラスの外から見るだけで気分が悪くなった。

自律神経失調症であった。

一年後、小説の連載をかろうじて終えてから決心して心療内科を訪れれば、ごりごりにかたまった身体の緊張を解くため、医者は抗鬱剤、抗不安剤、睡眠剤を処方してくれた。

ＩＷＰから話があったのはそのような薬を服用し始めて一年ほど経ったころであった。ここまで体調を崩して初めて知ったのは、体力がないというのは、なによりもまず、健康だったときには想像もつかないほど、人づきあいが負担になるということである。人と会うと思うだけで、どす黒い鉛の液を背骨に沿って注入されたように、背中全体にかけて凝りが広がっていく。実際に人に会っているときは無意識に幾度もハンドバッグの中の薬に手が伸びる。麻薬中毒者のようなものである。家に帰って一人になれば、ベッドに身を投げ、目を閉じ、老女のようにだらしなく口を開けて寝るだけだった。四人か家畜のように飛行機で運ばれるぐらいは耐えられても、ＩＷＰのようなプログラムに参加すれば当然のこととして期待される、「作家たちとの国際交流」がある。そのような七面倒くさいものに耐えられるかどうかわからなかった。人との新しい出会いから何かを得られるような歳ではないという思いが、消極的な気持をさらに消極的にした。

だが、同時に、惹かれたものがある。

「転地療養」の可能性であった。

「転地療養」――それは、病いのなかで小説を終えようとあせるうちに、いつしか心をよぎっては消え、消えてはまたよぎるようになった夢である。西洋の小説か洋画にでもありそうな夢、しかも、自分が日本人に見えるのをちょっと脇に置かせてもらった夢、まさに日本の高級婦人雑誌の広告にでもでてきそうな脳天気な夢で、小説が終わったら日本を離れ、スイスの湖か何かを見おろすこぢんまりした古風なホテルに一、二カ月逗留し、本を読んだり散歩をしたりと、日常のすべてから解放され、優雅な時の流れに疲れた心と身体をゆだねようというのである。印税も入りたてのほやほやである。想像の中では、膝下までのツィードのスカートに低いパンプスという、私などが似合うはずもない、時代遅れの英国の中年婦人のような格好をしているのは、小説を終えてからは、ぼうっと寝転がって、アガサ・クリスティのミステリーの朗読CDばかりを聞いていたせいかもしれない。頭に浮かぶイメージは嘘っぽいものでしかなかったが、日常のすべてから解放され、えもいえぬ美しいところに身を置き、一生分休んでみたいという気持は、ほんとうであった。ＩＷＰの謳い文句によれば、参加者は「それぞれ自分の仕事を続ける」だけでよく、そのために、アイオワ川のほとりの一室が与えられるという。「アイオワ川」という聞き慣れない言葉の響きは「スイスの湖」に比べるとどうもいまいちではあったが、水が流れる風景が身近にあると思えば、妥協できない線ではなかった。「転地療養」の夢はあっても、行き先をはっきりと決めるのもおっくうで、夢を夢の次元にとどめておいたのである。ＩＷＰに参加すればその夢が実現する可能性があった。

「作家たちとの国際交流」が負担だからやめるか、「転地療養」の可能性に惹かれて行くか。

思い悩んだ頭に例の「外国に縁がある」という言葉がぐるぐるとめぐり、それが最後の決め手となった。ほんとうは三カ月にわたる参加が義務づけられているが、三カ月ものあいだ老親を放っておけるとは思えなかったし、またそれ以前に、自分の体力がもつとも思えなかった。一カ月だけということで話をつけてもらい、ほかの国からきた「作家たちとの国際交流」は、失礼にならない程度に、しかし最低限に留めようと、出発前から心で決めていた。

初めて訪れたアメリカのほんとうの中西部であった。

アメリカの中西部、ことにアイオワ州は、田舎の代名詞で、まさに、どこまでもとうもろこし畑が続くことで知られている。アイオワ・シティは、その畑のまんまん中にある、州立のアイオワ大学を中心とした大学町である。人口六万三千人のうちの半数が学生だという。だが、住むうちにわかってきたのは、アイオワ・シティがいわゆる典型的な「田舎の大学町」ではないということである。小さな町なのに、大学の内から外にかけ、図書館、美術館、劇場、映画館、書店、各国のレストランなど、結構なものがところせましと並んでいる。とりわけ珍しいのは、アメリカ、しかも中西部だというのに、マンハッタンのグリニッチ・ヴィレッジにでもありそうな、個人が経営するこぢんまりとした喫茶店が何軒かあることである。その理由は一つ。アイオワ大学は全米で初めて設立された創作学科（IWW＝Iowa Writers' Workshop）が有名で、その創作学科の存在が、この町をたんなる田舎の大学町とはちがう、きわめて文学的な町にしているのである。（事実二〇〇八年にアイオワ・シティはユネスコから「文学の都市——City of Literature」として全米で唯一指定された都市となった。）

全米で初めて創立されたというアイオワ大学の創作学科は、今、全米で一番優れた創作学科だということにもなっている。そこで教えるのが作家として名誉なのはもちろん、そもそもそこで学ぶのが学生として名誉であるらしい。毎年、小説家志望、詩人志望、それに数人の翻訳家志望を加え、五十人余りの生徒が入学するが、小説家志望となると約三十倍の難関をくぐらねばならない。日本の大学の創作学科とちがい、すでに大学を卒業した生徒たちである。創作学科などで文学の書き方を学ぶというのは、日本では評判が悪く、私自身、作家が教えて食べられるという以上の意味はあまり見出していなかったが、今回、その難関をくぐってきた学生たちをまのあたりにして、だいぶ思いを改めた。大学を出たあと比較的若いうちに二年間だけでも毎日ものを書く生活を送る。そのあと、運がなければものを書く仕事にはつけないが、若いころ受けたその訓練を、一生のうち、いつかは役に立てたいとその機を狙って書き続ける。そういう感心な心がけの学生たちが全米から集まっていたのである。

創作学科が設立されたのが一九三六年。それから三十年後、長期にわたってその創作学科のディレクターを務めていたポール・エンゲルという詩人が辞職したときである。彼の将来の妻となる中国人の小説家、聶華苓《ニエ・ファアリン》が、全世界から作家を集めてくるというプログラムを立ち上げるのを提唱した。それが、私が参加したIWPであった。

一九六七年に始まって以来千人以上の作家を百カ国以上の国から迎えたという（注一）。数年前、財政困難に陥り、プログラムを打ち切ろうという決断が下されたそうだが、予想もしなかった学生と市民の反対デモがくり広げられ、命がつながったという。私が参加したときは新しいディレクターを迎えて息を吹き返したところであった。アメリカ国内では、創作学科の方はよく知られているが、この外国の作家を集めたＩＷＰの方はあまり知られていない。アメリカ国外での認知度はさまざまらしく、よく知られている国の中には、参加するのが作家の重要な登竜門とみなされる国もあるという。当時は過去の参加者のデータをようやくコンピューターで整理し始めたばかりで、日本からどのような作家が参加したのかははっきりとはわからなかったが、滞在中、大庭みな子、中上健次、白石かずこ、吉増剛造、中上紀などの名前が断片的に耳に入った。また翌年は島田雅彦が参加することになっていると聞いた。

　想像力というものは罪作りなものである。

　出発前に想像していたような「転地療養」の夢は、大学が所有するというホテルに空港から車で着いたとたんに泡と消えた。

「転地療養」といえば、日常から解放されるだけではなく、贅沢ではなくとも、美的生活を送るというのが、私にとって第一条件であった。ところが、外から見たホテルはコンクリート建てのアパートにわずかに毛が生えた程度のものである。一歩中に入ってみれば、エントランスとロビーが申し訳のようにある。最後に案内された部屋に至っては、ホテルの一室というよりも、安モテルの一室に近かった。アイオワ川を見おろすスイートルームを与えられるというのがＩＷＰの案内書にあった謳い文句だったのにもかかわらず、窓からは、こともあろうに、接近した隣りの建物の裏が見えるだけで、青空さえほとんど見えない。アパートならもっとも家賃の低い部類の部屋である。広さもどこがどうなってスイートルームだと喧伝されたのかわからないが、ごくふつうの一室でしかない。東京のホテルとしては贅沢だが、アメリカの中西部のホテルとしては、贅沢とはほど遠い広さである。そこにダブルベッド、事務机、事務椅子、鏡つきの引き出し、テレビ、それにティーテーブルと肘掛け椅子という、最低限のものが置かれている。モダンと言えば聞こえがいいが、要するにアメリカのどこの安宿にでもある、耐久性以外にとりえがない無趣味な家具である。窓をおおう、端の方が傷んででこぼこになったアルミニウムのヴェニーシャン・ブラインドは、無趣味を越えて、寒々しかった。

ホテル内にレストランがあるというのも案内書にあった謳い文句だが、レストランとは名ばかりの、学生食堂と言っても通る程度のカフェテリアで、セルフサービスの上に、メニューも数品に限られていた。もちろん味がどうのこうのと言えるようなものではない——というより、眺めているうちに自然に胃袋が意気消沈してくる。しかも、いったいいつ開いているのか最後まで把握できないほど、始終閉まっていた。私は、結局、隣りの学生会館の地下で自分の食べるものを買うことになった。温かいスープがあり、カット野菜や果物があり、さらに、嬉しいことに、日々カリフォルニアから空輸されてくる巻き寿司があり、こちらの方は感心な品ぞろえであったが、しょせんプラスティックの容器からプラスティックのフォークで食べる食事でしかない。長すぎたアメリカ滞在の中で、これまた長すぎた大学院生活を送っていたころとあまり変らないレベルの食生活であった。

だが、思えば、外国人の作家にアメリカの大学生活を味わってもらおうというのがプログラムのそもそもの主旨である。あーあ、この歳になって、もう一度大学院生に戻ってしまったとは——という感慨は胸にしまい、美的生活を第一条件とした「転地療養」を諦めて、たんなる「転地療養」に専念しようと決心した。大学のキャンパスの中を流れるアイオワ川は、私が心のなかで描いていた「スイスの湖」とは似ても似つかなかったが、そのほとりを散歩するのを日課として、のんびり過ごせばいい。私の夢はアイオワに着いて一日にして、しゅるしゅるとしぼんで、つましいものとなった。

ところが、そのつましい夢も叶わなかったのである。

折しも、うち切られそうになったIWPを再建しようと、新しいディレクターのもとで関係者全員が身を粉にして駆けずり回っていた最中で、そんなときに参加したのが運の尽きであった。文化事業でさえ徹底的に成果主義のアメリカではIWPの運営資金として、国務省に援助金を申しこむにも、地元の企業から寄付をつのるにも、IWPがいかに文化に貢献しているかが宣伝されねばならなかったのである。作家たちにとっては——ことに英語がある程度話せる作家たちにとっては、自分の作品や、自国の文学、自国の言葉について、大学の授業やセミナー、老人のサークル、町の図書館、町の本屋、果てはテレビやラジオなどで話すのが、滞在中の重要な仕事の一部となった。十五分ていどのことだが、日本語でさえ話すのが苦手な私は、不自由な英語で話すため、毎日下書きを書くのに追われるようになった。断れば断れたであろうが、断るということは、ＩＷＰの再建のための自分の持出しを断るのを意味するようで、気がひけてできなかった。

私は、日本語など見たことも聞いたこともない人たちをまえに、日本語は中国語とはまったくちがった系統の言葉であること、「漢字」と「カタカナ」と「ひらがな」という三種類の文字を使って書くこと、また、西洋語を使う人間には信じがたいだろうが、主語を必要としないことなどを説明した。

たまに息抜きにアイオワ川のほとりを散歩するときも、下書きの準備が頭から離れなかった。体調が悪化しないのが不思議なくらい緊張した毎日がくる日もくる日も続いた。投薬の量も増え、身体がいつもむくんでいた。

人生は不思議な方向に発展するものである。「転地療養」を求めてきた私に、「転地療養」は与えられなかった。ところが、その代わりに、求めてもいなかった何かを与えられたのである。それは「作家たちとの国際交流」と名づけられるほどのものではなかった。そもそも「交流」できるほど充分に英語を操る作家はそう多くはなかったのである。だが、それは、さまざまの国からきた作家の中に入ったのがきっかけとなったのは確かで、その意味では、やはり、「作家たちとの国際交流」のたまものだったというほかになかった。

作家たちはとりたてて立派な人たちではなかった。少なくとも、そういう印象は受けなかった。

まずは、見かけがぱっとしない。

アメリカの中西部というのは、圧倒的に白人の多い地域である。しかもその白人も、ドイツ系、さらには北欧系が多く、今、人種の分類学でそんなカテゴリーが残っているかどうか知らないが、いわゆる昔から言う、アーリア人種である。ユダヤ人を始めとする非アーリア人種が多い東海岸で育ち、東海岸の大学に行ったわたしは、アイオワ大学の学生たちを見回しながら、よくも世の中にこれだけ金髪碧眼がいるものだと感心した。しかも背が驚くほど高い。そして、もちろん眩しいほど若い。ヒットラー・ユーゲントの一人としてナチスの宣伝映画に出ていたような人たちばかりがキャンパスを跋扈《ばっこ》していた。

そのような人たちの中で私たち作家は目立った——身も蓋もなく言えば、悪目立ちした。白人ではない人間が多かったし、白人でさえ、東欧系やスペイン系の人が多く、金髪碧眼という訳にはいかない。背も高くない。もちろん若くもない。さらに、貧しい国からの人が多いので、流行に合った服や、上等な素材の服を着ているということもない。小さい大学町、しかも文学を大事にしてくれる大学町なので、ＩＷＰの作家だと言えばどこへ行っても勿体ないような丁寧な扱いを受けたが、集団で動けば、移民か難民の群れに見えなくもなかった。

ＩＷＰの存在を知らなければ眉をひそめる人もいたであろう。

それでは、外面がぱっとしない私たちが内面において輝いていたかというと、遺憾ながら、そういうわけでもない。

外から見れば、乞食や狂者や愚者の集団と選ぶところがない人たちが、神の目から見れば、実は聖なる人たちの群れであったというような話が昔からあるが、それは、私たち作家にはあてはまらなかった。日々接していて、心が温かかったり広かったり、志が高かったりする人――優れた精神を授けられた人が集まったという印象は取りたてて受けなかった。英語が拙いせいもあるだろうが、優れた頭脳を授けられた人が集まったという印象さえ取りたてて受けなかった。どちらかというと身勝手な文句言いが多いという印象があった。プログラム・ディレクターのクリスの苦労を思い遣ることも多々あった。

ただ、かれらと顔を始終つき合わせるうちに、私は、いつのまにか、大きな感慨をもつようになった。

人はなんと色んなところで書いているのだろう……。

地球のありとあらゆるところで人が書いている。さまざまな作家が、さまざまな条件のもとで、それぞれの人生を生きながら、熱心に、小説や詩を書いている。もちろん、六十五億の人類の九割九分九厘は、そんな作家が存在したことも、そんな小説や詩が書かれたことも知らずに死んでいく(注二)。それでも作家たちは、地球のありとあらゆるところで、働いたり、子供を育てたり、親の面倒を見たりしながら、時間を見つけては背を丸めてコンピューターに向かい、何やら懸命に書いているのである。与えられた寿命をたぶん少しばかり縮めながら、何やら懸命に書いているのである。

私は本屋で買ってきた世界地図をよく机の上に広げるようになった。

たとえば、人はモンゴルでも書いていた。

先ほどのモンゴルの詩人は名字をダシュニムといった。かれだけ名字でよばれていたのは、ファーストネームが長すぎて誰も発音できなかったからである。私はダシュニムの顔を見るたびに、人がモンゴルでも書いているという事実の不思議に打たれた。拙い英語でぼちぼちと私に打ち明けてくれるダシュニムの人生は、その思いを深めるものであった。

ダシュニムは大きな人なのに淋しがりやである。

「I'm lonely」

さびしい。

そういってわたしの部屋に入ってくる。

「I miss Mongolia」――モンゴルが懐かしいとも言う。

男の人なのに私と同様冷え性だったのだろうか。それともたんに暖かい飲み物が好きだったのだろうか。もてなすものもないので、冷蔵庫のない部屋の隅に積み重ねた生ぬるい缶ビールを出すと、大きな両手で、さらに温めながら飲んだ。

お父さんは狩人だったと言う。

大草原で大家族が同じテントに住んでいたそうである。そして、そのテントの真ん中の鍋で作る、羊のごた煮を食べて育ったと言う。たまのご馳走というのではない。来る日も来る日もその同じ羊のごた煮を食べたと言うのである。さらに羊のチーズを食べ、羊の乳を飲み、羊の乳から作ったお酒も飲んだ。わたしからすれば羊責めの拷問と変わらないが、両手で缶ビールを温めながら、ダシュニムは懐かしそうにくり返す。

「I miss Mongolia」

ダシュニムのソビエト留学は偶然がもたらしたものであった。旧ソビエト政府は、ソビエト帝国の地盤を固めるため、勢力下にある国々から優秀な少年少女をソビエトに送りこませ、数年にわたる寄宿舎生活を通じてロシア語とマルクス・レーニン主義とを徹底的にたたきこみ、そのあとでもとの国々に返し、新しい指導者を作るという政策をとっていた。だが、一党独裁がいかに腐敗の温床となるかは皆の知るところである。当然、それぞれの国の政府の高官の子弟ばかりがぞろぞろと送りこまれる。あるとき、毎年毎年ロクでもない若者ばかりがやってくるのに業を煮やしたソビエト政府は、それでは共産主義の本然に立ち戻ろう、民衆中の民衆、僻地に住む農民や漁民や狩人の子供たちを招こう、とその留学制度の方針を変えた。それで、狩人のお父さんをもったダシュニムとその弟が選ばれてモスクワに送りこまれたそうである。格別に学業ができたうえに、勝手な想像だが、お父さんが村の顔役だったのかもしれない。もちろん物事は政府が考えるようにはいかない。実際に民衆中の民衆の子供たちを教育してみると、エリートの子弟たちよりももっとロクでもない。それで、またすぐにその方針を放棄したというのだが、その間わずか二、三年の間に、ダシュニムと弟がソビエトに滑りこんだのである。少なくとも、それが私が理解したダシュニムの話である。そのあとダシュニムは再びソビエトに留学して博士号を取得し、モンゴルに戻ると、今度はソビエトの勢力下からの独立運動に関わるようになったらしい。ソビエトは自分の懐で狼を教育したのであった。

そんなダシュニムだが「そして私はあなたを想う」などというロマンティックなリフレインが入った詩も書く。

モスクワに留学していたとき恋心を抱いたロシア人の娘がいて、「金髪で美人」だったそうである。それが数年前、ソビエトがロシアに戻ったあとに再会すると太ってしまっていたそうで、こんなだった、と自分の大きな腰よりもさらに大きな腰を両手で描いた。ふつう男の人がこのような話をすると、男の人自身が安っぽく見えるものである。ところが、ダシュニムの言い方と動作には、人生そのもののあまりに安っぽい成り行きに、当惑しているような、吹き出したくなるのをこらえているようなところがあって、少しも安っぽく見えなかった。

「You are a very important person」

何かのときに私がそう言ったことがある。

「Everybody is important」

英語はきわめてたどたどしいのに、そのような反応が一瞬のうちに返ってくる人であった。

言葉の上手い下手にかかわらず人格の上下はおのずから明らかになるものと見え、ダシュニムは人格者としてみんなから信頼されていた。

ダシュニムの友達の若いリトアニアの詩人は、ギンターリスという。「ボンサイ」のほかに釣りが趣味で、アイオワ川に釣り糸を垂らすそうである。髪をつんつんに立て片耳にピアスをした若い男の人が「盆栽と釣りが趣味」だというのは、リトアニア語でいかなる意味をもつのかはわからないが、言葉が変われば意味も変わり、日本語で感じるようなおかしさはないにちがいない。あるとき、あまりに大きな魚が釣れ、ギンタ一リスはどう処理すべきか決心がつかず浴槽で一週間ほど泳がせていたところ、ダシュニムが見かねて料理をしたという。

捕った獲物は食せねばならぬ、というのが狩人をお父さんにもったダシュニムの哲学である。

でも、おいしくなさそうなので、自分は食べなかったとダシュニムは笑ってつけ加えた。

モンゴルの長い歴史では、中国とのおつきあいは、ソビエトとのおつきあいよりもはるかに長かったにもかかわらず、ダシュニムが中国の作家と話しているのは見たことがなかった。

中国からは男の小説家が二人で、ジーパンをはいた両足を前に広げて投げ出して座るのを「田舎のあんちゃん」、宝塚の男役のように白いスーツが似合うのを「都会のあんちゃん」と私は勝手に名づけていた。「田舎のあんちゃん」は名を余華《ユイ・ホア》という。IWPの参加者リストでは「Y」から始まるかれの名はリストの最後にあり、そこまでは目をとおさずじまいで気がつかなかったが、ダシュニムをのぞけば、実はこの「田舎のあんちゃん」が私たちの出世頭であった。当人はそれこそ一言も英語を解さず、廊下で会っても消え入りたいような笑顔を残してさっさと部屋に入ってしまうので最初はその存在を気にもとめなかった。ところがそのうちに映画がどうのこうのという話が耳に入り、いったいなんのことだろうと真面目に参加者リストを読んでみれば、かれの書いた『活きる』という小説をもとにして張藝謀《チャン・イーモウ》監督が映画を作り、その映画がカンヌ国際映画祭で審査員特別賞を受賞したことがわかった。当時は深く考えなかったが、今思えば、ひょっとすると著名人だったのかもしれない。

韓国からの作家は男の人が三人。英語の上手な順からいえば、まずはアイオワ大学で英文学の博士号をとったという詩人。車をもっているので、「C'mon, Minae!」とアメリカ人のように首を後ろに投げるジェスチャーでもって私を誘い、韓国料理や日本料理にほかの韓国人と一緒に連れていってくれる。四人で忙しくお箸を使う時間は、アメリカでならではの、東アジア人の東アジア人に対する優しさと気楽さを感じる時間であった。次に英語が上手だったのは、一人で冗談を言っては自分で笑い、なぜかしら脇にぬいぐるみの動物を抱えたまま「デジカメ」で写真を撮ってばかりいる小説家であった。二人とも例によって名字がキムだが、一人目のほうはアメリカ生活が長いので名字を最後にもってきてイーサン・キム。二人目のほうは韓国直輸入なので名字が最初にきて、キム・ヨンハ。私はいつも混乱した。二人目のキム・ヨンハの方は日本の温泉めぐりが好きだといい、それとどう関係があるのかわからないが、いつのまにか私の小説が韓国語に訳されるのに一役買ってくれた親切な人である。「都会のあんちゃん」でも「田舎のあんちゃん」でもなく、「そのへんのお兄ちゃん」といった感じで気軽に接していたが、のちに知ったところによると、韓国ではずいぶんと評価されている若手作家らしい。一番英語が不得手なチョン・ハンヨンは一昔前の日本人のように真面目一方の硬い顔をした詩人であった。ある日発表のとき、みなをまえに、短い毛をした自分の頭をつるりと撫で、「I got a haircut」と、この発表にそなえてわざわざ散髪にいったことを照れた顔で告白し、その一言でもってそれまでほとんど口を開かなかったかれが、ユーモアの精神の持主であるのがはじめてみなにわかり、聴衆から笑い声があがった。

翻訳といえば、アルゼンチンからきていたレオポルドという若い小説家も、私の小説がスペイン語に訳されるよう出版社に話をつけてくれた。滞在中に格別親しかったわけでもない。それどころかほとんど話したこともない。不思議な話だが、人生とはわけのわからないことの連続でしかないので、私はひたすらありがたく思うにとどめた。夜、ホテルの廊下で会うと、レオポルドは小柄な身体を身軽に壁に寄せ、笑みを見せながらするりと私の脇をすりぬけた。精悍な顔をして、いつも裸足であった。反った親指の先まで神経が行き届いているのがわかる生きた裸足である。音もなく敏捷に動くその姿が野生の豹を連想させたのは、かれのレオポルド（Leopoldo）という名が、「l」と「r」の区別が曖昧な日本人の私に、豹（leopard）を想像させたせいかもしれない。数年間なんの連絡もないままだったが、スペイン語の翻訳が出版されるころには毎日のようにひんぱんにメールをやりとりするようになり、スペイン語で「Abrazo!」というお別れの挨拶も学んだ。

ラテン・アメリカからきたレオポルドには野趣があったが、ドイツからきたマティアスはこれまたおかしいほど文明的な匂いがした。長身のてっぺんに、進化しつくしたホモ・サピエンスの標本のような、完璧な形の頭蓋骨を載せていたせいだと思う。丸坊主にしているから余計に目立つ。日がたつうちに私はかれのことを「Perfect Cranium」（完璧な頭蓋骨さん）とよぶようになっていた。どこで会っても、「Hi, Perfect Cranium!」と挨拶する。もちろんナチスが優生学的に自分たちのことをもっとも進化した人種だと主張していたのにかけて、ドイツ人のかれをからかっているのである。マティアスは最初は「Oh, no!」などと笑いながら否定していたが、実は自分でもそれを知っていて丸坊主にしているという事実をのちに認めた。容姿の立派な男の人はなんだか眩しい。こちらが若さを失えば失うほど、よけいに眩しくなる。

イスラエルからきたシモンは菜食主義者であった。ポーランドからきたマルツィンは英語を話さないのでいつもむっつりとお酒を呑んでいた。イギリスからきた若いグレゴリーは十八世紀の肖像画にある銀色のくるくる巻いた鬘が似合いそうなピンクの顔をしていて、自分でも生まれる世紀をまちがったといっていた。たいへんな環境主義者であった。

地球のありとあらゆるところで人は書いていた。

人は金持の国でも貧乏な国でも書いているということも、身をもって感じたことの一つである。

外国に一週間旅をするだけでも、自分の国の経済力というものは、露骨すぎるほどに見えてくるものである。外国で、さまざまな国からきた人たちと一ト月暮らしをともにすれば、なおさらであった。金持の国からきた作家と、貧しい国からきた作家では、ドルのもつ意味が気の毒になるほどちがった。

作家が支給される生活費は、出資元によって少しばらつきがあったようだが、私は毎日二十ドル支給された。二十ドルとは二千円ちょっとだが、アイオワのような物価の安いところでは、住む場所が提供された上でのことなら、不足ない額である。事実私は、その二十ドルで、毎日のように学生会館で出来合いの食物を買っただけでなく、気が向けば外食もし、日によっては朝っぱらから食い意地をはらせ、おいしいフレンチトーストとソーセージを食べようと、冷気が残る空気のなかを街の中心へとくりだしたりもした。生協で歯磨きやシャンプーなど生活必需品も買った。映画も観た。ビールも呑んだ。だが日本という国から来た私にとって、二十ドルは所詮二千円とちょっとでしかない。

日々の生活を切りつめて本国にもって帰ろうという額ではなかった。また、もし足りなくなれば、もってきた円をドルに替えればいいという心の余裕があった。いくら日本の景気が悪いといわれても、世界の中での日本の経済力の強さは、まるで金の塊がうしろにずしりと控えているがごとく頼もしく感じられるものであった。

貧しい国からきた作家は別である。日々の生活を切りつめて本国にドルをもって帰れば、しばらくそれで食べていける。親に送金もできる。子供を大学にやる学費の足しにもなる。貧しい国からきた作家は、住むところでは切りつめようもないので、食べもので切りつめた。ホテル内で火を使うのが消防法で禁じられているのであろう、台所と食堂を兼ねたコモンルームには一台の電子レンジしか備えられていなかったにもかかわらず、かれらは不自由をものともせずに毎食自炊していた。マイクロバスに乗っての遠出は、あれから幾度かあったが、道中に寄ったダイナーのテーブル席についてふと見渡せば、金持の国からきた作家の顔しか周りにはなかった。貧乏な国からきた作家は、カウンターで売っている菓子などを寒そうに立ち食いしていた。また、部屋にこもって仕事ばかりしている人づき合いの悪い作家も、ただで食事が供されるとなれば、そういう情報だけはきちんと伝わるらしく、いつのまにかその姿をふらっと現した。もちろんただ酒といえば驚くほど意地汚く呑んだ。開けたばかりの「ジャックダニエル」の酒瓶をコモンルームに置き忘れたりすれば、翌朝、嘘のように空になっていた。

女の作家の貧乏は男の作家の貧乏よりもひりひりと肌で感じられた。

たとえば、ミネアポリス行きのマイクロバスで一緒だったウクライナ人のイフゲーニア。ウクライナ語では「エウヘーニア」と発音するらしいが、みな「イフゲーニア」と呼んでいた。ギリシャ神話に出てくる高貴なお姫様の名をしているというのに、卑猥な冗談を連発しては、肉がつき始めた小柄な身体をゆすらせてハッハッハッと笑う肝の据わった陽気な女の人だった。ある日、そのイフゲーニアが、安物屋に吊された手袋をまえに、息子たちに買って帰ろうかどうか、あたかも永遠に時を与えられたかのように悩み続けていたのを見たことがある。

彼女は、真剣なまなざしを、そばに立った私に移して訊いた。

「これどう思う?」

「安っぽい。あたしなら買わない」

とは、応えられなかった。

手袋のぶあつさがウクライナの冬の寒さを語っていた。

ある晩二人で並んでホテルに帰る途中、闇のなかにぽつぽつと灯った街灯を見ながらふと彼女は言った。

「キエフは悲しい町よ。暗くって。みじめで」

だが、日本人である自分の豊かさがさらにひりひりと肌で感じられるのは、ハッハッハッと身体をゆすらせて笑うイフゲーニアのような女の人よりも、一昔前のハリウッド女優のように、どんなときでも、おしろいを塗り、眉墨と口紅をはっきりと引いた、アガータのような女の人をまえにしたときであった。

アガータはポーランドからきた哲学者である。

ミネアポリスのホテルに着いたとたん、相部屋になるというのを告げられ、その相方がアガータであった。相部屋になるのを知った私は内心青ざめた。ただでさえ寝つきが悪いのに、この歳になって見知らぬ外国人と並んで寝ることになったとは……。自分の分は自分で払うから一人部屋がほしいと、こっそりとクリスに言い出したかったが、金持ニッポンジンの悪評が立つのがいやで、当然のような顔をしてカードのルーム・キーを受けとり、お化粧の濃いその顔に向かって笑顔を作った。

向こうは日本人などと相部屋になったのを何と思っているのであろう。

荷ほどきしていると、クローゼットを開けたアガータが叫ぶ声が聞こえた。

「Look! Look!」

見て、見て、誰かがこんなローブを忘れていったわ！

女の人が何か美しいものを見て出す羨望の声はすぐにわかる。

私が近づくと、アガータは片手で袖に触れて、絹よ、とささやき声を出した。

私はきまり悪そうに言った。

「ああ、それは、あたしのコートなの」

もう十年来愛用している、表も裏も絹の綿入りの、鼠色のコートであった。染みがつきやすく、ベンジンで染み抜きをしてはかえって染みを広げてしまい、そのたびに無精な私には珍しく大慌てで洗濯屋に出していた。裏の一部が擦り切れてしまったときなど買った店までもっていき、もう同じ布はありませんけれどと言われたにもかかわらず、修繕してもらったりもした。ふうわりと軽くて着やすく、それでいて、シンプルなカットながらも東洋の皇帝でも身に纏いそうな大げさなところがあり、それが気に入って、ためらいつつも買ったのである。アガータが「コート」でなく「ローブ」という言葉を使ったのがどこか似つかわしかった。

アイオワより北にあるミネアポリスの寒さに備えて荷物に入れてきたもので、部屋に入ったとたん、しわをのばすため吊しておいた。

日本では中肉中背の中年女——アメリカでは、背の低いアジア人の中年女でしかない私の身体を離れた絹のコートは、その本来の姿を取り戻し、はっとするほど格調高く、美しく、クローゼットの中に垂れていた。

アガータは美人である。どういう遺伝子のなせる業か、白人は概して早く歳をとり、三十半ばと女盛りでありながら、すでに、花の色は移りにけりないたづらに、という感がなきにしもあらずだったが、そのような肉体の衰えをよそに、美人がもつ自意識が前面にせり出していた。お化粧が濃いのがその自意識によく似合い、独特の魅力があった。少なくとも私よりは「ローブ」のふさわしい所有者であったにちがいない。

「A beautiful robe!」

即座にそう誉めてくれたが、アガータも同じ思いだったような気がしてならなかった。恐れていた夜はすぐにきた。

水と睡眠薬を枕元に置き、パジャマ姿でチンとベッドの中で待っていると、洗面室で流しを使う音が何やら長いあいだ聞こえてきたあと、アガータがようやく姿を現した。息を呑んだのは、ベイビードール姿だったからである。太股まで露わになるふわふわした薄物のベイビードールは一時代前のもの――今着るとしたら、「女が解放されていない時代の引用」として、冗談半分に、あるいはノスタルジックに、いいひととの特別の晩にしか着ないものだと私は信じていた。私なんぞを相手にベイビードールを着てどうするんだろう。おまけに、まさにベイビードール全盛期に、アメリカのテレビの石鹸の広告に出てきた女の人のように、頭に白い大きなバスタオルを巻いている。顔を洗っただけにしては大げさな頭（シャワーキャップは？　ヘアバンドは？　カチューシャは？）であった。アガータは私の驚きをよそに、ドレッサーに直行し、椅子に腰をかけ、鏡に向かって顔にクリームを塗り始めた。「西側の人間」らしい僭越な気持にすっかり捉えられた私は、引き続き目が離せなかった。みるみるうちにアガータの顔がてらてらと光っていく。今の世に、あんな風にたっぷりと塗る「ナイトクリーム」があるのか、ひょっとするとポーランド女性の化粧の歴史的発展段階はまだ「コールドクリーム」に留まっているのではないだろうか……。

見知らぬ人と同室になるのは興味深いものである。

アガータが隣りのベッドに入ったところで、見知らぬ女同士の会話がやや儀礼的に始まった。私が知っているポーランド人といえば、姉がニューヨークでつきあっていたヘンリックという貧乏なアル中ぎみの男である。私はかれのことを話した。今でも音信があり、かれが何カ月も職にありつけず電気も切られそうになったときには、母も私も、わずかばかりだが、姉と一緒に送金したことなどである。そこまで聞いたところで、アガータはベイビードールの上半身をむくっと起こした。So typical! まったく典型的よ、だからポーランドの男は嫌いよ、お母さんとお姉さんにさんざん甘やかされて育って、自分は天才だと思いこんでしまって、それでいて結局は自分一人食べて行くこともできないんだから、最低よ、あああ、なんて恥ずかしい、I'm so ashamed! 手で握りこぶしを作り、とんがった鼻を上に向けて、天井に向かって怒りを表している。極東の島国にまでポーランド民族の恥部が伝わってしまったと思ったのかもしれない。私は私でびっくりした。姉の恋人のヘンリックは、まさにお母さんとお姉さんにさんざん甘やかされて育ち、自分のことを天才詩人だと思いこんでしまった男だったのだが、そんなところまではアガータに話すに至っていなかったからである。

アガータは哲学者にふさわしく、頭が素晴らしくよく、しかも英語がぬきんでて流暢だった。お祖父さんが極端なイギリスびいきで、家の中では英語を話しながら育ったという。ユダヤ人の血が半分流れており、ナチスの占領下、強制収容所につっこまれないよう一家で語るに語れない苦労をしたそうだが、もちろんアガータはその時代にはまだ生まれていない。アガータが知っているのはそのあとのソビエトの抑圧である。「長く長く続いたという意味ではナチスよりひどかった」と、テラテラに光った顔を天井に向けたまま静かに回顧した。彼女のマルクス主義嫌い――あらゆるユートピア思想嫌いは徹底していて、そういえば、のちにＩＷＰに立ち寄ったラテン・アメリカの詩人が左翼的な詩を読みあげたときなどは、不快と軽蔑を露骨に顔に表し、終わったあと、「もう、こういう人たちは大っ嫌い。なんにも知らないくせに」と唾棄するように私にいった。そのイギリスびいきのお祖父さんが昔に建てた大きな家があり、大勢の見知らぬ家族と一緒に住まねばならなかったという。

要するにアガータは世が世ならちょっとした令嬢だったのに、祖国ポーランドの運命に翻弄されて、私なんぞより貧乏に育ち、ロクなコートももっていなかったのである。金持の国からきたのを意識し続けたアイオワ滞在であったが、アガータを前にすると、ほとんど身の置き所がないような気持になった。生まれた国さえちがっていたら、さぞや人生が与えてくれる数々の贅沢——上質な空間、美しい衣服、おいしい食物などを楽しむことができたであろうと思わせる女の人だったからである。

別れが近くなったころ彼女は暗い顔を見せた。暗い顔を見せると目の下が青く沈んで歳が出る。

「ポーランドに戻ったらまた大学で教えなきゃなんない。給料の安いことと言ったら……」

彼女はワルシャワのアパートで猫と住んでいると言っていた。

いつとはなしに、一番親しくなったのは、ブリットという名の、ノルウェーからきた女の作家であった。私たちは知り合ってしばらくするうちに、夏の陽射しを惜しんで歩道に繰り出したレストランで、風にそよ吹かれながら、一緒にビールを吞んだり食事をしたりするようになった。一緒に劇場に足を運んだりするようにもなった。赤毛でそばかすだらけのブリットは、抜きんでて性格がいいうえに、すがすがしい常識人でもあった。翻訳もするので英語も上手である。だが、彼女と親しくなったのは、そのような理由だけではない。互いに金持の国からきたので、なんだかんだと一緒に行動をとりやすかったという事情が、そこに加わったのである。作家の多くは外でビールを吞むという些細な贅沢さえかんたんに自分に許そうとはしなかったが、赤毛のブリットとは、昼間からビールを吞みパリパリとタコスをかじりながら、つまらぬ無駄遣いをした罪も告白し合えれば、上映中の映画の話を話題にのせることもできた。

ちょうど日本を舞台にした『ロスト・イン・トランスレーション』が上映中であった。

さらには、さまざまな政治状況というものもあった。

人は金持な国や貧乏な国で書くだけでなく、さまざまな政治状況のもとで書いているというのも、アイオワに行って初めて身をもって感じたことである。IWPのようなプログラムに参加できること自体、最低限は機能している国からきたのを意味した。国がまったく機能していなければ、作家という職業も成り立たない。だが、日本からきた私のように、泰平の世を謳歌してきた人間ばかりでなかったのはいうまでもない。

旧ソビエト圏からの作家にとっては、まずは、言論の自由というものが、あたりまえのものではなかった。たとえばルーマニアからの詩人のデニーサ。言葉も文化もフランスに近いせいであろう、「bah!」という人を小馬鹿にした声も、唇を突き出したり首をすくめたりする所作も、どこかフランス人に似ており、しかも小粋で、とても、もと「東側の人間」には見えなかった。ところが、そんなデニーサの頭の中は、「国家権力とどうつきあってきたか」というような難しいことでいっぱいであった。ソビエトの支配下では国家の検閲は内容だけでなく形式にも及んだ。二十世紀も終わりのころになって、韻を踏まない自由詩は公には発表できないという滑稽なことがまかり通っていたのである。食べるために国家と妥協して文学者（そして人間）としての尊厳を失うか、食べられなくとも国家と妥協せずにいるか。デニーサにとってそのような選択はつい昨日のことのように思えるらしく、公に発表するときも個人的に話すときも、その選択をめぐっての話が必ずでてきた。

もちろん、今現在、言論の自由の抑圧を経験している作家たちもいる。

ご存じのように、中国は言論の自由が保証された国ではない。徐々にわかっていったのは、白いスーツが似合う「都会のあんちゃん」が、実は言論の自由の闘士だという事実である。ニューヨークに居を移し、本土中国では発表できない作品を集めて編集し、世界中に散らばった中国人に向けて出版しているという。ニューヨークに住んでいるというわりには不思議と大して英語を話さず、廊下で挨拶をする程度のつきあいに留まったが、私がみなより一足先に帰るとわかると、出発のまえの晩、部屋のドアの下に英訳されたかれの短編が忍ばせてあった。

中国本土では発表しなかったものである。

主人公の祖父は極めて貧しい育ちなのにもかかわらず、共産党革命のあと、先祖が土地をもっていたことが判明し、「地主の血《ふ》」を引くというレッテルを貼られて投獄され、いじめぬかれ、残りの人生を半分気が狂れたまま送る。やがて年老いて敗血症にかかり、度重なる輸血を受けることになる。かれの身体に「百姓の血」が入っていくのである。

かれは歓喜する。そして、後悔する。こんなに便利な方法があったのなら、なぜ、あんなにいじめぬかれるまえに、自分の「地主の血」を「百姓の血」に入れ替えなかったのだろう。自分の無知を悔やんだかれは、息子や孫に、一刻も早くかれらの血を「百姓の血」に入れ替えるよう言い残す。そして最後は、これで自分の血はすべて「百姓の血」に入れ替わった、もうあの世に行っても何一つ怖いことはない、よかったよかった、ようやく安心して死ねる、と言って実際に安心して死んでいく――という悲喜劇的な筋である。

小説の後半は主人公の孫がニューヨークにたどり着いてからを中心に展開され、資本主義の波にどうしても乗れなかったのが、ある日、コカコーラを腕にこっそりと輸血すると突然すべてがうまくいくようになるというファンタジー・ノベルとなる。共産主義と資本主義とどちらも批判した物語であるが、前半の「百姓の血」の部分が圧倒的にリアリティがあった。

そして、軍事政権下にある、ビルマ（ミャンマー）からの初老の作家。この作家はなんとＩＷＰに参加している最中に、アメリカに亡命してしまったのである。素足にサンダルをはき、腰に色あざやかな民族衣装をまとい、亜熱帯がそのまま動いているようなふんいきをあたりに撒き散らしながら、蛍光灯に照らされたホテルの廊下をいつもスタスタと歩いていた。親日派で、『ビルマの竪琴』を素晴らしい本だといい、私には満面に笑みを浮かべて、「バンザイ！」と挨拶する。「バンザイ！」とは中国映画によく出てくる残酷な日本兵、すなわち日本鬼子《リーベンクイズ》のお決まりのせりふで、「バンザイ！」と叫びながら、縛られた中国人をぶすりと竹槍で突き刺したりする。「バンザイ！」という挨拶に「バンザイ！」と応えるのも妙なので、当惑を隠し、「ハーイ」と応えることにしていた。かれは小学校で習ったという、「おはようございます」「さようなら」などの折り目正しい日本語の挨拶もちゃんと知っていたし、あるときは、日本の小学唱歌を歌ってくれたこともあった。アイオワの青い空の下に、「兎追ひしかの山。小鮒釣りしかの川。夢は今もめぐりて……」と初老の男の声が低く響き、半世紀以上まえ亜熱帯の空の下に日本の小学唱歌を学んだアジア人がいるという歴史が思い起こされ、ふだんは忘れている大日本帝国の存在が生々しく蘇った。英語は読むらしいが、あまり話せないらしく、どんな人だか判然としないうちに、アメリカに政治的亡命をしたいと国務省に申請したのをほかの人から知った。そうこうするうちに、それが認可されたのも知った。アメリカの国務省が亡命を認可するのは、本国に戻ったときに政治犯として投獄される可能性があるというのが条件だそうだが、ニコニコ・バンザイ！　のかれが危険人物視されているとは、私だけでなく、ほかの人も信じがたかったようである。国を捨てたのだから家族とはもう会えないらしいとみなで噂したが、当人は何を考えているのか、別に悲愴な顔もしていなかった。そして相変わらず、素足にサンダル、腰に色あざやかな民族衣装といういでたちで、ホテルの廊下をスタスタと歩いていた。

実際、この半世紀ずっと平和が続き、しかも言論の自由が保障されていた国——すなわち、第二次世界大戦というものが最後の大きな傷跡であった国からきた作家は少数であった。

ヴェトナムからきたまだ少女のような作家は、長びいたあの戦争がようやく終わった年にハノイで生まれた。チリやアルゼンチンなど南アメリカからの作家は軍事政権や内乱を生きてきた。イスラエルからの作家は今なお戦闘地域に生きているのに等しい。ボスニアからの作家は、唯一イスラム教の信者であったが、膝に銃弾の破片を入れたままであった。また、こちらは唯一の黒人であった、アフリカのボツワナからの作家は、祖国がイギリスの植民地だった時代に生まれている。

韓国からの作家たちも、平和をもちろんあたりまえのものとはしていなかった。

「まだ兵舎で寝ている！」

という夢を見て、恐ろしさに今も飛び起きることがあるという。

私はくり返し思った。

人はなんとさまざまな条件のもとで書いているのであろうか。

だが、さらにくり返し思うことがあった。

人はなんとさまざまな言葉で書いているのか。

そして、その思いは、作家たちと一緒にいるあいだに、どんどん深まるばかりであった。人が地球のあらゆるところで書いていること、金持の国でも貧乏な国でも書いていたり、言論の自由を抑圧されながらも書いていたりする事実には、しだいに慣れていった。だが、人がかくもさまざまな言葉で書いているという事実は、最後まで驚きであった。

地球のあらゆるところで、さまざまな作家が、さまざまな言葉で書いている——というよりも、さまざまな作家が、それぞれ〈自分たちの言葉〉で書いている。潜在的読者が数億人いる言葉でも、数十万人しかいない言葉でも、数千年前から書き言葉をもっていた言葉でも、数十年ぐらい前からしか書き言葉をもたなかった言葉でも、作家たちにとっては同じである。作家たちは、同じように情熱的に、真剣に、そして、あたかもそれがもっとも自然な行為でもあるかのように、〈自分たちの言葉〉で書いているのである。あたかも、人類がこの世に存在した限り、人は常にそうしてきたかのように、〈自分たちの言葉〉で書いているのである。もちろん、人はいつの時代でも〈自分たちの言葉〉で書いていたわけではない。書くといえば〈自分たちの言葉〉で書くのを意味するようになったのは、近代に入ってからのことで、言葉によってまちまちだが、長くて数百年、短ければ数十年のことでしかない。それなのに、今、作家たちは、あたかも、人類がこの世に存在した限り、人は常にそうしてきたかのように、〈自分たちの言葉〉で書いている。英語やスペイン語や中国語で書くだけでなく、モンゴル語、リトアニア語、ウクライナ語、ルーマニア語、ヴェトナム語、ビルマ語、クロアチア語などで書いている。

しかも、その〈自分たちの言葉〉で書くという行為——それが、〈自分たちの国〉を思う心と、いかに深くつながっていたか。

たとえば、ダシュニムのモンゴル語。一九三七年頃から徐々にロシア語で使うキリル文字をソビエトに強制されるようになったが、ソビエトが崩壊した今、ソビエト憎けりゃ文字まで憎いでもって、キリル文字をラテン語アルファベットに変えようという動きがある。しかも、現実性はすでにないものの、ソビエト時代に禁じられていた昔のモンゴル文字を復活させようという動きまであるという。アラビア語を縦に書いたような実に不思議な文字である。ダシュニムはモンゴル語の表記をラテン語アルファベットに変えたいともちろん思っていた。そして、もう若くはないのにコンピューターをよく使いこなし、人前で話すときはコンピューターでモンゴルの草原を大きなスクリーンに映し出し、モンゴルの音楽を流し、モンゴルの自然の美しさとその自然との調和に生きるモンゴル文化の美しさを語ろうとした。また、モンゴルの英雄、ジンギスカンについて書いていた。

あるいは、イフゲーニアのウクライナ語。近代に入ってもっとも激しく運命に翻弄された言葉の一つである。帝政ロシアの支配下にあったときは、ウクライナ語での出版は禁じられていたそうで、革命によるソビエト連邦の発足は、まずは、そのウクライナ語の解放をもたらした。ソビエト政権は帝政ロシアびいきの反革命的勢力を根こそぎにするため、ウクライナの民族意識の高揚を歓迎し、ウクライナ語教育やウクライナ語の出版を奨励したのである。だが、その動きも一九三〇年代に入ると、スターリンによって、突然方向転換をさせられる。今度は反ソビエト勢力の芽をつむため、教育にも出版物にもロシア語が強制されるようになったのであった。ウクライナ語でものを書くことができない時代がなんと四半世紀も続いた。フルシチョフの時代になると、ロシア語の強制は弱まったが、それからもウクライナ語の首は、絞められたり、ゆるめられたりと、その時の政治家の都合に翻弄され続ける。そのような歴史的背景があって、ソビエトが崩壊したとき、すでにロシア語を使う人の数の方が多くなっていたのにもかかわらず、なんとウクライナはウクライナ語だけを「公用語」と制定したのである。メディアはもちろんのこと、公文書でさえまだロシア語が使われることがあるというのに、である。ロシア語を〈母語〉として使う人たちも〈自分たちの言葉〉とはウクライナ語を指すと思っている人たちの方が多いという。今はまだロシア語で書く作家の数の方が優勢だというが、このままいけば、いづれはイフゲーニアのようにウクライナ語で書く作家の方が多くなるであろう。

さらには、ヘブライ語。イスラエルからきた菜食主義のシモンはヘブライ語で書いていたが、ヘブライ語は、まさに〈自分たちの国〉を思う心でもって、不死鳥のように蘇った言葉である。『旧約聖書』の歴史から判断して、紀元前十世紀にはすでに〈書き言葉〉をもっていたとする人もいるが、紀元前六世紀にバビロニアに敗れ、さらには二世紀にローマ帝国を相手取った反乱が失敗に終わり、さまざまな形で延々と続いたユダヤ民族の離散――ディアスポラ。それによってヘブライ語は聖典にある〈書き言葉〉として残っただけで、実際の〈話し言葉〉としては二千年近く概ね死に絶えていた。復興運動が始まったのは、十九世紀末のシオニズム以来である。一九二二年には、大英帝国の統治下にあったパレスチナで、ヘブライ語は英語とアラビア語と並んで「公用語」となる。第二次大戦後、パレスチナにおけるイスラエル建国を境いに、世界中から集まってきたユダヤ人がヘブライ語を学び、不自由を忍んでそれを〈自分たちの言葉〉とするうちに、次世代のイスラエル人の〈母語〉となっていった。そして、それらの過程で、主に宗教儀式の言葉であったヘブライ語が、近代的な言葉へと姿を変えていった。今、イスラエルはヘブライ語とアラビア語双方を「公用語」と制定しているが、象徴的にはヘブライ語が〈国語〉である。一世紀まえはわずかしか話す人がいなかった言葉が、今は六百万人近くの人たちの〈母語〉となってしまったのである。

驚いたのは、親しくなった例の赤毛のブリットが書くノルウェー語である。

ブリットに会ってからノルウェーの歴史を初めて知ったが、ノルウェーは十四世紀末から四百年以上デンマークの支配下にあり、その間はデンマーク語が〈書き言葉〉だったという過去をもつ。デンマークの支配から解放されたのが一八一四年。そのときからノルウェー人のための〈書き言葉〉を作ろうという気運が高まり、さまざまな試みや議論が一世紀ほど続いた。今、ノルウェー人は二つの〈公用語〉をもつ。一つは、慣れ親しんだデンマーク語の〈書き言葉〉をもとにした、「ブークモール」（書物の言葉）。外国人がノルウェー語を習うとしたら、この「ブークモール」を習う。もう一つは、ノルウェー人の「自分たちの国」を思う心のさらなる結晶だともいえる、「ニーノシュク」（新しいノルウェー語）。これは、よりデンマーク語の影響の少ない言葉、よりノルウェー民族の話し言葉に近い言葉を作ろうと、イーヴァル・オーセンという一人の言語学者が地方の方言をあちこちから集めて作った人工的な〈書き言葉〉である。海辺や山の厳しい天候と戦ってきたノルウェー人の昔ながらの生活が、「ニーノシュク」を使うと、より生き生きと描けるらしいのである。語彙もはるかに多いという。

ブリットはその「ニーノシュク」で書いていた。ところが、それは、わざわざ自分の読者の数を限って書いているのと同じことだったのである。

「ブークモール」も「ニーノシュク」もどちらもノルウェーの「公用語」とはいえ、実際に「ニーノシュク」を読み書きする人口は全体の一〇パーセントを少し上回るぐらいしかいない。ノルウェーの人口は四百五十万人(注三)。その一〇パーセントというと四十五万人。私が住む杉並区は人口五十余万である。ということは、ブリットは、杉並区の住民を相手に書いているようなものなのである。「ブークモール」で書くこともできたブリットが、あえて「ニーノシュク」で書くことを選んだのは、彼女が漁村で生まれ育ち、「ニーノシュク」の方が自分の魂と奥深くつながっているような気がするかららしい。詩的な言葉、詩的すぎるぐらいの言葉なの、と彼女は言っていた。一人の言語学者によって人工的に作られた〈書き言葉〉――それも、数十万しか読者がいない〈書き言葉〉であろうと、人はこれぞ〈自分たちの言葉〉だと感じられる言葉で書いているのである。

人はなんとさまざまな〈自分たちの言葉〉で書いているのであろう。

夜、人気のないホテルの廊下を歩くと、部屋に閉じこもり、コンピューターに向かってそれぞれ〈自分たちの言葉〉で書く作家たちの気配が壁の向こうに感じられる。気配というよりも、熱気というべきか。しかも、それらの作家たちの背後で、数千人、数万人の作家たちが、それぞれの故郷の、さまざまなタイム・ゾーンのなかで、同じようにコンピューターに向かって〈自分たちの言葉〉で書いているはずである。また、それらの数千人、数万人の作家たちの背後にも、作家という職業にはついていなくとも、その何倍もの人たちが、同じようにコンピューターに向かって〈自分たちの言葉〉で書いているはずである。私は壁の向こうのその熱気を熱く感じながらも——というよりも、壁の向こうの熱気を熱く感じるがゆえに、〈自分たちの言葉〉で書いているすべての人間にとって、今、歴史が、大きく動いていることの意味を考えざるをえなかった。英語が〈普遍語〉となりつつあることの意味を考えざるをえなかったのである。

言葉には力の序列がある。

一番下には、その言葉を使う人の数がきわめて限られた、小さな部族の中でしか流通しない言葉がある。その上には、民族の中で通じる言葉、さらにその上には、国家の中で流通する言葉がある。そして、一番上には、広い地域にまたがった民族や国家のあいだで流通する言葉がある。

今、人々の間の交流が急激にさかんになったことによって、言葉に有史以来の異変が二つおこっていると言われている。

一つ目の異変は、下の方の、名も知れぬ言葉が、たいへんな勢いで絶滅しつつあるということである。今地球に七千ぐらいの言葉があるといわれているが、そのうちの八割以上が今世紀の末までには絶滅するであろうと予測されている。歴史の中で、あまたの言葉が生まれては消えていったが、今、言葉は、生まれるよりも勢いよく消えつつある。

激しい環境の変化の中で、自然界ではありえなかった勢いで生物が絶滅しつつあるのと同様、都市への人口集中や伝達手段の発達や国家の強制によって、言葉は、かつてない勢いで消えつつある。

二つ目の異変は、今までには存在しなかった、すべての言葉のさらに上にある、世界全域で流通する言葉が生まれたということである。

それが今〈普遍語〉となりつつある英語にほかならない。

英語がほかの言葉を押しのけて一人〈普遍語〉となりつつあるのは、歴史の偶然と必然とが絡み合ってのことである。英語という言葉そのものに原因はない。思うに、英語という言葉は、ほかの言葉を〈母語〉とする人間にとって、決して学びやすい言葉ではない。もとはゲルマン系の言葉にフランス語がまざり、ごちゃごちゃしている上に、文法も単純ではないし、そもそも単語の数が実に多い。慣用句も多い。おまけにスペリングと発音との関係がしばしば不規則である。さらに、発音そのものが、それを〈母語〉としない多くの人にとって非常にむずかしい。

ところが言葉というものはいったんここまで広く流通すると、そのようなこととは無関係に、雪だるま式にさらに広く流通してゆくものなのである。通じるがゆえに、多くの人が使い、多くの人が使うゆえに、より通じるようになるからである。実際、通貨でも、多くの人が使う通貨は、多くの人が使うゆえに、さらに多くの人が使うようになる。

そのうちその通貨が〈世界通貨〉として流通するようになれば、それは、まさにそれが〈世界通貨〉として流通しているという事実によって、多くの人が使い続け、〈世界通貨〉として流通し続ける。アメリカの経済が黄昏期を迎えても、ドルがこの先当分〈世界通貨〉として流通し続けるのは、この流通の法則による。通貨がそのように流通するのなら、いわんや、言葉をや、である。流通するがゆえに流通するという点では、〈普遍語〉は〈世界通貨〉よりも、より純粋に自動運動を続けられる。大英帝国が滅びてから半世紀ほどでポンドはドルに〈世界通貨〉の地位を譲ったが、ローマ帝国が滅びてからなんと十世紀にわたってラテン語はヨーロッパの〈普遍語〉としてしぶとく生き延びた。

しかも、である。しかも、今やインターネットという技術も加わった。今や〈普遍語〉は、国境という人為的な壁も、ヒマラヤ山脈やサハラ砂漠や太平洋という自然の壁も、何もかも越えて飛び交うことができるのである。

百年後の地球の運命も定かではなく、いつまで私たちの知る文明が続くかもわからない。だが、英語は、少なくとも私たちの知る文明が存続する限りの〈普遍語〉となる可能性が限りなく強いのである。もちろん、世界の経済情勢が変わるにつれ、中国語、スペイン語、アラビア語なども今とは比べられない重要な言語になるであろう。だが、それらの言葉が英語を〈普遍語〉の座からひきずり降ろし、英語にとってかわって〈普遍語〉となる日がくるのは考えられない。たとえば、今、気の遠くなるような人口を抱えた中国の経済発展はめざましく、中国語は急に脚光を浴び、学ぶ人も多い。だが、日本人が中国と交易するときに中国語を使うようになったとしても、インドと交易をするときにまで中国語を使う日がくるのを想像するのは容易ではない。（それどころか、やはりめざましいインドの経済発展は、かえって英語の勢力を増やすだけであろう。）ロシアと交易するときにまで中国語を使う日がくるのを想像するのも容易ではない。その言葉を〈母語〉として使う人口の多さと、その言葉が〈普遍語〉であるというのはまったく別のことなのである。

英語が〈普遍語〉になるとは、どういうことか。

それは、英語圏をのぞいたすべての言語圏において、〈母語〉と英語という、二つの言葉を必要とする機会が増える、すなわち、〈母語〉と英語という二つの言葉を使う人が増えていくことにほかならない。そのような人たちが今よりはるかに増え、また、そのような人たちが今よりもはるかに重要になる状態が、百年、二百年続いたとする。そのとき、英語以外の諸々の言葉が影響を受けずに済むことはありえないであろう。ある民族は〈自分たちの言葉〉をより大切にしようとするかもしれない。だが、ある民族は、悲しくも、〈自分たちの言葉〉が「亡びる」のを、手をこまねいて見ているだけかもしれない。

言葉の専門家である言語学者の多くは、私のこのような恐れを、素人のたわごととして聞き流すにちがいない。私が理解するかぎりにおいて、今の言語学の主流は、音声を中心に言葉の体系を理解することにある。それは、文字を得ていない言葉も文字を得た言葉も、まったく同じ価値をもったものとして考察するということであり、〈書き言葉〉そのものに上下があるなどという考えは逆立ちしても入りこむ余地がない。言語学者にとって言葉は劣化するのではなく変化するだけである。かれらにとって言葉が「亡びる」のは、その言葉の最後の話者（より精確には最後の聞き手）が消えてしまうときでしかない。

いうまでもなく、私が言う「亡びる」とは、言語学者とは別の意味である。それは、ひとつの〈書き言葉〉が、あるとき空を駆けるような高みに達し、高らかに世界をも自分をも謳いあげ、やがてはそのときの記憶さえ失ってしまうほど低いものに成り果ててしまうことにほかならない。ひとつの文明が「亡びる」ように、言葉が「亡びる」ということにほかならない。

夜型の人間の方が多いのか、あるいは、まだみんな比較的若かったから夜型だったのか、作家たちは夜になると頭が冴えてくるらしかった。夜、ホテルの廊下でたまに行き会っても、一日の仕事を終えた人間特有の弛緩した気配はなく、これから戦地に向かう兵士のような、ピンと張った空気が漂っていた。まるで夜行動物のように猛々しくさえあった。頭は自分の書いていることでいっぱいらしく、挨拶もそこそこに部屋に戻り扉を閉める。廊下に残された私は、かれらがコンピューターの画面の前にすわり指を動かしはじめるその姿を想像した。

私たち作家にとっては、〈自分たちの言葉〉が「亡びる」ということは、私たちがその担い手である〈国民文学〉が「亡びる」ということにほかならない。

私たちみんながその担い手の一人である〈国民文学〉。

その〈国民文学〉がひょっとしたら「亡び」てしまうかもしれないのを、ほかの作家たちはなんと考えているのだろう。あるとき歴史のなかで生まれた〈国民文学〉。その〈国民文学〉がすでに最盛期を迎え、これから先は「亡びる」しかないかもしれないのをほかの作家たちはなんと考えているのか。これから、百年、二百年後、〈国民文学〉が形としては残っていても、そこに今までのような命が脈々と息づくことはないかもしれないのを……。

かれらは、英語という言葉が〈普遍語〉になりつつあることの意味を、いったいなんと考えているのだろうか。

そもそも、そんなことについて考えることがあるのだろうか。

作家たちは、外で何か催しものがあれば、だいたい十人ぐらいは集まった。そして、終わったあと、アイオワの青い空の下を、慣れない英語で会話を交わしながら、ゆるゆると歩いてホテルに帰るのが常であった。東京では考えられないほど晴れた日ばかり続いていた。街路樹の葉が少しづつ黄ばんでいくのにさえ気がつかなければ、まるで時がとまったようであった。私はみんなと歩調を合わせながら、何語でも議論が苦手なので口にすることはなかったが、自分たちが「亡び」ゆく人々の集団ではないかという思いに、捉えられることが多くなった。作家たちが、あたかもそれがもっとも自然な行為でもあるかのように、〈自分たちの言葉〉で書くのを見るうちに、かえってそのような思いに捉えられるようになったのである。

遠出をするたびに、白人とアジア人とがおおよそ二手に分かれてマイクロバスに乗るのは相変わらずであったが、「亡び」ゆくかもしれないことにおいては私たちは同じであった。ただ、一人、例外がいた。幼いころ母親から学んだ言葉で書いていなかった作家がいたのである。例のアフリカのボツワナからきた詩人で、名をバロロングという。バロロングは〈自分たちの言葉〉であるツワナ語で書かずに、英語で書いていた。

バロロングとは少し話したことがあるだけであった。縦も横も大きくて、男の人らしくって、その物理的な存在感に威圧されて気楽に話せなかった。かれは私のような小さいアジア人の女が自分の存在を気にしているとは思いもつかなかったであろう。というより、誰も私がバロロングの存在を気にしているとは思いもつかなかったであろう。だが、私にはとても気になる存在であった。

買ってきた地図で調べればボツワナは南アフリカのすぐ北にある。

イギリスから独立して共和国を作ったのが一九六六年。一九五七年生まれのバロロングが小学生のころである。バロロングの家族がどのような階級に属するのかわからないが、独立後、家族と共にしばらくイギリスに住み、ロンドンの中学校で学んだというから、それなりに上の方であろう。だが、最初に出版した詩はベッドの端にひざまずいて書いた、ベッドの端だけが唯一自分の空間であった——ヴァージニア・ウルフによれば、ものを書くのには最低「自分自身の部屋」が必要だそうだが、そのような贅沢は自分には許されなかった、と回顧しているところをみると、金持ではなかったのかもしれない。

ボツワナのほとんどの人にとっての〈母語〉はツワナ語という言葉である。だが、ツワナ語は、日本人にとって日本語がそうであるような意味においての、〈国語〉ではない。ツワナ語は、ボツワナがイギリスの植民地だったころは、〈現地語〉でしかなく、英語が唯一の「公用語」だったのである。それが、ボツワナが独立してからは、〈現地語〉から昇格し、英語とともに、「公用語」となった。当然のこととして、ボツワナには、ツワナ語で書く作家と英語で書く作家と両方おり、両者のあいだには緊張感がある。中学校時代をイギリスで送り、英語で書く方が得意になってしまったというバロロングは、英語で書いていたが、あたかも、民族的裏切りの罪を償おうとでもするかのように、創作のかたわら、ツワナ語のことわざを英語に翻訳したりしていた。昔、西洋人の宣教師や人類学者がアフリカまでやってきて、その土地の民話を集めたりしたが（日本までやってきて、日本の民話を集めたラフカディオ・ハーンも、その系譜につながる）、それを、今、バロロングのように、西洋語に堪能なアフリカ人たちが、自分ではじめたともいえよう。

〈自分たちの言葉〉で書いていないバロロングは、私たち作家の中では「例外」であった。あたかもそれを象徴するかのように、腰痛もちのかれは遠出に参加せず、西洋人が多いマイクロバスにも東洋人が多いマイクロバスにも乗らなかった。

いつか、バロロングのような例外が、さほど例外ではなくなる日がくるのではないか。バロロングの姿を見るたびに日本人の私はそのようなことを考えざるをえなかった。

今日、バロロングのような作家が「例外」なのは、サハラ砂漠以南のアフリカが、〈書き言葉〉をもたないまま西洋の植民地となったせいである。いいかえれば、それは、かつて「暗黒大陸」とよばれた、アフリカの「遅れ」のせいである。だが、歴史は、私たちの知らないあいだに、そのようなアフリカの「遅れ」を別のものに転じさせようとしているのかもしれない。

アイオワの青い空のもと、街路樹の葉が少しづつ黄ばんでいくなかをほかの作家と歩きながら、一つのフランス語の表現がよく意識にのぼるようになった。

「Une littérature majeure」──主要な文学。

十年ほど前、パリで、ある西洋人の女の人が、日本文学にかんして私にいった言葉である。何気なく口にされたその言葉が何かを私に語りかけているのは感じていた。だが、いったい何を私に語りかけようとしているのかはわからなかった。一年、二年、三年と時が経つうちに、その言葉は意識下に埋もれ、何かのおりに、ふいに心をよぎるだけになっていた。そこへ、今回のＩＷＰが、天からの贈り物のように降ってきたのであった。

アイオワの青い空のもと、街路樹の葉が少しづつ黄ばんでいくなか、かくも熱心に〈自分たちの言葉〉で書く作家たちと暮らすうちに──しかも、その作家たちが、自分も含め、「亡び」ゆく人々かもしれないと思うようになるうちに、「une littérature majeure」というその言葉が何を私に語りかけていたか、少しづつわかるようになっていった。すると、私は、知らず知らずのうちに日本の近代というものを振り返るようになっていった。そして、振り返るようになるにつれ、その言葉は、その言葉を口にした人の意図を超えて、私にとって深い意味をもつようになっていった。それは、日本に日本近代文学があった奇跡を奇跡と命名する勇気を私についに与えてくれた。だが、その奇跡はそのまま喜びに通ぜず、その奇跡を思えば思うほど、ふだんからの悪癖に近い「憂国の念」がいよいよ私の心を浸していった。日本近代文学が存在したという事実そのものが、今、しだいしだいに、無に帰そうとしているのかもしれない……。

アイオワに滞在した一ト月は異様に長く感じられた。体調が悪いまま慣れない生活を送る緊張が、時の流れをゆっくりと刻ませたのだろう。それでも、万物の法則は休みなく働いていたものとみえ、陽は昇っては沈み、昇っては沈み、とうとう発つ日がやってきた。私は日本には直接戻らず、久しぶりにニューヨークに寄ることにした。長年アメリカに住みながら心はアメリカに住んでいなかったので、友人といえる人は少ない。その数少ない友人と会おうと思ったのである。そのうちの一人が同い年ぐらいの日本女性で、やはり日本近代文学に親しんで育った人間である。

自他共に認める才媛で、アメリカの著名な大学の先生である。日本での大学院生時代に原文でバルザック全集を読み通し、他の学生を打ちのめしたという噂を聞いたことがあるが、私自身が打ちのめされたのは、「あたし、数学もできたのよ」と本人がケロリといってのけたときである。

ある晩、アップタウンの中華料理屋で彼女と会った。

二人とも呑めもしないのに、ビールのジョッキを片手にし、アメリカの中華料理屋では必ず出される長いプラスティックのお箸でもって餃子をつまみ、ほろよい機嫌で、日本を憂い、世を嘆き、気炎をあげていた。

彼女は赤くなった顔で言った。

「あたしたちが小さいころ、小説家っていったら、モンのすごく頭がよくって、いろんなことを考えていて——なにしろ、世の中で一番尊敬できる人たちだと思ってたじゃない。それが、今、日本じゃあ、あたしなんかより頭の悪い人たちが書いてるんだから、あんなもん読む気がしない」

彼女が私のことをどう思っているかはわからない。人の悪いところが存分にある健全な精神をした人だから、当然「頭の悪い人たち」の部類に入れて澄ましているのであろう。だが、私は傷つくということもなく、そうよ、そうよ、と彼女と同じように赤くなった顔でしきりにうなずいた。アイオワでほかの作家たちと暮らした一ト月間に考えていたことが、ぐるぐると、酔った頭にかけめぐった。

思えば、私も彼女も古い考えから抜け出せないのであった。私たちだけではない。私たちの世代の多くの日本人はいまだ古い考えから抜け出せないのにちがいない。過去の遺産ゆえ、日本文学から、現実にはもうありえない高みをいまだに期待してしまうのである。今、「文学」としてまかり通っているものの多くが、過去の遺産ゆえに、「文学」

としてまかり通ってしまっているという事実にいつまでも慣れないのである。そして、それと同時に、何かが日本文学におこりつつあるのを――ひょっとすると日本文学が、そして日本語が「亡び」つつあるかもしれないのを感じているのである。

いったいいつごろからだろうか。

日本に帰り、日本語で小説を書きたいと思うようになってから、あるイメージがぼんやりと形をとるようになった。それは、日本に帰れば、雄々しく天をつく木が何本もそびえ立つ深い林があり、自分はその雄々しく天をつく木のどこかの根っこの方で、ひっそり小さく書いているというイメージである。福沢諭吉、二葉亭四迷、夏目漱石、森鷗外、幸田露伴、谷崎潤一郎等々、偉そうな男の人たち――図抜けた頭脳と勉強量、さらに人一倍のユーモアとをもちあわせた、偉そうな男の人たちが周りにたくさんおり、自分はかれらの陰で、女子供にふさわしいつまらないことをちょこちょこと書いていればよいと思っていたのである。男女同権時代の落とし子としてはなんとも情けないイメージだが、自分には多くを望まず、男の人には多くを望んで当然だと思っていた。また、古い本ばかり読んでいたので、とっくに死んでしまった偉そうな男の人しか頭に思い浮かばなかった。日本に帰って、いざ書き始め、ふとあたりを見回せば、雄々しく天をつく木がそびえ立つような深い林はなかった。木らしいものがいくつか見えなくもないが、ほとんどは平たい光景が一面に広がっているだけであった。「荒れ果てた」などという詩的な形容はまったくふさわしくない、遊園地のように、すべてが小さくて騒々しい、ひたすら幼稚な光景であった。

もちろん、今、日本で広く読まれている文学を評価する人は、日本にも外国にもたくさんいるであろう。私が、日本文学の現状に、幼稚な光景を見いだしたりするのが、わからない人、そんなことを言い出すこと自体に不快を覚える人もたくさんいるであろう。実際、そういう人の方が多いかもしれない。だが、この本は、そのような人に向かって、私と同じようにものを見て下さいと訴えかける本ではない。文学も芸術であり、芸術のよしあしほど、人を納得させるのに困難なことはない。この本は、この先の日本文学そして日本語の運命を、孤独の中でひっそりと憂える人たちに向けて書かれている。そして、究極的には、今、日本語で何が書かれているかなどはどうでもよい、少なくとも日本文学が「文学」という名に値したころの日本語さえもっと読まれていたらと、絶望と諦念が錯綜するなかで、ため息まじりに思っている人たちに向けて書かれているのである。

# 二章　パリでの話

十八世紀、十九世紀、二十世紀と、近代に入るにつれ、知らず知らずのうちにむくむくと力をもってきたのは、英語である。だが、世界でもっとも尊敬されていた〈国語〉は、英語ではない。

ノン！

それはフランス語であった。

『小公女』という女の子向けの物語がある。『若草物語』や『あしながおじさん』にゆくまえに、小学校の低学年生が読む物語で、一八八八年に書かれて以来、いまだに世界中で読み継がれ、映画も作られ続けている。作家はフランシス・バーネットといい、英国に生まれ、少女時代からアメリカに移った女の人である。私が小さいころは、敬称だか蔑称だか判然としない「女史」という言葉がついて、「バーネット女史」と呼ばれていた。

『小公女』の主人公は、インド生まれのイギリス人の少女、セーラである。インドでダイアモンド鉱山を発掘しつつあるという、大英帝国繁栄の一端を担う、大金持の父親をもつ。物語はそのセーラがロンドンの寄宿学校に入れられるところから始まる。

セーラはたんに大金持の娘だというだけではない。頭が良い。しかも、精神がきわだって気高い。だが、セーラの圧倒的な優位に周囲がこぞって納得し、ハハァーッと平伏するのは、セーラが頭が良いからでも、その精神がきわだって気高いからでもない。フランス語という、世にもありがたい結構な言葉を、まるでフランス人のように流暢にあやつるからにほかならない。

それがわかる印象的な場面がある。

寄宿学校の持主でも校長先生でもあるミンチン先生は、意地が悪くて、心がせまくて、いばっている。いけない大人の象徴である。セーラのことは、大金持だからというのでうわべは丁寧に扱っているが、セーラの精神が自分の卑小な心を超越しているのに気づいており、お腹の中ではうっとうしく思っている。だが、よい子のお手本のセーラには正面からは文句のつけようがない。最初のフランス語の授業の日、授業が始まるまえに教室に入ったミンチン先生は、かんたんすぎる教科書を与えられ、当惑顔をしたセーラに目をつける。そして、鬼の首を取ったように、お説教を垂れる。セーラ、フランス語を学びたがらないのはよくないことです。セーラが自分の態度を釈明しようとしても、耳を貸さない。入ってきたフランス語の先生にも、この子はフランス語を学びたがらないようです、と訴える。そこで、セーラはすっくと立ちあがると、フランス語の先生に向かい、流暢なフランス語で、自分を生んですぐに死んでしまった母親がフランス人だったこと、フランス語は家で自然に覚えて育ったこと、フランス語は英語と同じように読み書きできることを説明し始めるのである。

教室は静まりかえり、セーラの圧倒的な優位はその瞬間に永遠に確立される。

フランス人の先生はミンチン先生に向かって言う。

「この子どもは、フランス語を習ったのでなくって、まるでフランス人ですよ」

生徒たちは下級生から上級生までいっせいにセーラに憧れる。だが、もともとセーラに反感をもっていた女の子は、いよいよセーラを憎むようになる。ほんとうはフランス語を知らないのだが、恥ずかしいので、それをひたかくしにしているミンチン先生も、いよいよセーラを憎むようになる。セーラの父親が急死したあと、文無しになったセーラがひどい目に遭わされるようになる運命は、この最初のフランス語の授業で決まってしまったのである。

『小公女』を東京の家でおせんべいをかじりながら読んでいた子供のころが、フランス語の威力を漠然と理解した最初である。

フランス語を始めたのは、ジュニア・ハイスクールと呼ばれるアメリカの中学校からで、英語もできないのに、外国語を一つ学ばねばならなかったからである。フランス語、スペイン語、ロシア語という三つの選択肢をまえに、私は躊躇せずにフランス語を選んだ。スペイン語やロシア語ができる女の人になるというのは、想像力が働かなかったが、フランス語ができる女の人になるというのは、なんだかとても素敵なことに思えた。芥川龍之介の『舞踏会』に出てくる可憐な少女だって、フランスの将校となにやら流暢にフランス語で話すではないか。ジュニア・ハイスクールのフランス語の先生は、黒い縮れ髪をしたベルギー人の男の教師で、眉目秀麗とはいいがたかったが、教室で唯一の東洋人だった私に優しかった。じきに私は英語には背を向けたまま、家に帰ると自分の部屋に閉じこもり、Voilà Monsieur Thibault. Voilà Madame Thibault. Ils habitent à Paris, à la place d'Italie――これがチボー氏です、これがチボー夫人です、かれらはパリのプラス・ディタリーに住んでいます、というレコードをくり返し聞くようになった。フランス語との縁は、そのときは想像だにしなかったほど長く続いた。高校を出たあと、いったんは美術学校に入ったが、じきにそこをやめ、大学、大学院を通じてフランス文学を専攻するようになったのである。もちろん、何か具体的な目的があってのことではない。当時の日本の娘の一人として、ピアノやバレエという洋物をお稽古するようなつもりで始めたのが、さまざまな事情が絡み合い、いつのまにかずるずるといつまでも続けることになっただけであった——と、少なくとも、私はずっとそう思っていた。英語にかたくなに背を向けていた自分が、なぜフランス文学などを専攻することになったのか、その意味がほんとうのほんとうにわかったのは、日本に帰り、いやいやつき合わされていた英語からきれいに解放され、ついでに、せっかく学んだフランス語までほとんど忘れてしまったころであった。英語の不自由なアジアの娘としてアメリカで生きていた私である。思えばフランス語とは、そんな私が、少しでもアメリカ人の優位に立つのにはうってつけの言葉だったのである。フランス語とは、世界の言葉の中で、唯一英語と拮抗することができた言葉——拮抗することができたのみならず、唯一優位に立ちうる言葉であった。

私が学生であるのがわかると、人は訊く。

「What do you major in?」

専攻は何ですか?

「I major in French Literature!」

フランス文学です!

当時のアメリカで、アジア人がフランス文学をやるのは珍しかった。アメリカ人が目を丸くし、なんだか急にありがたそうな顔をして私をみることがしばしばあった。私はすまして相手の顔を見返した。

フランス語とは、まずは一〇六六年、フランスのノルマンディ公がイギリスを征服してから三百年にわたり、イギリスの宮廷で使われるようになった言葉である（今のフランス語とは大分ちがう）。次に、十七世紀、フランスの太陽王ルイ十四世の宮廷の栄光を背に、もっとも洗練され、かつ理性的な言葉として、ヨーロッパ全土で広く流通するようになった言葉でもある（こちらは今のフランス語とほとんど変わらない）。少しでもフランスのことを知っていれば、知らぬ人はいない、例の「アカデミー・フランセーズ」は太陽王の父親、ルイ十三世のもとで、一六三五年にリシュリュー枢機卿によって作られた。創立時の文書によれば、フランス語がたくみに「芸術と学問を扱うことができる」言葉であり続けるのを見はるのを目的とした機関で、栄光あるそのメンバーは俗に「永遠に亡びぬ人々」、すなわち「神々」(les immortels) と呼ばれる。フランス語が「亡びずに永続的に続くのを代々見はる人たちである。

近代に入り、軍事的、政治的、経済的にはイギリスが先頭を切る大英帝国時代に入ったあとでさえ、フランス語はヨーロッパ文明の神髄が宿る言葉として、国際的な地位を保っていた。フランス語は外交の「公用語」として認められていただけではない。フランス語を話すのは、イギリス人を含め、ヨーロッパ人の教養の重要な一部だとされ続けたのである。フランス人にとっては、たとえ貴族であろうと、知識人でなければ、英語など知っても知らなくとも、どちらでもよい言葉であった。ところが、ある階級以上のイギリス人は、知識人でなくとも、フランス語を知っているのを期待された。アガサ・クリスティに出てくる名探偵ポワロはベルギー人だという設定で（つまり、本物のフランス人のようには格好よくないという設定で）、フランス語を直訳したまことに妙な英語を話す。「おわかりですか?」という質問は、「Do you understand?」の代わりに、「You comprehend?」という、「Vous comprenez?」というフランス語の直訳になる。「何々をさせて下さい」という構文は、「Allow me to...」の代わりに、「Permit me to...」という、「Permettez-moi de...」というフランス語の直訳になる。そのように随所にはめこまれているポワロの妙な英語が、なんともおかしく、そのおかしさがポワロを「外部の人」として際だたせるのだが、アガサ・クリスティは、自分の読者——必ずしも知識人ではない、自分の読者がそのおかしさがわかるのを前提として書いているのである。フランス語とは、数百年にわたって、ヨーロッパ中の人が先を争って学ぼうとしてきた言葉であり、十九世紀に入ってからは、そのヨーロッパ人をまね、世界中の人が先を争って学ぼうとしてきた言葉であった。

いうまでもなく、フランス語の威光は一八六八年に明治維新を迎えた極東の日本にまで照りわたった。それまでの鎖国のせいで、西洋語を学ぶのに、オランダ語を学ぶという見当ちがいのところから出発せざるをえなかった日本人だが、維新の混乱期を過ぎるにしたがい、世界の様子がだいぶわかってきた。そして、世界の様子がわかるにつれ、世界のスノビズムもわかってきた。世界のスノビズムがわかってくれば、辺境ほどスノッブになるという法則が働く。（今、ヨーロッパの「ブランド品」の最大の市場が東アジアなのと同じである。）時はすでに、英国の軍事的、政治的、経済的な優位はもちろんのこと、英語圏の文化的な影響力の優位さえあきらかになりつつあった時代である。それにもかかわらず、日本では、英語は実学のための言葉、フランス語こそ西洋文明の神髄を象徴する言葉だとみなす風潮が広がっていったのであった。ことに、作家たちのあいだではそうであった。西洋の文芸を通じて西洋文明の息吹をおのがものにしようとしていた作家たちにとって、フランス語は、意中の恋人のような、特権的な地位を占めるようになった。

ふらんすへ行きたしと思へども
ふらんすはあまりに遠し
せめては新しき背広をきて
きままなる旅にいでてみん。

この萩原朔太郎の詩がいかに大正時代の作家たちの心を代弁していたことか。成功した作家たちは巨額の印税を蕩尽してフランスに遊学した。今で言う「自己投資」である。地球の裏側へ裏側へと進む長い航海のあと、いざフランスに上陸というとき、かれらがどんな思いでデッキに立ち、ぼおっという汽笛の音を耳に、霧にむせぶマルセイユ港を眺めたであろうか。嗚呼。想像するだけで、こちらの胸が切なくなってくるぐらいである。だがほとんどの作家にとって、フランスは、まさに「あまりに遠」き国であった。そして、「あまりに遠」き国であったからこそ、いやましに憧れはました。同じく朔太郎の詩に、「ふらんすからくる烟草のやにのにほひのやうだ／そのにほひをかいでゐると気がうつとりとする」というのがある。

また、上田敏訳の、

秋の日の
ギオロンの
ためいきの
身にしみて
ひたぶるに
うら悲し。　（ヴェルレーヌ）

あるいは、堀辰雄訳の、

風立ちぬ、いざ生きめやも。（ポール・ヴァレリー）

などというフランスの詩。フランスへの憧れは作家から読者へと広がっていき、右に挙げた詩は、日本の中産階級のあいだで、『小倉百人一首』と同じように知られるようになった。

そして、昭和に入り、日本に映画が入ってくるようになってからの、さまざまなフランス映画。『巴里の屋根の下』『自由を我等に』『巴里祭』『外人部隊』『ミモザ館』『舞踏会の手帖』『望郷（ぺぺ・ル・モコ）』等々。その邦題を並べるだけで、当時の人たちのフランスへの憧れの息づきが熱く感じられる。アメリカ系のミッション・スクールに通っていた母は万事アメリカ好みで、八十半ばを超した今も毎日のようにハリウッド映画をＤＶＤで鑑賞し、若い俳優の名前なども私よりずっと詳しいが、かつて銀幕で親しんでいたフランス映画の邦題を口にするときは、急にうやうやしい口調となる。夢見る目つきとなる。うっかり油断をしていると、首をかしげ、両手の指を組んで頰にあてんばかりである。宝塚少女歌劇団の主題歌「すみれの花咲く頃」や「モン・パリ」も巷に流れた。

そして、のちにまた触れるが、第二次世界大戦で敗れたあとの、あの志賀直哉の、信じがたくも、興味深い発言。日本人は多分に日本語を使っていたがため、こんな戦争をおこしてしまったのだから、もう日本語なんぞは使うのはやめてしまったらどうか、とそう言ったあと、志賀直哉は続ける。「そこで私は此際、日本は思い切って世界中で一番いい言語、一番美しい言語をとって、その儘、国語に採用してはどうかと考えている。それにはフランス語が最もいいのではないかと思う」。

もちろん、フランスの凋落は、第二次世界大戦が終わったときには、はっきりしていた。第二次世界大戦の終わりは、フランスの凋落以前に、ヨーロッパの凋落を告げた。戦前からすでに世界一金持だったアメリカは、空爆も受けず、工場も町並みもそのまま残り、さらに突出した金持となった。驚くべきことに、第二次世界大戦直後、アメリカのGDPは世界の約半分を占めたという（今は三分の一弱）。それと同時に、世界中の人々が、音楽、映画、テレビなどを通じてアメリカ文化を謳歌するようになり、文化の中心はヨーロッパからアメリカへと移った。アメリカに占領された日本にいたっては、名実ともに、ほとんどアメリカの植民地となった。だが、それでも、フランス文化は、世界でも日本でも、最後の花を大きく豪華に咲かせ続けたのである。五〇年代には「実存主義」が世界で流行り、大衆化したといわれる日本の大学生でも、サルトルとボーヴォワールを知らぬものはいなかった。七〇年代に入ると、今度は「構造主義」、さらには「ポスト構造主義」が世界で流行り、八〇年代の半ばまでは、その流れを汲むさまざまな哲学者の難解な書がまだ読まれていた。八百万の神々が祀られる極東の日本においてさえ、西洋形而上学批判なるものが盛んにおこなわれた。

そして、その全ての「フランス的なるもの」の中心に、フランス語の威光があり続けた。

アメリカの大学には、在学中に一年外国に留学できるシステムをもつ大学がよくある。私が入学した美術学校は、小さく、学校も貧しければ学生も貧しく、そのような結構なシステムをもっていなかった。だが、才能もないお絵かきなんぞはやめて、せめて興味をもてる文学、それもフランス文学でも専攻し直そうと考えていた私は、「だって、みんな、そうしてるんだからぁ」と両親に半分嘘をつき、まともな大学に転入する準備のため、当時のドルの強さを恃みに二十歳のときにフランスに留学させてもらった。パリに着いていそいそと日本の留学生の中に入って初めて気がついたのは、フランスに留学するというその意味である。当時、アメリカにやってくる日本の留学生たちは「何か」を勉強しにやってくる強者ばかりであった。英語はその「何か」を学ぶための手段でしかなかった。ところがフランスにやってくる日本の留学生たちのほとんどは、国費留学生にせよ、私費留学生にせよ、基本的には「フランス語」そのものを学びにやってくる。カフェのテラスで「ゴロワーズ」の煙をふかしながら、フランス人と同じようにフランス語を話せるのを、人生の最高目的としてやってくるのである。

そこにあるのは、究極のスノビズムであった。

思えば、すでに「何か」を勉強するためのフランス語ではなくなっていたこと自体が、フランス語という言葉の暗い未来を語っていたのかもしれない。

それからフランス語に何がおこったか。

今、「ふらんすへ行きたしと思へ」ば、成田空港からひとっ飛びのフランスはあまりに近く、大学生のアルバイトでかんたんに行ける。

ところが、そんな時代に入ったころ、ついに、もうどうしようもなく見えてきてしまったのである。最後の砦であった文化の言葉としても、英語の方が、フランス語よりもよほど重要になってしまったという現実が、ついに、もうどうにも糊塗しようがないほど露わになってしまったのである。この先、フランス語で書かれたものが世界で大きな影響力をもちうるだろうとは——散発的な例外をぬかしては——もう誰も思わない。

気の毒なのは、若いときの時間とエネルギーという、人生でこの上なく貴重なものを、フランス語を学ぶのに費やしてしまった世界の人たちである。気の毒なのは、せっかくアメリカにいながらフランス語などを学んでいた日本人の私である。だが、もっと気の毒なのは、ご当人のフランス人たちである。

フランス人とは、フランス語の栄光ある歴史を小さいころから心に刻まれて育った人たちである。フランス語の危機を手をこまねいて見ているはずはない。政治家たちは、世界でのフランス語の地位が凋落するのを食い止めるため、ケベック、ハイチ、ヴェトナム、モロッコ、アルジェリア、チュニジア、マリ、ニジェール、セネガル、マダガスカルなど世界中に散らばる元フランス植民地へわざわざ出向いていっては、美しいフランス語で演説をして聴衆を魅了し、それらの地域をフランス語圏に留めようと心をくだいている。だが、実は、フランス語圏の縮小など、もはやフランス人にとっては本質的な問題ではない。今は、フランスの国内でフランス語が「亡び」ないようにするのが問題となっているのである。

フランスは、どの国よりも早く、いわば国家事業として英語から〈国語〉を護るのを決断した。一九九四年には「トゥーボン法」が制定され、フランス語の使用がさまざまな場所で強制されることになった。たとえば、公共の場所での情報提供のための提示はフランス語でなされねばならない。公文書やおおやけのメディアでは、ウォークマンはバラダー（baladeur）、ソフトウェアはロジシエル（logiciel）と言い換えなくてはならない。また、アメリカのテレビ番組がフランスのテレビ番組を駆逐しないよう、フランスのテレビ局は放映時間の少なくとも四〇パーセントはフランス語で放映しなくてはならない、等々。さらにフランス政府は、ハリウッド映画がフランス映画を駆逐しないよう、フランス映画の制作に援助金を出したりもしている。アカデミー・フランセーズの

「神々」の役割も、栄光あるフランス語の規範を世に示すという積極的な役割から、なんとか英語に侵入されないようにしようという守りの姿勢へと、移行しつつある。ところが、いくら努力をしても、英語がなだれこんでくるのはもう防ぎようもない。今や、フランス語の地位の凋落を嘆き、フランス語が「亡び」るのを怖れるのは、フランスの知識人のたしなみでも趣味でもある。

だが、そんなフランスの知識人でも、この栄光あるフランス語——世界でいまだに〈普遍語〉として通用している地域さえあるフランス語が、まさか日本語なんぞと同じところまで凋落したとは、ゆめ、思っていないであろう。かれらは、フランス語が、極東の島で、文化もちがえば人種もちがう人によって話される、何の世界性ももたない言葉と同列に並ばされうるなどとは、ゆめ、思っていないであろう。フランスが尊ぶ「デカルト精神」など、逆立ちしても宿りそうにもない、妙な文字でへろへろとつづった言葉と同じ側に立たされるようになってしまったとは、ゆめ、思っていないであろう。ところが、である。今日、〈普遍語〉としての英語の台頭によって、フランス語は、気の毒なことに、日本語と同じところまで凋落してしまったのである。フランス語も日本語も、共に、英語ではないという点においては、変わらない。

フランス人たちにその気の毒な現実に直面してもらおうと思って話したのが、次の「パリでの話」である（注四）。

二十歳の思い出が凝縮されたパリ。そこへ、一九九八年、パリで開かれるシンポジウムで小説家として何か話をしないかという誘いがあった。遊学生や旅行者としてしか滞在したことがなかったパリ——若い男の人に声をかけられるのがまんざらでもなかった、若い娘としてしか滞在したことがなかったパリでもある。そんなパリに、長い時を経たあと、一人の小説家として招かれるのは素直に誇らしく、そのときはほとんど迷わずに引き受けた。そして、せっかくフランスに招かれたのだからフランス語で話そう、一生に一度ぐらいは貴重な時間を費やして学んだフランス語を役立てようと、錆びついた単語を記憶の彼方から一つ、二つと呼び戻し、辞書でスペリングをチェックし、出発前にベルリッツの先生に見てもらって講演の原稿を書き上げた。例によって、囚人の護送トラックや家畜の運送トラックを思わせるエコノミー・クラスでの旅であったが、パリに着けば、五月のことで、「美しき五月のパリ」と歌にあるように、陰鬱な冬の空から解放された街中に若緑があおあおと冴え、ただでさえ美しい町がいよいよ美しい季節であった。

＊　＊　＊

シンポジウム全体の主題は「時間」である。

『日本近代文学——その二つの時間』

私は勇気ある女ではありません。でも一生に一度だけ勇気を出そうと決心しました。それで、こうして、フランス語で——私の原始的なフランス語で、みなさんにお話をすることにしました。ひとつひとつの言葉をなるべくはっきりと発音するため、ゆっくりと読みます。

フランスで人前で話すのは初めてです。フランスで、フランス語で、人前で話すのは初めてです。私にとってこのような機会がきわめて特別なものであるのを記念するため、まずは、私とフランス語との最初の出会いを思い起こすところから始めたいと思います。

私がフランス語で知った最初の言葉は、何という言葉だったでしょう？　いや、もっと正確に言えば、私がフランス語で最初に書いた言葉は、何という言葉だったのでしょうか？

それは、アメリカに出張していた父に宛てた葉書の上に書いた、「Par Avion」——「航空便」という言葉です。私はまだ子供でした。私はまだ東京に住んでいました。「なぜフランス語で書かなくっちゃあいけないの？」と私は訊きました。国と国との間で、国際郵便にはフランス語を使うという取り決めがあるからですよ、という応えが返ってきました。あれは母の応えだったか、あるいは郵便局の人の応えだったたか、今はもうさだかではありません。

当時の私にとって英語という言葉もまだなじみの薄い言葉でした。フランス語はなおさらです。そのときから「Par Avion」というフランス語――私が最初に知ったフランス語を書くたびに、高揚感で胸がいっぱいになりました。

数年後、小学校を終えたとき、父がニューヨークへと派遣され、私は家族といっしょにアメリカに移り住みました。気位だけ高く意気地なしだった私は、アメリカという国とも、英語という言葉とも、うまくいきませんでした。私は、それからは日本に向けて送るようになった封筒の上に、「Par Avion」と書き続けました。「Par Avion」と書くたびに、私をとりまき、私の中へと侵入しようとする英語とあたかも戦っているような気がしました。英語と戦う状態は長いあいだ――とてつもなく長いあいだ続きました。ついに日本へと帰る日がやってきましたが、私はそれでもまだ「Par Avion」と書き続けたのです。

ところが、あるとき、すべてが終わってしまったのです。突然のことでした。私はもう「Par Avion」と書こうとはしませんでした。「Air Mail」と書くようになったのです。この移行は、一九八〇年代のなかば、私自身意識しないままにおこりました。あるとき、私は「Par Avion」と書くのをやめてしまった——たんにぴたっとやめてしまったのです。ひょっとするとフランス語はいまだに国際郵便の「公用語」なのかもしれない。でもそのような細かい話はもうどうでもよい。私はついに英語に抵抗することの無駄を悟ったのだと思います。

私の内に起こった、この「Par Avion」から「Air Mail」への移行——この移行が、現実に世界で起こった、ある移行と対応するのは言うまでもないでしょう。そして、あえて断定的なものの言い方をするならば、この移行こそ、今日の作家にとってもっとも根本的な移行なのです。フランス語で書いていようと、日本語で書いていようと、英語で書いていようと、同じように、です。

私が申し上げたいことをみなさんにわかりやすく説明するため、少し時を遡り、歴史に沿って話を進めます。

一八六八年、日本が西洋に門を開いてから、数知れない変化が起こりました。今回のこのシンポジウムは「時間」が主題ですが、その数知れない変化の一つとして、日本人の意識の中で、何が「時間」であるかが変化したのを挙げられるでしょう。この変化は直接日本の文学に関わっています。

一八六八年の前、日本人にとってのヨーロッパ人とは、奇妙で不可解で、珍しい動物のようなものでしかありませんでした。それが、一八六八年の明治維新を境いに、ヨーロッパの科学と並んで、ヨーロッパの小説が突然輸入されるようになりました。しかも、ヨーロッパの小説は、文学の普遍的なモデルとして、すなわち、規範として、輸入されるようになったのです。みなさんは、日本人特有の勤勉さを、よくご存じでしょう。日本人は、その勤勉さをもって、ヨーロッパ文学の数々の偉大な作品を原文、ついで翻訳文で、読むようになったのです。

文学の力とはいかに大きなものか。

読むという行為を通じ、日本人はやがてヨーロッパ人の人生をあたかも自分の人生のように生きるようになりました。ジュリアン・ソレルの野心、ジェーン・エアの幸福、ウェルテルの哀しみ、アンナ・カレニナの絶望——そんなものを、あたかも自分の人生のように生きるようになったのです。かくして日本人は新たな時間を生きるようになりました。一本の線のように直線的に流れる、歴史的、そして世界的な時間です。すなわち、日本人は、ヨーロッパで流れる時間と同じ時間を生きるようになったのです。そして、ヨーロッパで流れる時間と同じ時間を生きるようになることによって、ヨーロッパ人が「人類」(Humanité) と呼ぶものにも参加することになったのです。

「人類」に参加することができるようになった私の先祖たちに拍手を贈りましょう。

しかしながら、みなさんもご存じのように、「人類」という概念はそう単純なものではありません。ヨーロッパで流れる時間と同じ時間を生きるようになったことによって、いかなる運命が日本人を待っていたでしょうか。日本人は二つの時間を同時に生きざるをえなくなったのです。一方では大文字の「T」で書かれる西洋に流れる時間（Temps）。もう一方では小文字の「t」で書かれる日本に流れる時間（temps）。しかも、日本に流れる時間は、そのときを境いに、西洋に流れる時間との関係の中に存在するよりほかはなくなってしまった。日本に流れる時間は西洋に流れる時間と独立したものではありえなくなり、それでいて、同じものになることもなかったのです。日本人である私は、この新しい歴史的な状況に、どこか哀しいものを見出さざるをえません。そしてそれは、日本人が、二つの時間を生きなくてはならなくなったからではない。それは、日本人が、この二つの時間を生きなくてはならなくなったことによって、近代という時代の根本にある、非対称的な関係の中へと足を踏み入れざるをえなくなったからです。

普遍と特殊との非対称的な関係です。

近代に入ってから、西洋に流れる時間が、「人類」にとっての普遍的な時間だとされるようになりました。「人類」に参加した日本人は、普遍的な時間を生きることとなり、西洋に流れる時間をも生きるようになりました。でも西洋人はといえば、日本に流れる時間を生きることはありません。日本に流れる時間は特殊な時間でしかないからです。実際、近代に入ってから、世界のすべての教養ある人は西洋に流れる時間を生きるようになりました。でも、日本に流れる時間を生きるのは、日本人だけです。(例外は旧大日本帝国の植民地の人たちで、かれらはさらに複雑な時間を生きざるをえませんでした。) 日本人は「人類」の一員となった代償として、このような非対称的な関係を生きることになったのです。

話が抽象的になってしまいましたので、私の母の例をとってみましょう。人は誰もみな若いころがあります。

今は杖をついた老女でしかない私の母も、第二次世界大戦のまえは若い娘でした。当時日本の都会に住む多くのモダンな若い娘と同様、西洋から入ってきたものを熱烈に愛していました。音楽、モード、食べもの――みさかいなしに、なんでもかんでもです。そしてそれは、母が、西洋の小説を翻訳で読んだり、西洋の映画を観たりするのが大好きだったからです。ジェラール・フィリップやゲイリー・クーパーは、母にとってのプリンス・チャーミングでした。おそらく母は銀幕のヒロインに自分の身を重ね、そうっと呟いたでしょう。あたしは彼女たちと同じように美しいし、同じように優雅だし、同じように情熱的だ。あたしだって彼女たちと同じように、身を焼くような恋に落ちるにちがいない、と。母はどちらかというとうぬぼれが強かったのです (今でもまだ強いのですが……)。

ところが、母の実際の人生は、なんと西洋の小説や映画と遠くかけはなれたものだったか。彼女は木と紙でできた小さな家に住んでいました。寝ているのは「フトン」と呼ばれる薄いマットレスの上であって、彼女がおねだりしてやまなかった、ベッドの上ではありませんでした。そして何よりも最悪だったのは彼女の母親——私の祖母の存在です。母が日々味わう屈辱感と苛立ちのみなもとです。私の祖母はもとは芸者でしたから、三味線を弾いたり日本舞踊を舞ったりすることができます。でもなんとオムレツ一つ作れない！　もちろんヨーロッパの小説など一冊も読んだことがない。無学な祖母は、本を読む習慣はなかったのです。母が通っていた女学校は、大人の付き添いなしに映画館に入るのを禁じており、母は洋画を観に行くとき、祖母に付き添ってもらわなくてはなりません。ところが祖母は洋画などを観せられても何が何やらさっぱりわからず、すぐに居眠りを始めます。鼾をかいたりさえします。私の母の眼には涙が浮かびます。ああ、あたしにはこんな人生しか与えられていない！　なんという人生！　母に多くの歓びをもたらしてくれる小説や映画は、母に多くの哀しみをももたらしたのです。

みなさんはおっしゃるでしょう。小説や映画に出てくる世界と人が実際に生きる世界とのあいだにはつねに溝が横たわる、と。芸術によって媒介された世界と、芸術によって媒介されていない世界とのあいだの溝です。もちろんみなさんのおっしゃる通りです。母が感じていた溝——その溝は、一人の読書好きのヨーロッパの娘が感じていた溝よりも必ずしも深いものではないと、私自身そう思います。ただ、母と読書好きのヨーロッパの娘との間には、やはり大きなちがいがある。なぜなら、母の場合、芸術の世界と実人生とのあいだにある溝は、さらに別のものをも象徴しているからです。それが、さきほど述べた非対称的な関係——普遍的な時間に住む人間と、普遍的な時間と特殊な時間と両方に住む人間とのあいだの、非対称的な関係です。

話をもう少しわかりやすくするために、ここでフランソワーズという一人の人物をでっちあげてみましょう。フランソワーズは第二次世界大戦のまえ、パリに住む若い娘です。私の母と同じように本を読んだり映画を観たりするのが好きで、芸術に憧れていま す。私の母と同じように小さいアパートに、みじめったらしい、無学な母親と暮らしています。

ある日このフランソワーズは自伝的小説を書きます。芸術の世界と現実の世界とのあいだに引き裂かれた、彼女の人生の物語です。この小説はフランスで評価されます。日本に住む日本人のうち数百人がこの小説をフランス語で読みます。そのうち一人が日本語に訳すことにします。私の母がその小説を日本語で読みます。母はヒロインに自分を重ね、自分に言います。この娘さんは何と私と似ているんでしょう！　深く感じ入った母は、彼女も芸術家の素質をもっているので、彼女自身の自伝を書きます。その小説は日本では評価されます。でもフランス語には訳されません。フランス語以外のどのヨーロッパ語にも訳されません。そのような小説までヨーロッパ語に訳されるには、日本語を読めるヨーロッパ人の数があまりに少なすぎるのです。母の人生は日本の読者のものになるだけです。世界のほかの読者たちにとっては、彼女の小説はあたかも存在しないがごとくです。彼女の人生もあたかも存在しないがごとくです。

それは、たとえもし彼女がフランソワーズより先に自伝小説を書いたとしても、フランソワーズがそれを読んで深く感じることはなかったということでもあります。そういうことなのです。

ここに、非対称的な関係によって生じるちがいがはっきりと表れています。一方で、普遍的な時間に生きる人は、声を上げて話そうとすれば、その声は世界全体に届きます。もう一方はそういうわけにはいきません。普遍的な時間と特殊な時間とを同時に生きる人は、普遍的な時間の中で話す人たちの声は聞こえても、自分の声をその人たちに届かせることはできないのです。届かせたいと思ってもできないのです。普遍的な時間には、受け身としてしか参加できないのです。

つきつめれば、この非対称的な関係は、二つの言葉のあいだにある、非対称的な関係に還元できます。フランス語は「人類」を代表するヨーロッパの言葉の一つであり、それゆえに、フランス人と日本人のあいだの共通の言葉は、フランス語であって、日本語ではない。フランス語と日本語という二つの言葉は非対称な関係にあるのです。そして、この二つの言葉のあいだにある非対称的な関係自体、つきつめれば、数の上の非対称に還元できます。日本語がわかるフランス人は数えるほどしかいない。その反対に、フランス語がわかる日本人はたくさんいたのです。二カ国語をあやつる日本人——読者でもあれば翻訳者でもある、二カ国語をあやつる日本人がたくさんいたという数の上の現実こそが、普遍と特殊という非対称的な関係を作る条件だったのです。

さて、これ以上先に進む前に、重要な点をここで指摘しておかねばなりません。西洋に流れる時間は一つですが——というより、歴史を通じてだんだんと一つになっていったわけですが、みなさんもご存じの通り、ヨーロッパ自体は一つではありません。ことに近代に入ってからは、その反対とも言えます。もととなる言葉や宗教や歴史を共有しつつも、近代に入ってからのヨーロッパは、文化的、さらには言語的に、まさに多様性の名において自分を特徴づけていった地域だったのです。当然のこととして、その多様性は、「人類」に参加するようになった日本にも反映されました。日本の作家はさまざまなヨーロッパの言葉を読んだ——フランス語だけでなく、英語やドイツ語やロシア語をも読んだのです。そして、ほかでもない、このヨーロッパの言葉の多様性が、〈国語〉という観念を日本人に植えつけたのです。国家、その民族の血、その民族の歴史と切っても切り離せない、〈国語〉という観念です。そして、今度は、ほかでもない、この〈国語〉という観念が、国民国家の文学——各国に固有の〈国民文学〉という観念を日本人に植えつけたのです。二つの時間を生きることを強いられた日本の作家たち。非対称的な関係の中で生きることを強いられた日本の作家たち。普遍的な時間の中では押し黙っていることを強いられた日本の作家たち。それでも、かれらは大志を抱くことができた。かれらは少なくとも〈国民文学〉としての「日本文学」を、かれらの言葉で花咲かせるのを願うことができたのです。

言うまでもなく、今、すべては変わってしまいました。

いったい、いつこの運命が決まってしまったのか……。

一四九二年にコロンブスがアメリカ大陸を発見したときには何もまだ決まっていませんでした。一六二〇年にメイフラワー号にのったイギリスの清教徒がアメリカ大陸にたどり着いたときも、何もまだ決まっていません。一七七六年にイギリスから独立してアメリカ合衆国ができたときですら、まだこうなる運命は決まっていなかったでしょう。こうなる運命は、ひょっとすると、フランス人のみなさんには皮肉なことですが、みなさんが時代を先取りしていたせいかもしれません。一七八九年、フランス人は、やがてはヨーロッパ諸国を近代へと導くことになるフランス革命を起こした。王制を敷いていた近隣のヨーロッパ諸国は、怯え、フランスにこぞって戦争をしかけた。その結果、ナポレオンが台頭し、続々とナポレオン戦争を戦うことになった。そして、一八〇三年、そのナポレオンが、イギリス軍を牽制する軍資金を確保するため、北アメリカの中心部を占めていたフランスの領土を、アメリカ合衆国に売ってしまったのです。一エーカー三セントという値段です。これが、今でもアメリカ人が笑みこぼさずには語れない「ルイジアナ・パーチェス」です。当時まだ大西洋側に小さくかたまっていた合衆国は、「ルイジアナ・パーチェス」によって一挙に倍の大きさになり、しかも、最強のフランス軍と戦うこともなく、温暖で肥沃な領地を、西へ西へと太平洋まで増やしていくことができたのです。やがて、合衆国はいつのまにか世界で一番の金持国になり、一九三〇年ごろには、ドルがポンドにとって代わって〈世界通貨〉となった。それから半世紀のち、ふと気がつけば、いつのまにか英語という言葉が〈普遍語〉として流通するようになっていたのです。

今日、日本人がフランス人と話すとき、あたりまえのように、英語で話します。そしてフランス人もそのような状況をしかたなしに受け入れるようになりました。人類の歴史の中で、〈普遍語〉だった言葉がいくつかあります。ラテン語、中国語、アラビア語――かつてのフランス語もそうです。でもそのような言葉が、今日の英語のように世界全体を覆ったことはありませんでした。英語以外のどの言葉も、ここまで完璧に、そして絶対的に支配的になったことはありません。しかも、言葉というものは、経済力や政治力や軍事力とは独立した動きをもち、いったん広がりはじめると、自動運動のように広がっていく。アメリカの国力が今後どうなろうと、英語の支配は長い将来にわたって強まっていかざるをえません。バイリンガルの数——英語を使って外の世界と通じ合おうとする人の数も、このさき長い将来にわたって増えていかざるをえないでしょう。

それでは、小説家は……？

私たちのような小説家は、このような状況のもとでどういう風に身を処したらよいのでしょう。

みなさんもご存じのように、小説と〈母語〉とのあいだには、切っても切り離せないつながりがあります。小説家ひとりひとりにとっては、その人が小説を書くのに使う言葉とその人の〈母語〉との関係は、必然的なものではありません。人は〈母語〉ではない言葉で小説を書くことができるからです。でも、小説と〈母語〉とは、その歴史的成り立ちからしても、強い、神秘的ともいえる、特別な関係をもっています。〈母語〉のように自在にあやつれなければ、その言葉で優れた小説を書くことは困難です。

さて、今日、この世界で、英語を〈母語〉としない小説家が、いかに不利な立場に立たされるようになったか——いかに、どうにもこうにも取り返しがつかないほど不利な立場に立たされるようになったか、それは言うまでもないでしょう。だって、二種類のグループの小説家を比べてください。英語で書く小説家と、英語以外の言葉で書く小説家です。なんという深淵がかれらを分けていることか。なんという非対称きわまる関係か。

もちろん、英語で書く小説家にだって、かれらなりの嘆きがあるにちがいありません。一つの言葉がここまで世界で流通するということは、よいことずくめではないからです。かれらは言うでしょう。このように世界で流通している英語——学会の英語、ジャーナリズムの英語、商業の英語、ハリウッド映画の英語、インターネットの英語——そんな英語は、貧しい、堕落した、根なし草のような英語でしかない。我々は、そのような英語と、日々戦わねばならないのだ、と。でも、ご存じのように、自動的に流通する言葉と戦うのは、ものを書く人間の永遠の使命であり、そのような戦いを戦う必要がなくなる日がくることはありえない。私のように日本語でものを書く人間が、かれらに同情する気にはならないし、嘆いているご当人たちだって、私と立場を入れ替えたいとは、ゆめ、思わないでしょう。

だって考えてもみて下さい。かれらの作品を読むことができる、気が遠くなるほどのあの大勢の読者のことを。英語を〈母語〉とする読者の数だけでもすでにたくさんいます。それに加えて、さらに数多くの、英語を〈母語〉とはしなくとも、英語を読める読者——英語を、いつのまにか、ほんとうの意味で世界に広く流通させている読者がいるのです。そして、かれらこそ、文学にとって、もっとも重要な読者なのです。かれらは、アジア、アフリカ、中南米、ヨーロッパのさまざまな国において、必然的にもっとも高い教育を受けた人たち——その社会の知性を代表する人たちだからです。地球の隅々に住んでいる、そのようなバイリンガルの人たちは、英語を読むだけではなく、読んだものを自分の〈母語〉に翻訳します。原文でのみならず、翻訳文を通じ、英語で書かれた小説は、まるで女王のように世界を制覇するようになってきています。しかも、これからもその傾向は続くしかないのです。

　書くという行為は自慰行為ではありません。書くという行為は、私たちの目のまえにある世界、私たちを取り巻く世界、今、ここにある世界の外へ外へと、私たちの言葉を届かせることです。それは、見知らぬ未来、見知らぬ空間へと、私たちの言葉を届かせ、そうすることによって、遇《あ》ったこともなければ、遇うこともないであろう、私たちのほんとうの読者、すなわち、私たちの魂の同胞に、私たちの言葉を共有してもらうようにすることです。唯一、書かれた言葉のみがこの世の諸々の壁——時間、空間、性、人種、年齢、文化、階級などの壁を、やすやすと、しかも完璧に乗り越えることができます。そして、英語で書かれた文学は、すでにもっとも数多く、もっとも頻繁に、この世の壁を乗り越えていっているのです。私の一番好きな英語の作家は、ジェーン・オースティンですが、今日、地球の隅々に、いかにたくさんの彼女の魂の同胞が満ち溢れているか。それをもし知ったら、彼女は驚き、仰天するでしょう。辛辣な皮肉屋であると同時に、とても慎み深い人ですから。

しかもそれだけでは済まない。英語は今や誰のものでもなく、すべての人のものなのです。英語という言葉は、ある時期から、特定の国家とも、特定の人たちの血とも、特定の人たちの歴史ともつながらないものとなったのです。かつての大英帝国の植民地の人たちが最初に英語で書きはじめたころ、かれらは、英語という言葉が入植者の言葉——他者の言葉なのを意識していたでしょう。また、先祖がアフリカから奴隷として英語圏に連れてこられた人たち、あるいは世界各地から移民労働者として英語圏に移ってきた人たち。かれらも最初に英語で書きはじめたころは、英語が他者の言葉であるのを意識していたでしょう。ところが、このような人たちの数が地球の上で増えるに従い、英語という言葉は誰のものでもない言葉、つまり、すべての人が、自分のものだと思える言葉になっていったのです。英語で書いている限り、〈国語〉という概念はその根もとから揺るがされ、同時に〈国民文学〉という概念もその根もとから揺るがされるようになりました。

今日、英語で書く作家は、アメリカ人の作家、カナダ人の作家、インド人の作家である以前に、英語で書く作家なのです。このことは最終的にどういう意味をもつでしょうか。それは、このさき、もし、英語を自在に操れるとすれば、多くの人が、英語で書くのを選ぶであろうということにほかなりません。偶然や努力の結果、もし英語を自分の第二の〈母語〉とすることができれば、あたかも子供が自分の養母を選ぶかのように、英語を選ぶであろうということにほかなりません。そして、世界で、そのような人の数は、この先増えていく一方でしょう。

さて、ここで、思い切って言ってしまおう。

きょうび、フランス語で書く小説家たち。かれらのことを思うと、同情に堪えません。いや、この際、思い切って、正直に告白せねばならぬ……。かれらのことを思うと、実は、内心、隠微な歓びに満ち溢れてしまうのです。なぜなら、今や、かれらのような御方がたが私の仲間入りをして下さった歓びがあるからです。

私はかれらに申し上げるでしょう。

「まあ、ようこそ、いらっしゃいました。ようこそ、私と同じ側へと――例のあの非対称な関係のなかで、ようこそ、私と同じ側へといらっしゃいました。以前、あなたがたは、私とは反対側の、特権的な側にいらっしゃいました。いいえ。あなたがたは、その特権的な側にいらしただけではない。あなたがたの過去の栄光によって、しばしばその特権的な側の象徴そのものですらあったのです。それなのに、ああ、あなたがたは、今やお気の毒なことに、私と同じ陣営にお入りにならざるをえなくなったのです。あなたがたも、やはり、二つの時間を生きざるをえなくなったのです。英語で書かれたものに流れる普遍的な時間と、あなたがたご自身の言葉で書かれたものに流れる特殊な時間です。世界の人たちと同様、あなたがたも、普遍的な時間の中で話す人たちの声は、かんたんに聞くことができます。でも、もうあなたがたご自身の声を世界の人たちにかんたんに届かせることはできないのです」

「しかも、この非対称性は、さらに大きな波紋を広げつつあります。なぜなら、それは、過去の栄光さえ、あなたがたから奪ってしまうからです。そうです。ついこのあいだまで、ラシーヌはシェークスピアと肩を並べる存在だった。ところが今はどうか。世界のほとんどの高校生はシェークスピアの名を知っているでしょう。ハリウッド映画のおかげで『ロミオとジュリエット』の名さえ知っているかもしれない。そして、そのうちの一人が『ロミオとジュリエット』を読もうとし、次は『マクベス』を、次は『ヴェニスの商人』、次は……と読もうとするかもしれない。それにひきかえ、ラシーヌは？　ラシーヌとはいったい誰ぞいな。世界の高校生のうち、ほんのわずかしか、ラシーヌの名を知りはしないでしょう。お気の毒に、その高校生の数は、『源氏物語』の作者、紫式部の名を知る高校生の数に、だんだんと近づいていっているかもしれません」

「何というおちぶれかた！」

きょうび、フランス語で書く小説家に、そう私は申し上げるでしょう。

西洋と非西洋のあいだにある非対称関係はこれからもずっと存在し続ける。それはあたりまえです。でも、今、その非対称関係に、それと同じぐらい根本的な、もう一つ新たな非対称関係が重なるようになったのです。英語の世界と非・英語の世界とのあいだにある非対称関係です。

ここで、フランスの小説家と私とを一緒くたにし、「我々」という言葉を使う無礼をお許し下さい。

我々はどうしたらいいのでしょう？

いったい、我々に何ができるのでしょう？

答えは、いうまでもなく、何もできない、です。

我々は何もできないのです。もちろん、いくら自分の声が世界に届かないといっても、そんなことは、我々が自分の言葉で書くのを妨げはしない。いったん自分の言葉で書くことを知った人間には、自分の言葉で書きたいという欲望――精神の必然があります。快楽もあります。欲望と快楽。その二つは、人間が何かをするのに充分な動機たりうるでしょう。しかし、です。しかしながら、何かそこにもう少しないか。英語で書かないというまさにそのことによって我々に与えられる天の恵みというものが、何かそこに少しはないでしょうか。

私は、あるだろうと申し上げます。

我々が自分たちの身を英語で書く小説家と比べてみるとしましょう。すると、あたかもパンドラの箱を開けたように、妬み、絶望、無気力など、あらゆるよこしまな思いがどす黒く胸のなかに広がっていきます。でも、パンドラの箱には「希望」というものが一つ残されていた。それと同様、我々にも一つ残されたものがあります。我々が英語で書く小説家と比べて絶対に優るところであり、我々の唯一の「希望」です。

それは、一度この非対称性を意識してしまえば、我々は、「言葉」にかんして、常に思考するのを強いられる運命にあるということにほかなりません。そして、「言葉」にかんして、常に思考するのを強いられる者のみが、〈真実〉が一つではないということ、すなわち、この世には英語でもって理解できる〈真実〉、英語で構築された〈真実〉のほかにも、〈真実〉というものがありうること——それを知るのを、常に強いられるのです。もちろん英語を書く作家にも言葉にかんして思考をする作家はいるでしょう。でもかれらは、私たちのように常に思考するのを強いられる運命にはない。

たとえば、どうやってかれらが知ることができるでしょう。どのような文学が英語に翻訳されるかというとき、主題からいっても、言葉の使い方からいっても、英語に翻訳されやすいものが自然に選ばれてしまうということを。すなわち、英語の世界観を強化するようなものばかりが、知らず知らずのうちに英語に翻訳されてしまうということを。どうやってかれらが知ることができるでしょう。かくしてそこには永続する、円環構造をした、世界の解釈法ができてしまっているということ——世界を解釈するにあたって、英語という言葉でもって理解できる〈真実〉のみが、唯一の〈真実〉となってしまっているということを。そして、そのなかには、英語で理解しやすい異国趣味などというものまで入りこんでしまっているということを。どうやってかれらが知ることができるでしょう。この円環構造をした世界の解釈法が、あの栄誉あるノーベル文学賞を可能にし、しかも、それによって、さらに強化されてしまっていることを。さらには、ノーベル文学賞とは「翻訳」に内在するすべての問題を、必然的に抑圧してしまっているということを。

私たちのみが知るのを強いられる運命にあるのです。プルーストの「maman」という言葉が「maman」でなくてはならないこと、それがもし「mom」や「mother」に代えられてしまえば、プルーストが再び見出した「時」そのものが損なわれてしまうことを。そして同じように、もし私の母が小説を書いたなら彼女が使うであろう「母さん」という言葉は「母さん」でなくてはならないこと——それが、日本語で「母」を指し示す同意語である、「お母さん」「お母さま」「おかっツァン」「ママ」「おふくろ」などにも代えられないことを。

今日、私は、幸いにも、日本の現代作家を代表するためにここにいる訳ではありません。私は、ほかの日本の現代作家——本来なら私の戦友であるべきかれらが、このことにかんしてどう思っているかは知りません。そもそも、かれらが、このことにかんして、何かを思うことがあるのかどうかも知りません。でも、私自身が書くものは、さまざまな形でこれらのことすべてに取り憑かれています。

私は今三番目の小説を書いています。恋愛の物語ですが、実は、〈母語〉への執着の寓話のようにも読める小説です。今書いている最中なので、できればその小説のお話をしたいのですが、ここで、残された時間を有効に使わなくてはなりません。それでここでは、一九九五年に出版した、私の二番目の小説について手短にお話ししようと思います。物語の内容と形式とその両方において、この小説はもっとも直接的な形で問います。今、日本語で書くとはどういう意味を持つか？

小説は『私小説 from left to right』という題。「私小説」とは日本語で自伝的小説のことを名指します。ということは、この小説は一種の自伝的小説だということです。事実、それは、少女のころに生国を離れ、家族と共にアメリカに移り住んだ日本の女の人の話です。彼女はアメリカに融けこむ代わりにアメリカに背を向け、自分の部屋に閉じこもり、日本の小説に読みふけって毎日を過ごします。二十年のアメリカ滞在——意味もなくアメリカを拒否し続けつつも日本に帰国するのは躊躇し続けた二十年のアメリカ滞在のあと、ある日、彼女はついに自分の国に帰って作家になる決心をします。

プルースト以来、すなわち、『失われた時を求めて』以来、「いかにして私は作家になったか」を物語る小説が、世界中に、洪水のように溢れるようになりました。『私小説 from left to right』も数知れぬそのような小説の一つだといえましょう。そこには、そのような小説にありがちの、自己満足な調子を見出すこともできるでしょう。それでいて、この小説は、それ以外のものでもある。そこで物語られているのは、「いかにして私は作家になったか」という物語だけではなく、「いかにして私は日本語の作家になったか」という物語でもあるからです。そして、その物語は、もう一つ別の物語と分かちがたくつながっています。それは、並行に語られながらも、苦い後悔にみちた物語です。「なぜ私は英語の作家にならなかったのか」。

『私小説 from left to right』の女主人公は、日本語と英語という二つの言葉から自分の言葉を選ぶことができる、特権的な年齢でアメリカに行ったのです。なぜ彼女は日本語という言葉に固執したのか――大きな言語圏に属することもない、極東の島国でしか使われない、世の中でぽつんと孤立した言葉に固執したのか。つまり、なぜ彼女は英語を選ばなかったのか？　なぜ彼女は、彼女と同じぐらいの年でアメリカに行ったほかの多くの人――今まさに「いかにして私は英語の作家になったか」という物語を書いている、ほかの多くの人のように、英語を自分の言葉にしなかったのか？　身も蓋もなく言ってしまえば、なぜ彼女は、かくもまちがった選択をしてしまったのか？　なぜ彼女は、日本語に固執し、日本を想って連綿と時を過ごすうちに、その選択が永久に失われてしまうまで、そのような選択があること自体、思いつきもしなかったのか？

なぜなのか？

ああ、なぜなのでしょうか？

たしかに『私小説 from left to right』の女主人公は、東洋人の娘として、アメリカの社会から疎外されていると感じていたでしょう。たしかに彼女は、気位だけ高くて意気地なしだったので、新しい言葉を学ぶのに伴う屈辱を避けようとしたでしょう。でも、このような社会学的な理由づけや心理学的な理由づけは、究極的には、文学そのものに関わる現象に光をあてることはできない。何が女主人公に英語を拒否させ続けたかというと、それは、ほかならぬ「読む」という行為にあったのです。彼女が日本語で書かれたものを読めば読むほど、彼女は英語に背を向けることになった。読むという行為を通じて、彼女は、常に、かつ、まぬがれがたく、ほかの何物にも還元することのできない、二つの言葉の、どうしようもないちがいに向き合わざるをえなかったのです。彼女を二つの世界、二つの主体のなかで生きるのを強制した、ほかの何物にも還元することのできない、二つの言葉の、物質的ともいえるちがいです。

ゆえに、この小説独特の形式があります。

日本語と英語が混ざったその題がすでに示すように、『私小説 from left to right』は、英語の言葉や文章がところどころに入った小説――大げさにいえば、バイリンガルな小説です。しかもこの小説は、ふつう、日本語の小説は、上から下へと縦に書かれているのに対し、左から右へと横に書かれています。それで、「from left to right」というわけです。かくして、日本語の小説とはいいながらも、横書きで、「Alas! Twenty years since the Exodus!」という文章から始まります。

私は一方では、このバイリンガルの形式を通じて、先ほどお話しした、今、世界で露わになりつつある、英語と英語ではない言葉の非対称性を明らかにしたいと思いました。すべての人にとって、根本的な意味をもちながら、恣意的で、しかもこれから常に増大し続けるであろう非対称性です。英語で小説を書く小説家は、自分の読者が日本語なんぞを理解するのを期待することはできない。だから、自分の小説にところどころ日本語を入れたりすることはできない。それに対して、日本語で小説を書く私は、自分の読者が英語を理解するのを期待できる――少なくともある程度は理解するのを期待できるのです。しかも、ここで英語に取って代わることができる言葉はほかにないのです。日本を漢文学が支配していた時代はすでにとうに終わってしまっています。今や日本人は漢語よりも英語のほうが理解できる。のみならず、どの国の人でも読書人ならば、英語をある程度理解できる。だからこそ、『私小説 from left to right』は、韓国語、ベンガル語、フランス語など、ほかのどの言葉に訳しても、英語の部分を元のままに残し、バイリンガルの形式を再現することができるのです。この小説を唯一訳すことができない言葉は英語なのです。もし英語の部分を元のままに残しておいたら、どうやってその翻訳で、バイリンガルの形式を再現することができるでしょう。でも、いったいほかのどの言葉に英語の部分を翻訳できるでしょう。英語のように世界の〈普遍語〉として機能している言葉はほかにはないのです。この作品は、唯一、英語にだけは翻訳するのが不可能なのです。そしてその唯一の不可能性こそが、今日の世界にある、言語のあいだの非対称性の、もっとも明確なあかしなのです。

でも、さらに申し上げたいことがあります。それは、このような非対称性を浮き彫りにするのだけを目的に、私の小説がバイリンガル形式をとったわけではないということです。この目的と分かちがたくつながりつつも、私にとって、もっと大事な目的がありました。二つの言葉を並列させることによって、私は、何よりも、日本語という言葉の、ほかの何物にも還元することができない、物質性を浮き彫りにしたかったのです。「漢字」やら「ひらがな」やら「カタカナ」やらが混ざった、なんという、奇妙で面白い言葉でしょうか。実際、なんという、粗野でいながらも洗練された言葉か。なんという、捉えどころのない言葉か——私はこのバイリンガルの形式を通じて、日本語が英語とちがうこと、日本語がほかのすべての西洋語とちがうこと、いや、日本語がほかのすべての世界の言葉とちがうことを、読者に直接訴えたかったのです。日本語という言葉の特異性を訴えたかったわけではありません。バイリンガル形式で初めてはっきりと見えてくる日本語と英語のちがいを通じて、すべての言葉の、ほかの何物にも還元することができない物質性を訴えたかったのです。どんなに読者数が少ない言葉で書いても、その行為自体に意味を与える、言葉の物質性です。

だって、想像してみてください。これから百年先、二百年先、三百年先、もっとも教養がある人たちだけでなく、もっとも明晰な頭脳をもった人たち、もっとも深い精神をもった人たち、もっとも繊細な心をもった人たちが、英語でしか表現をしなくなったときのことを。ほかの言葉がすべて堕落した言葉——知性を欠いた、愚かな言葉になってしまったときのことを。想像してみてください。一つの「ロゴス＝言葉＝論理」が暴政をふるう世界を。なんというまがまがしい世界か。そして、なんという悲しい世界か。そのような世界を生きるのは、強いられた非対称性を生きるよりも、無限に悲しいものです。

小説家がやや誇大妄想狂な人たちだというのは、みなさんもご存じだと思います。恥ずかしながら、私も例外ではないようです。ですから、私のような者も、かくも孤立した言葉で書きながらも、「人類」を救うため——悲しい運命から「人類」を救うために日々奮闘しているなどと思っているのです。

＊　＊　＊

以上が私の「パリでの話」である。

話し終わると拍手があり、質問があり、そのあと、大変おもしろかった、と遠来の小説家を優しくねぎらおうと握手をしにきてくれる人の輪があった。私はうまく話し終えられたことに満足してぼうっとしながら、フランス語ではもう「Merci!」ぐらいしかとっさに出てこないので、言葉不足をおぎなうため、満面の笑顔を見せ、「Merci! Merci!」とくりかえしていた。その人の輪が消えたころである。今まで遠くからこちらを見ていた一人の中年の女の人が近づいてきた。彼女も同じシンポジウムですでに発表していたので、知った顔である。もとはフランス語圏の人らしく、フランス語が〈母語〉だが、イスラエルの大学で教えている。数日間にわたって、あああ、と思わずため息が出る、いかにもフランス的な、一つの文章が三分以上もかかる、滑稽なほど哲学がかった発表が相次ぐなか、ふつうの言葉を使って際立って明晰な発表をしたので、印象に残っていた。灰色が混じった栗色の髪に縁取られた顔立ちには、英語やフランス語で言う「よく耕された」という表現が似合う、人生によって育まれ、教養によって磨かれた、繊細な精神が宿っているのが見える。

彼女は、やはり英語やフランス語で言う「はしばみ色」をした目で私をまっすぐみつめながら、自分の両親のことを話した。二人ともイディッシュの小説家だったという。イディッシュというのは、ドイツ語にヘブライ語、スラブ語などが混ざってできあがった言葉で、ナチスのホロコースト以前は、中欧や東欧で一千万人のユダヤ人が使っていた。そして彼女はそのイディッシュで書いていた両親と私を比べながら言った。

「日本文学のような主要な文学（une littérature majeure）を書いているあなたとは比べられませんが……」

彼女は、私のような「主要な文学」で書く小説家と自分の両親を比べる非礼を謝りながら、日本語やイディッシュのような言葉で書くのには、英語のような〈普遍語〉で書くのとは別のおもしろさがあるのを指摘しようとしたのである。

彼女が私のもとを去ったあとも、「よく耕された」精神をした顔とともに、「une littérature majeure」——「主要な文学」という表現が耳に残っていた。講演のあと、フランスらしくワインとチーズが贅沢に振る舞われたリセプションがあったが、そのときも、その言葉が耳の底に残っていた。話し終わったときの常で、一人になりたいのでみんなのいるところを離れて屋上で五月の風に吹かれ、パリの屋根をぼんやりと見下ろしていたときも耳の底に残ったままであった。帰りの飛行機の中でも、帰ってしばらくしてからも、その言葉は耳の底に残ったままであった。そしていつしかたまに思い出すだけになった。

その言葉が十年後、私にとって彼女が言った以上の意味をもつようになるなどとは、考えもしなかったのであった。

認識というものはしばしば途方もなく遅れて訪れる。きっかけとなった出来事や、会話、あるいは光景などから、何日、何年——場合によっては何十年もたってから、ようやく人の心を訪れる。人には、知らないうちに植えつけられた思いこみというものがあり、それが、〈真理〉を見るのを阻むからである。人は思いこみによって考えるのを停止する。たとえ〈真理〉を垣間見る機会を与えられても、思いこみによって見えない。しかもなかなかその思いこみを捨てられない。〈真理〉というものは、時が熟し、その思いこみをようやく捨てることができたとき、はじめてその姿——〈真理〉のみがもちうる、単純で、無理も矛盾もない、美しくもあれば冷酷でもある、その姿を現すのである。そして、そのとき人は、自分がほんとうは常にその〈真理〉を知っていたことさえも知るのである。

私の世代は日本の戦後民主主義教育で育った。戦後民主主義教育というのは、平和主義をのぞけば、一にも、二にも、三にも、平等主義であった。小学校の先生はイデオロギーを優先させるような先生では決してなかったのにもかかわらず、ラジオやテレビ、新聞や雑誌や本を通じ、一人で勝手に学んでいったのであろう。「職業に貴賤はない」などという表現は、「働くという行為そのものの尊さ」を指す表現としてならわかるが、真に受けるように教育されてしまえば、まさに「職業に貴賤」がある現実に眼を閉じさせる。平等主義は、さまざまなところで、私に現実を見る眼を閉じさせた。日本文学について考えるときも、私は大人になっても長いあいだ平等主義的にしか考えられなかったのであった。ましてや、日本文学のことをほかの非西洋の文学に比べたりするのは、戦後の日本が西洋のほうばかり向いていたことを別としても、大日本帝国のアジアにおいての僭越と暴挙に対する罪の意識から思いもつかなかった。小学校の運動会では世界各国の国旗がずらりと平等に並んで風にたなびく。日本の高度成長の波に乗って親にニューヨークに連れてゆかれれば、イースト川沿いに建つ国連本部のまえにはやはり参加国の旗が平等に並んで風にたなびいていた。私は〈国民文学〉などという概念こそ知らなかった小さいころからずっと、どの国にも日本と同じようにその国の言葉で書かれた小説があるのを当然のことだと思っていたのであった。

ニューヨークの郊外にあるコロニアル・スタイルの一軒家で、私がアメリカにも英語にも背を向けて読んでいたのは、母が母自身の伯父から譲り受けた日本語の近代文学全集である。一九二六年（大正十五年）に発行された改造社の『現代日本文学全集』で、それまでの本に比べて破格に安い一冊一円という値段で、円本ブームを引き起こした出版物として日本近代文学史のなかで重要な意味をもつ。第一巻の『明治開化期文学集』は、信じがたいことだが、新聞に広告を出したとたんに、即、数十万部売れたという。

もちろん子供だった私はそんなことは知らなかった。何も考えずに、ルビがふってあるのを幸い、自分が読めるものをひたすら読み、もう日本にも存在していない日本に対するあこがれをふくらませていっただけであった。日本語でそのような文学全集が存在しているという事実には何の不思議も感じなかった。もし自分がモンゴル人の少女だったら、自分と同じように『現代モンゴル文学全集』を読んでいたぐらいに思っていたにちがいない。だが、今、こうして振り返れば、当時一人のアジア人の娘が、自国の近代文学全集を読めた――いや、一九二六年に出版された自国の近代文学全集を読めたというのは、ほとんどありえないことだったのである。

十二歳でアメリカに連れてこられ、アメリカになじむことができなかったイギリス人の文学好きの少女がいたとしよう。彼女は『ペンギン・クラシックス』を読んで日々を過ごすことができたであろう。十二歳でアメリカに連れてこられ、アメリカになじむことができなかったフランス人の文学好きの少女がいたとしよう。彼女は『プレイヤード叢書』を読んで日々を過ごすことができたであろう。だが、アジア人の娘――というか、西洋人の娘以外の誰が、〈自分たちの言葉〉で書かれた近代文学の全集、しかも一九二六年に出版されたものを読んで日々を過ごすことができたであろうか。たとえ西洋人の娘でも、すべての国の娘にそんなことが可能だとは限らなかった。

しかるに、そんなことを知ったのは、それから何十年もたってのことでしかない。

たとえば私は、あの『源氏物語』だけではなく、嬉しくも、あの『細雪』さえも読んだという、何人かのアメリカ人に学生時代に会ったことがある。そのうちの一人は、「よりによって、ユキコが下痢をしたなんて文章で終えるなんて。信じられない……」と驚愕と失望を露わに、神を呪うように両手を上にあげた。作家志望の男の人で、「すごい才能だ」と周りの人から口々に言われながら、どうしても作品を終えることができないという気の毒な種類の人間であった。いづれも、日本文化をアニメを通じて知るようになる前の時代の人たちであったが、それだけでなく、非西洋語で書かれた文学を翻訳で読もうという、今でも少しは残っているにちがいない、アメリカ人の中では際だって感心な読書人だったのである。だが、そんなかれらも、たとえ『千一夜物語』や『ルバイヤート』は読んでいたとしても、日本文学以外、近代に入って書かれたものを読んでいる様子はなかった。それでいて私は、その事実をきっかけに、それ以上のことを考えようとはしなかった。

さらに印象に残っているのは、アメリカの大学に教師として臨んだ最初の授業の日のことである。日本に一度戻ってからのことだが、「外国に縁がある」と占い師が言ったとおり、アメリカの大学で日本近代文学を教えないかという話がしばらくしてあった。私の世代の日本の女は、よほどごたいそうな家の出でなければ、大学で教えるなどというのは自分に無縁のことだと思って育つ。ことの成り行きの不思議に何の現実感もないままふたたびアメリカに戻り、教壇なるものに立ってみて驚いたのは、日系アメリカ人だけでなく、韓国系アメリカ人、中国系アメリカ人、韓国人、中国人、シンガポール人、インド人、それにアフリカ系アメリカ人と、西洋人にはあらざる顔が教室にたくさん並んでいたことである。東海岸にある、比較的保守的なその大学は、当時は白人が圧倒的に多い大学であった。それが、象牙色の肌から濃いコーヒー色の肌まで、ずらりと目の前に並んでいた。

なぜこんなにたくさんの、いわゆる有色人種が日本文学に興味をもっているのだろう？

非西洋語で近代に入ってから書かれた文学とは、いったいぜんたいどんなもんだろうと、それを知りたくて、日本と直接かかわりのない学生、しかし、非西洋に自分のアイデンティティを見出さざるをえない学生が、日本近代文学の授業に顔を出していたのであった。実際、あとで知ったが、その大学で中国の近代文学が教えられるようになったのは、私が教え始めた次の年からである。それ以前は、非西洋語で書かれた近代文学の授業といえば、長年、日本近代文学の授業しかなかったのであった。漱石や一葉や谷崎を学生とともに英訳で読んでいったあのころ、私は日本文学が「進んで」いたことを誇らしく思っていた。だが、それにもかかわらず、私を訪れるべき認識は、そのときはまだ、ほんとうには訪れていなかった。

パリで、「よく耕された」顔をした女の人が、日本文学を指して「une littérature majeure」——「主要な文学」といったのは、それからさらに何年もたってからである。たしかにすべての〈国民文学〉が「主要な文学」であるわけではない。すべての国の料理が、世界で流通する「主要な料理」ではないのと同じである。「日本文学」といったときの「日本」が、「モンゴル文学」といったときの「モンゴル」や「リトアニア文学」といったときの「リトアニア」とちがって、たんなる形容詞ではないのは、「日本文学」は、世界の読書人——数は非常に限られてはいるが、文学について考えるときその存在をぬきには考えられない、世界の読書人のなかで、一応名の通った〈国民文学〉の一つとして流通しているからである。しかも、日本文学がそのように世界で知られるようになったのは、世界の古典の『源氏物語』があるからだけでなく、近代文学さえもあったからである。

「Une littérature majeure」

何気なく口にされたその言葉に、その言葉を口にした当人が意図していた以上の意味を私が見いだすようになったのは、アイオワの青い空のもと、街路樹の葉が少しづつ黄ばんでいくなかを、「亡び」ゆく人々と暮らすうちのことであった。私はそのとき初めて、「パリでの話」を話したとき、まだ自分が充分な認識に達していなかったのに気づいた。あのような話をフランス人の前でするのを可能にした条件そのものに、あのとき、気がついていなかったことに、初めて気づいたのだった。フランス語で書かれた文学と日本語で書かれた文学とを比べるのを可能にした条件——それは、日本語が「亡びる」のを嘆くことができるだけの近代文学をもっていたという事実である。しかも、その事実が、世界の読書人のあいだで一応知られているという事実である。

この世には限られた公平さしかない。善人は報われず、優れた文学も日の目を見ずに終わる。日本近代文学が存在したという事実が世界の読書人のあいだで知られていることそれは、日本近代文学が優れていたことを、必ずしも意味するものではない。そもそも日本近代文学の存在が世界に知られたのは、日本の真珠湾攻撃を契機に、アメリカ軍が敵国を知るため、日本語ができる人材を短期間で養成する必要にかられたのが一番大きな要因である。アメリカの情報局に雇われた中でも極めて頭脳優秀な人たちが選ばれて徹底的に日本語を学ばされ、かれらがのちに日本文学の研究者、そして翻訳者となったのであった。エドワード・サイデンスティッカー、ドナルド・キーン、アイヴァン・モリスは海軍で、ハワード・ヒベットは陸軍で。ほぼ同世代で、戦前の日本に育ったスコットランド人のエドウィン・マックレランも、ワシントンの情報局で働いたあと翻訳者となった。

一九六八年に川端康成がノーベル文学賞を受賞したのも、そのように英訳があったおかげである。ノーベル文学賞を非西洋人が最初に受賞したのはインド人のタゴールで一九一三年。だがタゴールはベンガル語で書いた詩を自分で英訳しての受賞である。非西洋語の作家が受賞したのは、なんとそれから半世紀以上たった一九六六年。オーストリア＝ハンガリー帝国に生まれたが、ヘブライ語で書くようになったイスラエル人の作家である。そして、その二年後の一九六八年に、川端康成が続く。非西洋語の受賞者はそのあと二十年間なかったことを考えれば、いかに英訳が出版されたことが日本文学にとって重要であったかがわかる。ノーベル文学賞の闇の部分は、その政治性を別にしても、翻訳という、文学にとってもっとも根本的な問題を真剣に考えていないことにある。だが、日本人の作家が受賞すれば、日本近代文学の存在がより世界に知られるようになるのはたしかである。やがて、若い世代の翻訳者が育ち、日本近代文学の古典とされる作品だけでなく、三島由紀夫、そしてのちに日本人二人目のノーベル文学賞受賞者となる大江健三郎などの作品が、同時代的に英語に翻訳されるようになる。それらの翻訳を通じ、日本文学はさらに世界で知られるようになったのであった。

たとえば、今、世界で一番権威があるとされる百科事典、『ブリタニカ』。そこで、「日本文学」（Japanese Literature）という項目を引くと、次のように始まる（注五）。

その質と量において、日本文学は世界のもっとも主要な文学（major literatures）の一つである。その発展のしかたこそ大いにちがったが、歴史の長さ、豊かさ、量の多さにおいては、英文学に匹敵する。現存する作品は、七世紀から現在までに至る文学の伝統によって成り立ち、この間、文学作品が書かれなかった「暗黒の時代」は一度もない……。（傍点引用者）

しかも延々と一万六千語近くを占める項目である。（ちなみにモンゴル文学やリトアニア文学は五百語ぐらいしかない〈注六〉。）執筆者は右に名を挙げた翻訳者の一人、ドナルド・キーンである。『ブリタニカ』は、今はアメリカの会社であり、そこにどんな項目が含まれているか、それらの項目がどれぐらいの長さであるか、どんな内容であるかなどは、アメリカの偏見を反映するものでしかないともいえよう。だが、第二次世界大戦以降はアメリカが世界文化の中心となった時代である。日本は、アメリカと戦争した結果、アメリカにたくさんのジャパノロジストを生み、その結果、少なくとも今はまだ権威をもつ『ブリタニカ』という百科事典に、少なくとも今の時点では、日本文学が「世界のもっとも主要な文学の一つ」であり、それが「英文学に匹敵する」とまで述べる長い項目が存在することになったのである。

くり返すが、このような歴史と独立して、日本文学が「主要な文学」だと認識されるようになったかどうかは疑わしい。ただ、たしかなのは、日本語を強制的に学ばされた人たちが訳してみたくなる近代文学が日本にはあったということであり、さらにたしかなのは、そう思って世界を見回せば、日本のようにはやばやとあれだけの規模の近代文学をもっていた国は、非西洋のなかでは、見あたらないということである。そして、さらに、たしかなのは――たしかである以上に重要なのは、たとえ世界の人には知られていなかったとしても、世界の文学をたくさん読んできた私たち日本人が、日本近代文学には、世界の傑作に劣らぬ傑作がいくつもあるのを知っているということである。

そのような日本近代文学が存在しえたこと自体、奇跡だと言える。英語の世紀に入っての日本近代文学、そして、日本語について考えるとき、何はともあれ、まずはそこから出発して考えるべきではないだろうか――アイオワから戻ってきたあと、私はいつしかそう思うようになった。そして、そう思ううちに、その思いはやがて大きな確信となっていった。

次の章では、そのような日本近代文学の奇跡を見てゆくまえに、まずは、そもそもどうやって人類が〈自分たちの言葉〉で書くようになったか、その過程を、歴史を遡って振り返ってみたい。

# 三章　地球のあちこちで〈外の言葉〉で書いていた人々

今私たち日本人にとって、日本語という〈自分たちの言葉〉は、あまりに自明なものとなっている。そして、それは、日本語という〈書き言葉〉にかんしても同様である。日本人は神代の昔から日本語という〈自分たちの言葉〉を話していた。そこへ、ある時たまたま朝鮮半島の人を通じて漢字という文字が入ってきた。それを見た日本人は、その文字に工夫を重ねて自分たちの文字を創り、それに漢字を交えつつ、日本語という〈自分たちの言葉〉を書き表すようになった。

これが、日本語という〈自分たちの言葉〉の〈書き言葉〉の成立である——と、多くの日本人はなんとなく思っているのではないだろうか。

このようなものの見方が必ずしもまちがっているわけではない。これだけ漠然としたものの見方では、どうとでも解釈できるからである。だが、このようなものの見方は、実は、しばしば、一つの誤った認識を前提としている。

ほかならぬ、〈書き言葉〉とは〈話し言葉〉を書き表したものだという前提である。

それは〈書き言葉〉の本質を見誤っているだけではない。それは、まずは、人類の歴史そのものを無視したものである。人類が文字というものを発見してから約六千年。そのあいだ、人類はほとんどの場合、自分が話す言葉でそのまま読み書きをしてきたわけではなかった。人類はほとんどの場合、〈外の言葉〉――そのあたり一帯を覆う、古くからある偉大な文明の言葉で読み書きしてきたのであった。そして、それらの、古くからある偉大な文明の言葉は、地球上のあちこちにいくつかあった。

それが本書で言う〈普遍語〉である。

この本は、この章から、これまでにも少しづつ触れてきた三つの概念を中心に展開させる。

まずは〈普遍語〉。日本語としては、〈世界語〉という表現の方がまだ落ち着いた感じがするが、英語の「universal language」に該当する表現としてここで使う。

二つ目は、〈現地語〉。これは日本語として定着しており、英語の「local language」に該当する。

三つ目は、〈国語〉。これは英語の「national language」に該当する。英語の「national

language」は「official language」＝「公用語」ほど、はっきりと規定された表現ではない。国家が法的にそう規定した言葉を指すことも、ある地域で、事実上、共通語として流通している言葉を指すこともある。ここでは、〈国語〉を、「国民国家の国民が自分たちの言葉だと思っている言葉」を指すものとする。〈国民国家〉という概念が近代的な概念であるように、〈国語〉という概念も近代的な概念である。ただし、〈国民国家〉として独立したい民族、さらには自治地区になりたいのに、政治的な理由でそうなることができない民族が、〈自分たちの言葉〉だと思っている言葉も、ここでは〈国語〉とよぶ。

　もちろん、ある国民が使う〈国語〉は必ずしも国境と一致しない。同じ〈国語〉がさまざまな地域で使われていることもあるし、〈国語〉は存在せず、一つの地域で複数の「公用語」が使われていることもある。さらには、〈国語〉と「公用語」とを両方もつ国もある。また〈国語〉がおおやけには存在しながらも、実際には広く流通していない国もある。だがここでは、そのような細かいことには踏みこまない。

　くり返すが、中心となる概念は〈普遍語〉と〈現地語〉と〈国語〉の三つ。いうまでもなく、人類の言葉の歴史は、実際は、ひどく混沌として錯綜したものである。この三つの概念は、その混沌として錯綜した人類の言葉の歴史を、できるだけ整理して考えていくために使うものでしかない。

ついで、いくつかの耳慣れない表現にかんしても、なぜそのような表現を選んだか一言ご説明したい。

まず、これからしばらくは、二つの言葉を操ることができる人たちを、「バイリンガル」とよばずに、「二重言語者」という耳慣れない表現でよぶ。「バイリンガル」という表現を避けるのは、「バイリンガル」とは、日本語では、二カ国語を話せるという意味合いが強いからである。ここでいう「二重言語者」とは、自分の〈話し言葉〉とはちがう外国語を読める人を指す。読むという行為を中心に、人間の書き言葉にかんして考えていきたいからである。自分の〈話し言葉〉しか読めない人は「単一言語者」である。

また、「非西洋圏」、あるいは「非西洋語」や「非西洋人」という表現。日本語ではあまり使わないが、近代を理解する上で、重要な概念である。その概念をあらわすのに、毎回、「西洋ではない」とか、「西洋にあらざる」などと長い表現を使うのを避けるため、漢字のもつ抽象力に頼ることにした。英語でいう「non-Western」や「non-European」と同じである。（英語では「the West」に対して「the rest」、すなわち「その他」あるいは「残り物」という、尾韻を踏んだ表現を、西洋中心主義を批判する意味を含めて使うことがある。）もちろん、「西洋」と「非西洋」という対立自体、あいまいな部分を残す。オーストラリアやニュージーランドは主にヨーロッパからの移住者が英語を〈母語〉として使ってきた国々だから、地理（そして先住民）を無視して「西洋」に入れるとしても、たとえば、メキシコなどはどちらに入れるべきか。メキシコではスペイン語を〈母語〉とする人が多いにもかかわらず、それらの人々の過半数は白人とインディオの混血である。

さらには、この〈母語〉という表現。日本語では今はまだ「母国語」のほうが〈母語〉よりも馴染み深いが、赤ん坊のころに自然に学ぶ言葉が、国家の言葉と一致しているとは限らないので、この本では〈母語〉という表現を使うことにした。「ボゴ」という音は耳に快くないが、より正確である。英語の「mother tongue」に該当する。

それでは、まず、〈普遍語〉とは何か？

〈普遍語〉とは何かを考えるのに、ちょうどよいきっかけを与えてくれる、一冊の本――しかも、過去四半世紀にわたって世界中で大きな影響をもった一冊の本がある。そこに〈普遍語〉にかんして深い考察がある訳ではない。それどころか、そこには〈普遍語〉にかんしての考察が驚くほどない。だが、まさにそこに〈普遍語〉にかんしての考察が驚くほどないというその事実から、〈普遍語〉とは何であるかということが、むしろ、透かし彫りのように逆に見えてくるのである。

その本とは、ほかでもない、すでに古典となった、ベネディクト・アンダーソン著の『想像の共同体』である。近代国家の成り立ちについて分析した本で、なかでも〈国語〉と、〈国民文学〉と、ナショナリズムとの結びつきを明らかにした部分が有名である。

出版されたのは一九八三年、増補版が出版されたのは一九九一年。翻訳されたあと日本でも大きな反響を呼び、ことに文学研究者のあいだで、〈国民国家〉と〈国民文学〉について考える際の必読書となった（注七）。
『想像の共同体』の核心を一言で要約すれば、次のようになる。

国家は自然なものではない。

今、人類の多く――ことに日本やヨーロッパなど先進国の国民は、国家の存在を自明なものだとしている。だが、アンダーソンいわく、国家とは、さまざまな歴史的な力が交差するうちに造られていった、「文化的人造物」でしかない。だが、いったん造られると、説明しがたいほどの「深い愛着《アタッチメント》」を人々に引き起こし、事実、人は、お国のために数百万の単位で死んでいったのである。
〈国語〉の成立に話をしぼりたいので、ここで紹介するのは、「序」を含む、『想像の共同体』の最初の三章である。

右の要約に倣ってこの最初の三章を、一言で要約すれば、次のようになるであろう。

〈国語〉は自然なものではない。

今、人類の多くは、自分たちの〈国語〉を、おのが民族が、太古の昔から使ってきた言葉だと思いこむにいたっている。ところが、『想像の共同体』によれば、〈国語〉とは、いくつかの歴史的条件が重なって生まれたものでしかない。それでいて、いったん〈国語〉が生まれると、その歴史的な成立過程は忘れ去られ、忘れられるうちに、人々にとって、あたかもそれがもっとも深い自分たちの国民性＝民族性の表れだと信じこまれるようになる。〈国語〉はナショナリズムの母体となり〈国民文学〉を創り、今度はその〈国民文学〉が母体となり〈国民国家〉を創っていく。物理的に存在するわけでもないのに、人がそのためになら命を抛《なげう》っていいとまで思う、アンダーソンいわくの、「想像の共同体」を創っていくのである。

〈国語〉の成立にかんしての、アンダーソンの歴史的な分析が画期的なのは、資本主義の発達という、下部構造のヴェクトルを入れたことにある。ご存じのように、十五世紀半ば、ヨーロッパで、グーテンベルク印刷機が発明され、今まで手で写していた書物が機械で印刷できるようになった。グーテンベルク印刷機の発明が人類の〈書き言葉〉の歴史のなかでいかに大きな意味をもつに至ったかは周知の事実である。だが、アンダーソンいわく、たとえ、グーテンベルク印刷機が発明され、書物が機械で印刷できるようになっても、その印刷された書物が商品となって流通しなくては、印刷機の発明が社会を大きく変えることはない。(実際、活版印刷機そのものは、グーテンベルク印刷機よりもまえに中国や朝鮮で発明されている。)アンダーソンによれば、グーテンベルク印刷機の発明がのちの〈国語〉の成立に意味をもったのは、そのときヨーロッパでは資本主義がすでに充分に発達しており、書物が商品として市場で流通する下地ができていたからだという。書物が商品として市場で流通することによって、市場原理が働き、それが最終的には〈国語〉の成立を可能にしていったのであった。

グーテンベルク印刷機が発明される前、ヨーロッパの書物のほとんどは、僧侶がペンを使い、一語、一語、羊皮紙に写しとる、聖典や教義書でしかなかった。そして、それらは、当時ほぼ唯一の〈書き言葉〉であったラテン語で書かれたものであった。ラテン語とは何か。アンダーソンは言う。「ラテン語について決定的なことは、その神聖性を別とすれば、それが二つの言語を使う人々の言葉だったということにある」。すなわちラテン語とは、巷では〈自分たちの言葉〉で話しつつ、書物の紐をといたときは、〈外の言葉〉で読み書きする、二重言語者の言葉であった。そして、それらの二重言語者は、極めて限られた数しかいなかった。ラテン語という「聖なる文字を読むことのできた文人は、広大な文盲者の大海に頭を出した小さな識字者の岩礁でしかなかった」。だが、一語、一語、そのラテン語を羊皮紙に写しとるのでは、そのような極めて限られた数の二重言語者にさえ潤沢に行き渡るだけの書物も作れない。そこへ、グーテンベルク印刷機の発明とともに、のちに「グーテンベルク聖書」とよばれるようになったラテン語の聖書がまずは印刷され、「最初の近代的大量生産工業商品」として市場に出回るようになったのである。「大量生産工業商品」とはものの言いようで――実際は美術品のように、贅沢な本であった――アンダーソンはここではマーシャル・マクルーハンを引用している――実際は美術品のように、贅沢な本である。だが、そのような贅沢な本でも、それが商品として市場に出れば、それを買って読みたいという二重言語者の読者、すなわち消費者がすでに存在していたということであり、経済学者のような言い方をすれば、すでに供給に見合うだけの需要があったのであった。

〈俗語革命〉――のちに〈国語〉を可能にした〈俗語革命〉は、アンダーソンによれば、需要と供給という同じ市場原理によって、その次の段階に、おこるべくしておこった。「グーテンベルク聖書」に続き、まずはさまざまな本がラテン語で出版されるようになる。ところが、ラテン語を読めるのは「広汎に存在してはいても薄い層に限られて」いる。したがって、ラテン語を読む読者たちの市場はじきに飽和してしまう。新たな市場を開発するために、人々が巷で話す〈自分たちの言葉〉で書かれた本が、まさに市場原理によって、出回るようになる必然性があったのである。「資本主義の論理からすれば、エリートのラテン語市場がひとたび飽和してしまえば、一言語だけを話す大衆の提示する巨大な潜在市場が手招きすることになる」。かくして〈俗語革命〉が起こる。ヨーロッパのさまざまな地域の〈話し言葉〉が、時間の差こそあれ、続々と〈書き言葉〉に生まれ変わって印刷され、出版されるようになったのである。アンダーソンの表現を使えば、さまざまな「口語俗語」(vernaculars)が、「出版語」(print languages)となったのである。最初に流通したのは、ラテン語から「口語俗語」への翻訳本である。だが、やがて「口語俗語」で直接書かれた本も流通するようになる。

「出版語」とは、〈書き言葉〉に昇格した、「口語俗語」を指す概念である。「出版語」は、社会的な地位からいえば、ラテン語の下にくるが、〈話し言葉〉でしかない「口語俗語」よりは上にくる。人々が巷で使っている「口語俗語」は、地域別、階級別に数限りなくある。方言が数限りなくあるようなものである。それに対して「出版語」は自然に数が限られてこざるをえない。本が「大量生産工業商品」として利潤を生むためには、ある程度の規模をもって出版されなくてはならず、そのためには、「出版語」の数が制限されていかねばならないからである。かくして〈俗語革命〉を経たあと、ヨーロッパ全土で数限りなくあった「口語俗語」が、英語、フランス語、ドイツ語、オランダ語、イタリア語、スペイン語、ポルトガル語、チェコ語、デンマーク語、ポーランド語、ロシア語など、いくつかの重要な「出版語」に、あるところでは早く、あるところでは遅く、それぞればらばらに時間をかけながら吸収されていった。そして、それらの「出版語」を、ヨーロッパで地域別に何百万という人間が共有するうちに、アンダーソンが

「想像の共同体」とよぶ、〈国民国家〉の基礎ができていったのであった。〈俗語革命〉から十八世紀、遅いところでは十九世紀、二十世紀初頭にかけてヨーロッパが辿った道のりは、さまざまな「出版語」が、〈国民国家〉の言葉として次第に固定されていった道のりである。それは、印刷技術の発明と資本主義の発達、それに、アンダーソンが言う、「人間の言語的多様性という宿命性」とが加わって、ヨーロッパが必然的に辿ったであろう道のりであり、多分に無自覚なものであった。だが、さまざまな「出版語」が〈国民国家〉の言葉として固定されていくうちに、人間には、同じ言葉を共有する人たちとは同じ共同体に属する、という思いが生まれてくる。同じ「想像の共同体」に属するという思いが生まれてくる。すると、ナショナリズムが芽生えてくる。じきにそのナショナリズムは、隣国との戦争を重ねるうちに形成されつつあった〈国民国家〉によって、自覚的に利用されるものとなる。〈国民国家〉が誕生してからヨーロッパが辿った道のりとは、植民地の取り合い、独立戦争、国境争いなどの世界戦争をくり返しながら、ナショナリズムが〈国民国家〉によって、自覚的に利用されていった道のりであった。また、その時代は、ヨーロッパで誕生した〈国民国家〉というものが一つの規範となり（アンダーソンの表現によれば、「モジュール」となり）、ナショナリズムとともに、世界中に広がっていった時代でもあった。

アンダーソンは書く。

そして最後に、国民は一つの共同体として想像される。なぜなら、国民のなかにたとえ現実には不平等と搾取があるにせよ、国民は、常に、水平的な深い同志愛として心に思い描かれるからである。そして結局のところ、この同胞愛の故に、過去二世紀にわたり、数千、数百万の人々が、かくも限られた想像力の産物のために、殺し合い、あるいはむしろみずからすすんで死んでいったのである。（圏点原文）

このナショナリズムを育むのに大きく貢献したのが、新聞などの出版物であり、さらには、ほかならぬ〈国民文学〉である。〈国民文学〉は、〈国民国家〉という均質な空間に同時に生きる「国民」というものを想像させ、その「国民」に対して同胞愛をもつのを可能にする。そして、そのような〈国民文学〉をそもそも可能にしたのが、〈国語〉である。〈国語〉は、「出版語」が〈国民国家〉の言葉に転じたときに生まれるものだが、一度生まれてしまえば、「国民」がもつ国民性の本質的な表れだとされるようになる。たとえば、『想像の共同体』に引用されている、十八世紀末の、哲学者でも文学者でもあった、ヨハン・ゴットフリート・フォン・ヘルダーの宣言。

「あらゆる民《フォルク》は国民《フォルク》であり、それ自身の国民的性格とそれ自身の言語をもつ」

（圏点原文）

あるいは、ドイツ語の原文では、

Denn jedes Volk ist Volk; es hat seine National Bildung wie seine Sprache.（原書ではドイツ語がそのまま引用されている。）

夜、アイオワ大学のホテルの一室で、それぞれ〈自分の言葉〉で書いていた作家たち――私たちはまさに「国民《フォルク》」として大いなる役割を担っていたのであった。

『想像の共同体』という本が出てからわずか四半世紀のあいだに、世界は大きく変わった。それ以前に、そもそもソビエト連邦が崩壊し、マルクス主義のインターナショナリズム批判として書かれた『想像の共同体』のあちこちが古びた印象を与えることになった。だが、『想像の共同体』がいまだ必読書だとされているのは、この本の核心をなす冒頭の分析が、今なお意味をもっているからであり、その核心の部分とは、〈国民国家〉の成立にあたり、〈国語〉と〈国民文学〉とナショナリズムとがいかに結びついていたかを分析している部分にほかならない。

それでいて不思議なことがある。ここまで影響力をもった本、しかも〈国語〉にかんして広く深く述べている本に、もはや、〈国語〉という概念では片づけられなくなった英語、それゆえに、すべての〈国語〉に何らかの形で影響を与えずにはいられなくなった英語、すなわち、すべての〈国語〉を越える〈普遍語〉としての英語――その英語にかんする考察が、まったく欠落しているという点である。『想像の共同体』で英語という言葉はあまたある〈国語〉の一つとしてしか出てこない。それはもっとも力をもった〈国語〉ではあっても、プリムス・インテル・パレス（primus inter pares）、すなわち、同じレベルに並んだもののなかでの一番でしかない。アンダーソンには、英語がふつうの〈国語〉とはまったく別のレベルで機能する言葉となりつつあるという現実は、まるで見えていないのである。

なぜ、アンダーソンに、見るべきものが見えなかったのか。

『想像の共同体』が書かれたのは四半世紀前である。そのころは、英語が〈普遍語〉であるという認識が、まだ充分に広がっていなかったのが原因であろうか。また、英語が〈普遍語〉として流通するのをいやましに促す、インターネットという新技術が発明されていなかったのが原因であろうか。私自身、一時はそれらの可能性を考えたが、実は、そのようなことはまったく関係なかったものとみえる。それをはっきり知ったのは、アンダーソンが二〇〇五年に早稲田大学に招かれた時におこなった二つの講演が、最近、本になって出版されたのを読んだときである（注八）。アンダーソンは、翻訳からも人柄を感じさせる、やわらかい、かつ自己諧謔に満ちた口調で、『想像の共同体』が見落としていた点などについて反省をこめて語る。しかしながら、相変わらず、英語がほかの〈国語〉とはちがう〈普遍語〉だという認識をもつには至っていない。それどころか、なんとその講演の最後のメッセージは、「英語ではだめなのです」という（たぶん英語でなされたであろう）聴衆への呼びかけで終わっているのである。

最後にもう一言申し上げたいと思います。

当時（十九世紀末＝引用者注）においても、現在においても、別の言語で読んだり話したりすることを学ぶために注がれるエネルギーの量には驚くべきものがあります。情報を伝え、効用を伝え、考えを伝え、感情を伝える。一つの言語から別の言語へ。それはとても感動的なことです。

たとえば、フィリピンのナショナリストたちが一九世紀の終わりに出した通信文を繙《ひもと》いてみましょう。それは、スペイン語で書かれていることもありますが、日本人に対しては英語で、フランスの同志に対してはフランス語で、かれらの支援者であったドイツの学者にはドイツ語で、書かれてもいたのです。

かれらは、懸命に世界に訴えかけようとしていたのです、（中略）かれらは、ビジネスのための支配的な言語の習得に興味を持っていたわけではありません。かれらは、他の言語集団に属する人々と感情的なつながりを得るためにこそ、言語を習得し、その精神世界に入り込むことを望んだのです。

これはいまでもとても重要なことです。学ぶべき価値のある言葉は、日本語と英語だけだと考えているような人は間違っています。そのほかにも、重要で美しい言語がたくさんあります。

本当の意味での国際理解は、この種の異言語間のコミュニケーションによってもたらされます。英語ではだめなのです。保証しますよ。どうもありがとうございました。

会場にワァーッと拍手が沸くのが聞こえるようである。

「保証しますよ」

だが、そうアンダーソンに保証されて、ワァーッと拍手をしても、家に戻ってきて正気に返ったとき、さあ、それではアンダーソンに倣ってインドネシアの言葉やフィリピンの言葉を学ぼうという気になる人がどれぐらいいるであろうか、さらには、そうだ、もう自分の子供たちは英語の「え」の字も知らなくともよい、それよりもぜひほかの言葉を学ばせようなどという気になる人が、いったいどれぐらいいるであろうか。

アンダーソンの立場は多言語主義とよばれるものである。英語帝国主義なるものに反対するヨーロッパの知識人の典型的な立場であり、いくつもの言葉がぶつかりあうことによって豊かな文明を築いた歴史をもつヨーロッパでは今でも根強い。ＥＵも、理念として多言語主義を大きく掲げ、今、参加国の数が二十七なのに対し、「公用語」とよばれる言葉が二十三もある（注九）。また、参加国は子供たちに、学校教育を通じ、英語以外の外国語も学ばせようと努力している。だが、実際は、ＥＵ内で、英語が事実上の共通語として幅を利かせているのは誰もが知るところである。日本の小学校の運動会で万国旗がたなびいたり、マンハッタンのイースト川沿いに建つ国連本部の前で万国旗がたなびいたりするように、すべての〈国語〉が平等であり、どの〈国語〉も等しく学ぶ価値があるというのが、多言語主義を推し進めたときに行き着く理想郷である。しかるに現実はそのようなものではない。多言語主義は、英語の覇権を認識し、その次に何ができるかを考えるときに初めて現実的な意味をもつのである。

くり返すが、なぜ、アンダーソンには、英語がほかの〈国語〉とはちがうということが見えなかったのか。

それは、何よりもまず、かれが英語を〈母語〉とする人間だからだとしか考えられない。アンダーソンは、一九三六年に中国の昆明に生まれるという変わった経歴をもち、いくつもの言語を使いこなす多重言語者だが、基本的には英語を〈母語〉とする人間である。教育もイギリスやアメリカで受け、ものを書くときは、当然、英語で書く。英語を〈母語〉とする人間は、自分が〈母語〉で書いているとき、実は自分が〈普遍語〉でも書いていることに、しばしば気がつかないものである。幸せな人間には、自分の幸福の条件はなかなか見えてこないのと同じである。『想像の共同体』があそこまでの影響力をもちえたのも、この本が英語で書かれたという事実に負うところが大きいが、英語で書く人間にだけは、そういうことが見えてこない。

しかも、アンダーソンはたんに英語を〈母語〉とする人間だというだけではない。かれはアイルランド人の父とイギリス人の母のあいだに生まれ、アイルランドの国籍をもつ。アイルランド人は、周知の通り、文学的な才能と伝統に恵まれた民族で、ジョナサン・スウィフト、オスカー・ワイルド、バーナード・ショー、イェーツ、ジェームズ・ジョイス、サミュエル・ベケットなど人口の少なさから考えると驚くほど多くの作家を生み、英文学を豊かなものにしてきた。ところが、ご存じない方がほとんどではないかと思うのだが、今のアイルランドの第一公用語は英語ではない。英語は第二公用語でしかないのである。第一公用語は、アイルランド語——ゲール語である。すなわち、アイルランド人は、英語が〈母語〉であるという恵みは平気で享受しつつ、今や、〈母語〉として日常的に使う人が一パーセント以下（人口四百二十四万人のうち約二、三万人）まで減ってしまったゲール語を、〈自分たちの言葉〉として誇らしく掲げているのである。

ゲール語は二〇〇七年一月一日からは、EUの「公用語」の一つにさえなった。そこまでゲール語を大切にする背景には、十七世紀には事実上英国の植民地となり、英国の圧政に苦しんだうえに、英語を強いられたという歴史がある。英国からの独立以来、ゲール語の復活は重要な国家政策となっている。今や、政府の公式の書類のほとんどは英語とゲール語と二カ国語で書かれ、義務教育ではかなりの時間を割いてゲール語を教えている。そのおかげで、現在、四〇パーセントぐらいのアイルランド人は、ある程度ゲール語を話すことができる。だが、アイルランドは、最終目的として、二重言語国家を目指しているのであって、英語を捨て、アイルランド語を国民の〈母語〉にしようとしているのではない。

思うに、アイルランドの自国語保護政策は世界で一番贅沢なものである。宮殿に住んでいる人間が、庭の隅に茅葺きの苫屋を建て、そこで風流な生活をして心の安らぎを見いだすようなものである。

アンダーソンには英語が〈普遍語〉であることの意味を充分に考える必然性がなかっただけではない。考えないまま、多言語主義の旗手となる必然性ももっていたのである（注十）。

〈普遍語〉にかんしての思考の欠落。

それが顕著に現れるのは、『想像の共同体』にある「聖なる言語」というもののアンダーソンの理解である。くり返すが、人類は文字を発見してから約六千年のあいだ、ほとんどの場合、自分が話す言葉ではなく、〈外の言葉〉——そのあたり一帯を覆う、古くからある偉大な文明の言葉で読み書きしてきた。そして、それらの、古くからある偉大な文明の言葉は、地球上のあちこちにいくつかあった。アンダーソンは、『想像の共同体』で、それらの言葉を「聖なる言語」とよぶ。

『想像の共同体』によれば、〈国民国家〉が誕生するはるか昔、多くの人類は、キリスト教、イスラム教、仏教、儒教などの「宗教的想像共同体」に属していた。人がそれらの「宗教的想像共同体」を心のうちで想像し、自分がそこに属しているという意識をもつのを可能にしたのが、それらの「宗教的想像共同体」で使われる「聖なる言語」である。具体的には、『聖書』のラテン語、『コーラン』のアラビア語、ギリシャ哲学の古典ギリシャ語、「仏典」のパーリ語やサンスクリット、おなじく「仏典」や『論語』にある漢語などである。

「聖なる言葉」をもっとも特徴づけることは何か?

それは、それらの言葉が、二重言語者が使う言葉であったという点にある。アンダーソンは言う。「ラテン語について決定的なことは、その神聖性を別とすれば、それが二つの言語を使う人々の言語だったということにある」。だが、アンダーソンのこの文章は、前にも引用した文章にすぐつながる。「生まれながらにラテン語を話す者はひじょうに少なく、ラテン語で夢を見た者はおそらくもっと少なかったろう」。アンダーソンにとって、「聖なる言語」が二重言語者が使う言葉だったという認識は、それらの言葉が、ごく少数の人間が使う言葉であったという認識にすぐつながる。しかしながら、私が思うに、「聖なる言語」の第一義は、それが、ごく少数の人間が使う言葉であったことにはない。私が思うに、「聖なる言語」の第一義は、何よりも、それが、異なった言葉を話す二重言語者たちのあいだでの交流を可能にする〈書き言葉〉だったことにある。「聖なる言語」は、無数の「口語俗語」しかない世界での〈普遍語〉だったのである。アンダーソンは、「聖なる言語」が〈普遍語〉であったことにも言及するが、それはかれにとって、中心的なことではない。

事実、「聖なる言語」が少数の人間の言葉であったことに強調を置くアンダーソンが、「聖なる言語」にかんして、くり返し使う形容詞がある。「Arcane」——日本語では「秘義的」とふつう訳される形容詞である。「Arcane」は「mysterious＝神秘的」などという言葉と同義語であり、少数の人にしかわからないという意味をもつ。具体的には、それら少数の人とは、アンダーソンによって、「文人」「エリート」「高等インテリゲンチア」などとよばれる人たちである。少数にしかわからないとは、あたりまえだが、残りの大多数にはわからないということである。「Arcane」の語源は、ラテン語の

「arcanus」。「閉ざされた」、「蓋がしまった」、そして、その延長として「秘密」という意味をもつ。「Arcanus」という言葉自体の語源は「arca」で、「蓋つきの大箱」という意味。「聖なる言語」が「秘義的」だということは、「聖なる言語」で書かれたものは、大多数にとっては、閉ざされた「蓋つきの大箱」にしまいこまれたもの、インターネット時代の言葉でいえば、自分たちにアクセスがないものであることを意味する。だからこそ、「聖なる言語」は、その「秘義的性格」ゆえに、少数によって悪用されるものとなる。「聖なる言語」を読むことができる少数は、「神を頂点とする宇宙の秩序のなかで、戦略的な階層を構成」する。かれらは、読み書きを「秘義的」なものにとどめることによって、自分の権力を守ろうとする。事実一千年にわたって、ラテン語の聖書はほかの言葉に翻訳するのを禁じられていた。俗語の出版物が増え、宗教革命が広がるのを見たローマの法王庁は、「ラテン語の砦を守ろう」とし『禁書目録』を作ったりもする。「聖なる言語」は、圧制者が多数を無知のなかに閉じこめるための言葉だと糾弾されるに至るのである。

ところが、「聖なる言語」が右のような側面をもっていたところで、その本質はそのようなところにはない。くり返すが、幸福にも〈普遍語〉を〈母語〉とするアンダーソンは、〈普遍語〉の意味を充分に考える必然性がなかったのである。「聖なる言語」は、少数の二重言語者が使うものであるがゆえに、一見、「秘義的性格」を備えたもの、「蓋つきの大箱」に閉じこめられたもののように見える。だが、実は「聖なる言語」は、まさにその反対の性格をもつのである。どんなに異なった言葉を話す人たちも、二重言語者でありさえすれば、それを読み書きすることができるからである。「聖なる言語」は「蓋つきの大箱」に閉じこめられた言葉であるどころか、「聖なる言語」こそ、真に世界に向かって開かれた言葉なのである。二重言語者にさえなれば、どのような言葉を話そうと、どこに住んでいようと、階級や貧富の別もなく、その言葉を読むことができる。

ここから『想像の共同体』を離れて、もう一度最初の質問に戻ろうと思う。

〈普遍語〉とは何か？

私は、〈普遍語〉とは、〈書き言葉〉と〈話し言葉〉のちがいをもっとも本質的に表すものだと思っている。

〈話し言葉〉は発せられたとたんに、その場で空中にあとかたなく消えてしまう。それに対して、〈書き言葉〉は残る。だが、〈書き言葉〉がたんに物理的に残るというだけでは意味がない。古代エジプト語や古代ギリシャ語の文章が刻みこまれたロゼッタ・ストーンは、重さ約七百六十キロもあり、いかなる力持ちにも動かせるものではない。紀元前二世紀に造られたものだが、昔の人が、ロゼッタ・ストーンに刻みこまれた文章を読むため、海越え山越えはるばるエジプトまで行かねばならないようだったら、〈書き言葉〉はここまで人類にとって意味をもちえなかった。〈書き言葉〉は写すことができる。

それも、羊皮紙や紙など、並みの人間が動かせる程度の軽いものに写すことができる。しかも、何度も何度もくり返して写すことができる。それゆえに、どこまでも広まり、どこまでも広まることによって、地球のあちこちでさまざまな言葉を話す人がそれを読むことができる。そして、読んだあとに、その〈書き言葉〉を使って、自分なりの解釈を書き足すこともできる。そうすることによって、人類の叡智が蓄積されつつ広まる。〈書き言葉〉が、このようなものであるがゆえ、長年にわたる人類の叡智が、蓄積されつつ、大きく広く拡がっていったのである。

ご存じのように、ヒトは、動物の種としては、ラテン語で「ホモ・サピエンス」と命名されている。「ホモ」が「人間」、「サピエンス」が「知っている」で、「ホモ・サピエンス」とは「知っている人間」。すなわち、人類は〈叡智のある人〉と命名されている。〈書き言葉〉の発明は、人類を名にし負う〈叡智のある人〉へと、幾何級数的に転じたのであった。

そして、その〈書き言葉〉による人類の叡智の蓄積は、たいがいの場合は、一つの〈書き言葉〉でなされたほうが論理に適う。どんな言葉で話していようと、地球に住むすべての人が一つの〈書き言葉〉で読み書きすれば、人類の叡智は、もっとも効率よく蓄積されるからである。

事実、この世でもっとも純粋な学問だとされる数学は、今や、数学言語という一つの共通した〈書き言葉〉でなされ、それによって、地球に住むすべての人たちに開かれたものになっている。誰にとっても〈母語〉ではない数学言語こそ、もっとも純粋な〈普遍語〉なのである。

実際、人類の〈書き言葉〉の歴史は、〈普遍語〉がもつそのような機能を、存分に生かしてきた歴史であった。

〈書き言葉〉の起源はわからない。交易の際の記録だったのかもしれないし、呪術的なものだったのかもしれない。だが唯一はっきりとしていることがある。それは、人類の歴史を見れば、文字というものが、そうかんたんに生まれるものではないということである。今、世界にあるさまざまな文字も、歴史を遡れば原型となる文字が変化してできたものであるし、ほんとうの出発点は一つしかないという（私には信じられない）説さえもある。つまり、人類にとって、〈書き言葉〉というものは、自分たちが発明するものではなく、ほとんどが外から伝来したもの――あたり一帯を覆う、古くからある偉大な文明から伝来したものであった。歴史的にも、〈書き言葉〉は〈外の言葉〉であって、あたりまえだったのである。

よくある表現に、「文字が入ってきた」という表現がある。歴史のなかで、無文字文化が文字文化に転じたときに使う表現である。だが、より正確な言い方をすれば、無文字文化が文字文化に転じるのは、たんに文字が伝来するからではない。人は、外から文字が伝来するや否や、あんれまあ、これはこれは世にもありがたいものが入ってきた、さあ、それではその文字とやらを使って〈自分たちの言葉〉を書いてみよう、などといって文字文化の仲間入りをするわけではない。鋤や鍬が伝来したからといって、人は突然畑を耕すわけにはいかない。畑を耕すことの意味がまず理解されなければならないからである。いわんや、文字においてをや、である。外から伝来するのは、まずは文字そのものではなく、文字が書かれた巻物の束である。そして、ある文化が無文字文化から文字文化に転じるというのは、まずは、少数の人が、それらの伝来した巻物の束――〈外の言葉〉を読めるようになるのをいう。すなわち、その社会に少数の二重言語者が誕生するのをいう。

巻物の束は、さまざまな方法で入ってくるであろう。戦争の相手からも入ってくるであろう。交易の相手からも入ってくるであろう。難民の群からも入ってくるであろう。皇帝の贈り物として、使者の頭上に高く掲げられ入ってくることも、布教活動の一端として、僧侶が抱えて入ってくることも、また、時によっては、異端の書として、流刑者の懐の奥深くに秘められて入ってくることもあるであろう。だが、巻物の束は、たとえそれが金の箱に納められていようと、ふつうの宝物とはちがう。たしかに巻物はモノとして存在しなければならないが、読むという行為がなければ、それは黒い点や線が描かれた白い羊皮紙や紙でしかないからである。〈書き言葉〉の本質は、書かれた言葉にはなく、読むという行為にあるのである。

しかも、二重言語者は、たんに外から伝来した巻物を読めるようになるだけではない。二重言語者が外から伝来した巻物を読めるようになったとき何がおこるか。かれらは、実は、その〈書き言葉〉で書かれた〈図書館〉へと出入りできるようになるのである。

ここでいう〈図書館〉とは、蓄積された書物の総体を抽象的に指す表現である。建物のあるなしは問題としない。戦争、火事、洪水、盗難、焚書など、さまざまな歴史の荒波にもかかわらず、人類にはなお残されたたくさんの書物があり、その、たくさんの書物を集めたものが〈図書館〉である。外から伝来した巻物を読めるようになることによって、二重言語者は、その〈図書館〉への出入りが、潜在的に、可能になる。

無文字文化が文字文化に転じるというのは、すなわち、伝来した巻物を読める少数の二重言語者が誕生するだけでなく、それらの少数の二重言語者が、そのような〈図書館〉に、潜在的に、出入りできるようになるのを意味するのである。

人類は文字文化に入って、それまでとは異なった次元での、〈叡智のある人〉となった。だが、それは、読むという行為を通じて、読んだことを覚えられるからではない。記憶の量からいえば、無文字文化の長老のほうが、はるかに優れているであろう。人類が、それまでとは異なった次元での、〈叡智のある人〉となったのは、読むという行為を通じて、人類の叡智が蓄積された〈図書館〉に出入りできるようになったからにほかならない。そして、そのような〈図書館〉に出入りするということ――すなわち、読むという行為は、歴史的には、〈普遍語〉を読むということであり、二重言語者であるのを必然的に強いたのであった。別の言い方をすれば、叡智を求めるという行為は、それが〈書き言葉〉を通じての行為である限りにおいて、二重言語者であるのを必然的に強いたのであった。

人は言うかもしれない。たとえば、ローマ帝国時代のローマ人は、ラテン語を話し、ラテン語で読み書きしていたではないかと。だが、そのローマ人でさえ、ラテン語で読み書きするようになる前は、当時、東地中海一帯の〈普遍語〉であったギリシャ語（アッティカ方言）で読み書きしていたのである。かれらがラテン語の散文で書くようになったのは、紀元前二世紀に活躍した大カトーからだといわれている。しかも、ラテン語の〈書き言葉〉はギリシャ語の〈書き言葉〉を翻訳するという行為から生まれたのであり、ローマ人が自分たちの〈話し言葉〉を書き表そうとして生まれたものではない。

近代以前の人々には、〈書き言葉〉が〈話し言葉〉をそのまま書き表したものだという考えはなかった。近代に入り、ヨーロッパで古典教養の一部となったキケロやセネカの散文は、〈話し言葉〉とは異った「文語」で書かれているといわれているが、それは〈書き言葉〉が〈話し言葉〉を書き表すものだという、のちに生まれた考え方を過去に投影したものの言いかたにすぎない。近代以前の人々は、たとえ〈自分たちの言葉〉で書いていようと、「文語」で書くのを当然としていた。

人類の〈普遍語〉がいわゆる「聖典」とともに広がったのは、偶然ではない。ギリシャ哲学や儒教や三大世界宗教のみなもとには、常人には到達不可能な叡智に到達したとされる存在——ソクラテス、孔子、仏陀、キリスト、モハメッドなど——の言葉がある。アンダーソンのいう「聖なる言語」である。それらの言葉を書き留めたとされるのが「聖典」。「聖典」とは、より高い叡智を求める人類にとっての〈読まれるべき言葉〉である。人類は〈普遍語〉を読むという行為を通じて、「聖典」＝〈読まれるべき言葉〉が蓄積された〈普遍語〉の〈図書館〉へ出入りできるようになり、読むという行為を通じてのみ到達可能な叡智を得ることができるようになったのであった。

それでは、いったいどのような人間が、自分の〈話し言葉〉とかけ離れた〈普遍語〉を読もうとするのか。いったいどのような人間が、わざわざ二重言語者となり、〈外の言葉〉である〈普遍語〉の〈図書館〉に出入りしようとするのか。

どんな人間でも、人間として生まれれば叡智を求める。今でも世界の隅々で学校に行ける喜びに目を輝かせる子供たちの姿がある。だが、まさに、アンダーソンが指摘するように、二重言語者の数は限られていた。二重言語者になるには高度な教育を受けなくてはならない。そのような教育を受けられるのは、まずは男であり、さらには、上の社会階層に生まれたものである。しかしながら、その限られた数の人間の中でも、二重言語者になるべきは、そして、真になれるのは、自分が知っている以上のことを知りたい欲求の強い人たちである。同じホモ・サピエンスのなかでも叡智を求める欲求の強い人たち――優れて〈叡智を求める人〉たちである。

〈叡智を求める人〉というのは、必ずしも精神的に優れた人たち、つまり、勇気があったり、公平であったり、心がやさしかったりする人たちを指すものではない。ただ、さまざまな苦労をものともせず、自分が知っている以上のことを知りたいと思う人たち――のみならず、しばしば、まわりの人たちの迷惑をも顧みず、自分が知っている以上のことを知りたいと思う人たちである。自分が知っている以上のことだけでなく、人類が知っていることすべてを知りたいと思う人たちである。遺伝子工学でも発達しない限り、生まれながらにそのような資質をもつ人の数は少ない。資質をもっていても、環境が整わなければ、その資質は花ひらかない。また、時代の要請がなければ、その資質は花ひらかない。〈叡智を求める人〉になる可能性をもって生まれたほとんどの人間は、生を受けても、人知れず土に戻ってしまうであろう。だが、それでも〈叡智を求める人〉はどの時代でも地球のあちこちにいる。

そして、かれらが、読むだけでなく、書きはじめることによって、人類にとっての〈読まれるべき言葉〉の連鎖が始まるのである。

「聖典」をまえにした人間は、最初、〈書き言葉〉が〈読まれるべき言葉〉以外のものだとは、ゆめ、思わなかったであろう。いや、それ以前に、まずは、大声を上げて朗唱されるべき言葉以外のもの、あるいは、筆をとって筆写されるべき言葉以外のものだとは、ゆめ、思わなかったであろう。だが、人間は、〈読まれるべき言葉〉をくり返し朗唱し、くり返し写すうちに、いつのまにか書くようになる。「聖典」を筆写しながら、自分の解読のしかたがふつうのものとちがうと気がついたとき、少し手を加える。注をつけるようにもなる。注がだんだんと多くなるにつれ、注を集めた解読書というものを作る。やがて世の中には数多くの解読書が出回るようになる。そのうち、どれが優れた解読書であるかを、のちにきた〈叡智を求める人〉たちが読み分ける。かれらは、それを新たな「聖典」とし、新たな解読の対象として、新たな解読書を作る。すると、そのうちどれが優れた解読書であるかを、のちにきた、〈叡智を求める人〉たちが新たに読み分けて、新たな「聖典」とする。そこに生まれるのは、〈読まれるべき言葉〉の連鎖である。連鎖のもととなる、書くという行為は、読むという行為から、派生的に生まれたものだが、その過程自体は、必然的なものであった。

このように考えていけば、〈普遍語〉が、なによりもまず、「学問＝science の言葉」なのは、あたりまえであろう。今、英語の「science」という表現は、「科学」というせまい意味で使われる。だがそれは、ホモ・サピエンスのもとにある「sapere」と同様、「叡智を身につける」「知恵をもつ」「知っている」などという広い意味のラテン語の動詞「scire」からきている。そして、さきほども触れたように、ホモ・サピエンスとしての人類が叡智を得るのにもっとも適した言葉――学問をするのにもっとも適した言葉は、〈普遍語〉である。もし交易で〈普遍語〉が使われるとしたらそれは便宜上のことでしかない。もし外交で〈普遍語〉が使われるとしたらそれは慣習か国際法に従ってのことでしかない。ところが、学問で〈普遍語〉を使うのは、便宜上のためや、慣習や法に従うためではない。学問とは、なるべく多くの人に向かって、自分が書いたことが〈真理〉であるかどうか、〈読まれるべき言葉〉であるかどうかを問うことによって、人類の叡智を蓄積するものだからである。くり返すが、学問とは〈読まれるべき言葉〉の連鎖にほかならず、その本質において、〈普遍語〉でなされてあたりまえなのである。周知のように、漢文圏では漢語で学問がなされ、イスラム教圏ではアラビア語で学問がなされ、ヨーロッパではラテン語で学問がなされた。それらは「聖典」の解釈学、即ち、キリスト教では神学とよばれるものだが、近代以前は、「聖典」の解釈学こそがほぼ唯一の学問であった。

ラテン語が優れて〈学問の言葉〉でもあったのを認識すると、あたりまえのことが見えてくる。のちに世界を制覇するようになる近代ヨーロッパ――それが、いかに〈学問の言葉〉としてのラテン語によって創られていったかという事実である。そして、それは、『想像の共同体』に描かれているのとはまったく別のヨーロッパが急に見えてくるということにほかならない。

ラテン語が〈普遍語〉として大活躍し始めるのは、カトリック教会の力が弱まり、度重なる聖戦を通じて、イスラム文化圏で一千年以上保持されていたギリシャ哲学――キリスト教圏では途中から禁じられるようになったギリシャ哲学に、ヨーロッパの人々がふたたび触れるようになったころからである。

まずは自然科学である。スコラ派の天動説に矛盾を見出したコペルニクス。かれが唱えた地動説は、「コペルニクス的転回」という表現にあるように、人類のもっとも大きな発見の一つである。そのコペルニクスは、今のポーランドに生まれた。数十年後、ガリレオが、望遠鏡を使ってコペルニクスの地動説の正しさを確証するが、ガリレオは、コペルニクスの故郷ポーランドを遠く離れた、今のイタリアに生まれた。また、ガリレオを擁護した同時代人のケプラーは、今のドイツに生まれた。さらに数十年後、ニュートンがガリレオとケプラーに数学的な証明を与えるが、ニュートンは海向こうのイギリスで生まれた。コペルニクス、ガリレオ、ケプラー、ニュートンという、近代科学が辿ったもっとも重要な道のりは、ポーランド、イタリア、ドイツ、イギリスと、ヨーロッパ全土を大きく忙しく駆けめぐる道のりだったのである。そして、かれらはみなラテン語で書いた。十七世紀後半に活躍したニュートンでさえまだラテン語で書いていたのである。

哲学もまた同様である。たとえば『痴愚神礼賛』を著したエラスムス。宗教的な世界から近代世界への移行を可能にしたウマニスト（人文主義者）のもっとも重要な人物の一人である。エラスムスはネーデルランドの都市ロッテルダムの近郊に生まれたが、ヨーロッパ中を駆けめぐって、勉強したり、教えたりしている。かれが住んだ都市は、パリ、ルーヴァン、ケンブリッジ、ヴェニス、トリノ、フライブルク、バーゼルなど。ヨーロッパ中の権力者や思想家とおびただしい数の書簡を交わし、トマス・モアとは友人となり、マルティン・ルターとは敵対した。エラスムスのほかにも、イギリスに生まれたホッブズ、やはりネーデルランドで生まれたスピノザ、今でいうドイツに生まれたライプニッツ。みな、ラテン語で書いた。

右に挙げたのは私でもその名を知る〈叡智を求める人〉である。ただ、その名は知りながら、かれらがラテン語で書いていたという事実にふだんは思いを巡らせることもない。学問とは、その本質において、何語で書かれているかとは独立した価値をもつからである。また、かれらは、ラテン語で書いたことによって、どこの国の人間であったかも判然としないことが多い。ゼロ＝零という重要な概念が何語で発見されようと、どこの国で発見されようと、数学という学問にとってはどうでもいいのと同じである。

右のようなことは、何を意味するか。

それは、逆に、ばらばらな言葉で学問をすることこそが、学問の本質に反しているということにほかならない。「バベルの塔」のようにばらばらな言葉が存在するのが人間社会の現実である。ベネディクト・アンダーソンに戻っていえば、それが、かれいわくの「人間の言語的多様性という宿命性」である。だとすれば、ここで私たちは問わなくてはならない。もし、ばらばらな言葉で学問をするのが、学問の本質に反しているとすれば、近代に入り、〈国民国家〉が誕生したあと、人間はどうしてばらばらな言葉、すなわち、さまざまな〈国語〉で学問をするようになったのであろうか。さらに問えば、そのようにさまざまな〈国語〉で学問をするのは、ほんとうに可能なことであろうか。

そもそも〈国語〉とは何か？

〈国語〉とは何かという問いに答えるには、〈普遍語〉〈現地語〉〈国語〉という三つの概念のうちの二番目の、〈現地語〉という概念をまずは明確にしなくてはならない。

〈現地語〉とは何か？

〈現地語〉とは、理論的に言っても、歴史的に言っても、〈普遍語〉と対になりつつ対立する概念である。〈現地語〉とは、〈普遍語〉が存在している社会において、人々が巷で使う言葉であり、多くの場合、それらの人々の〈母語〉である。〈現地語〉が〈書き言葉〉をもっているかどうかは、さほど重要なことではない。重要なのは、〈普遍語〉と〈現地語〉という二つの言葉が社会に同時に流通するとき、そこには、ほぼ必ず言葉の分業が生まれるということである。〈普遍語〉は、上位のレベルにあり、美的にだけでなく、知的にも、倫理的にも、最高のものを目指す重荷を負わされる。それに対して、〈現地語〉は下位のレベルにあり、もし〈書き言葉〉があったとしても、それは、基本的には、「女子供」と無教養な男のためのものでしかない。詩や劇が〈現地語〉で書かれることはあるが、文学として意味をもつ散文が書かれることは少ない。〈現地語〉は、時に美的に高みを目指す重荷を負わされることはあるが、知的や倫理的に高みを目指す重荷を負わされることはない。

〈現地語〉は、『想像の共同体』では、「口語俗語」とよばれるものである。

それでは、〈普遍語〉でも〈現地語〉でもない、〈国語〉とはどういうものか。

前の定義をくり返せば、〈国語〉とは「国民国家の国民が自分たちの言葉だと思っている言葉」である。ここでは、〈国民国家〉の成立がいかに〈国語〉を成立させ、また〈国語〉がいかに〈国民国家〉を成立させたかという、『想像の共同体』に詳しく書かれている事柄は抜きに考えてゆきたいと思う。そして、〈国語〉というものを、歴史的な産物であることは認識しつつ、できるだけ形式的に考えてみたいと思う。

ご存じのように、日本語の〈国語〉という言葉は、近代日本の過ちと切っても切り離せない言葉として、悪名高い。〈国語〉は少数民族の言葉であるアイヌ語、さらには日本のほとんどの方言を消してしまったとされるだけではない。日本人の血をしていること、日本の国籍をもっていること、日本語を〈母語〉とすること——本来はそれぞれ独立したこの三つの位相が、三位一体のように分かちがたく日本人の心に刻まれ、日本語でいう〈国語〉は、いつしか、即、「日本語」を指すようになり、日本中心主義とでもいうべき、大日本帝国の国体思想の礎となった。〈国語〉が、即、「日本語」を指すようになったのは、日本の植民地となった朝鮮半島の人が「国語を常用しない者」と規定されていたことからもわかる。〈国語〉がそのような過去をもつ言葉であるがゆえに、日本では『想像の共同体』が、ベネディクト・アンダーソン自身の意図を離れて、〈国語〉批判の本として読まれたのも当然のことであった。

しかるに、この〈国語〉というものを、日本語の〈国語〉が背負ってきた重たい意味と切り離し、「国民国家の国民が自分たちの言葉だと思っている言葉」と定義し、より形式的に考えたとき、何をいえるであろうか。

ふたたび、〈国語〉とはいったい何か？

〈国語〉とは、もとは〈現地語〉でしかなかった言葉が、〈普遍語〉から翻訳するという行為を通じ、〈普遍語〉と同じレベルで機能するようになったものである。

より詳しくいえば、もとは〈現地語〉でしかなかったある一つの言葉が、〈普遍語〉から翻訳するという行為を通じ、〈普遍語〉と同じように、美的にだけでなく、知的にも、倫理的にも、最高のものを目指す重荷を負わされるようになる。その言葉が、〈国民国家〉の誕生という歴史と絡み合い、〈国民国家〉の国民の言葉となる。それが〈国語〉なのである。

ここで鍵になるのは、人類の〈書き言葉〉の歴史でもっとも根源的なものでありながら、不当にないがしろにされてきた、翻訳という行為である。

そもそも、私たちはあまりに長いあいだ〈国語〉の時代にどっぷりとつかっていたせいで——つまり、〈自分たちの言葉〉を発する人間の「オリジナリティ」という神話にどっぷりとつかっていたせいで、そもそも翻訳という行為がもっていた根源的な歴史的役割をも忘れてしまっている。翻訳とは、歴史的には、とことん非対称的な行為であった。すなわち、それは、言葉のあいだに、はっきりしたヒエラルキーがあるのを前提とした行為だったのである。それは、たとえば、フランス語の小説を英語に訳したりすることではない。それは、たとえば、ラテン語をアンダーソンの言う「口語俗語」に訳すことである。翻訳とは、そうすることによって、上位のレベルにある〈普遍語〉に蓄積された叡智、さらには上位のレベルにある〈普遍語〉によってのみ可能になった思考のしかたを、下位のレベルにある〈現地語〉の〈書き言葉〉へと移す行為だったのである。

その翻訳という行為を通じて、〈現地語〉の言葉が〈書き言葉〉として変身を遂げていく。ついには、〈普遍語〉に翻訳し返すことまで可能なレベルの〈書き言葉〉へとなっていく。〈国民国家〉の誕生という歴史を経て、その〈書き言葉〉がほかならぬ〈国語〉として誕生するのである。

私は小説家である。翻訳という行為をこのように規定するのは、私自身、ほとんど不条理な思いがするぐらいである。ある小説が一つの言葉からもう一つの言葉へと翻訳されるというのは、叡智や思考のしかたを一方から他方に移すなどという行為にはとうてい還元できない、きわめて芸術的な行為だからである。事実、翻訳は原文をより高みに引き上げることさえもできる。だが、一歩下がって、人類の歴史を広い視点で振り返ってみれば、翻訳の本質は、まさに、上位のレベルにある言葉から下位のレベルにある言葉への叡智や思考のしかたを移すことにあった。

〈国民国家〉というものが最初に成立したのは西ヨーロッパである。西ヨーロッパでは、十三世紀ごろから、ギリシャ語やラテン語という〈普遍語〉で書かれたものが、〈母語〉しか読めない人にも読めるよう〈現地語〉に少しづつ翻訳されていた。グーテンベルク印刷機が発明され、〈現地語〉が「出版語」として流通するようになってからは、その過程はどんどん勢いを増していった。しかも、〈普遍語〉が〈現地語〉に訳されるようになっただけではない。最初から〈現地語〉で書かれたものが、ほかの言葉を〈母語〉とする二重言語者に読めるよう、〈普遍語〉へとどんどん翻訳されてもいったのである。この激しい二方通行の翻訳を通じて、数世紀をかけ、まずは西ヨーロッパで、〈現地語〉が〈国語〉に変身していったのであった。

この数世紀にわたる長い過程のなかで重要な役割を果たしたのは、当然のこととして、二重言語者であった男の読書人である。人類の〈書き言葉〉の歴史のなかで翻訳という行為が不当にないがしろにされてきたように、二重言語者たちの存在も不当にないがしろにされてきた。だが、〈現地語〉が〈国語〉に転じるのに翻訳という行為が鍵となったということは、二重言語者たちの存在が、そこでやはり鍵となったということでもある。これらの二重言語者は必ずしも直接翻訳者である必要はなかった。かれらは〈普遍語〉と〈現地語〉と両方で書いた——すなわち頭で翻訳しながら、〈普遍語〉と〈現地語〉と両方で書いたのである。そして、両方で書くことによって、〈現地語〉でしかなかった言葉を、〈普遍語〉と同じレベルで機能する〈書き言葉〉にまで押し上げていったのである。

たとえば、「プレイヤード派」とよばれる十六世紀のフランスの詩人たち。かれらは、その過程にもっとも意識的だった人たちである。一五四九年に「プレイヤード派」の一人のデュ・ベレーは、『フランス語の擁護と顕揚』というマニフェストを著し、当時尊敬をもって遇されていなかった俗語のフランス語を、ギリシャやラテンの古典文学の高みまでもっていくべきだと主張した。かれらは、具体的には、フランス語で詩を書くにあたってギリシャやラテンの古典文学からさまざまの表現を借りたのである。そのデュ・ベレーはラテン語が格別堪能なことで知られていた。

また、「プレイヤード派」に先立つこと二世紀の十四世紀初頭。当時、西ヨーロッパでもっとも文明が進んでいた今のイタリア語圏では、フィレンツェ方言のイタリア語を使ってダンテが『神曲』（詩篇）を書いた。ダンテが『神曲』で使った〈現地語〉は、その後イタリア語の規範となり、ダンテは「イタリア語の父」とよばれるようになった。だが、ダンテはイタリア語で書いただけではない。ラテン語を読み書きし、『俗語論』という、まさに俗語を擁護する重要なエッセイをラテン語の散文で著している。さらには、半世紀あとに生まれたペトラルカやボッカチオもイタリア語を創った人物として知られているが、かれらもまたラテン語を読み書きし、ラテン語の散文を著している。

あるいは、十六世紀初頭に『聖書』をギリシャ語からドイツ語へと翻訳したマルティン・ルター。ルターの『聖書』のドイツ語が今のドイツ語の規範となっているのは誰も知ることである。だが、僧侶となる訓練を受けたマルティン・ルターも、もちろんドイツ語だけを書いたわけではない。かれは、ラテン語も日常的に読み書きし、遺書はラテン語で遺している。あるいは、十六世紀の前半にイギリスで活躍し、ヘンリー八世によって死刑に処されたトマス・モア。かれは『リチャード三世の歴史』をラテン語と英語と両方で書いた。あるいは、十六世紀後半に『エッセー』を著しフランス語の散文の規範を創ったとされるモンテーニュ。かれは小さいころからラテン語で育ち徹底的なラテン語教育を受けている。あるいは、十七世紀前半のフランスの哲学者のデカルト。「我思うゆえに我あり」というのは、「cogito ergo sum」というラテン語訳と「je pense donc je suis」というデカルトがフランス語で書いた原文と両方で知られているが、デカルト自身、生涯ラテン語とフランス語と両方で書き続けた。

〈国語〉の父とよばれるようになる人のほとんどを特徴づけるのは、かれらが〈普遍語〉の流暢な操り手であったということであり、優れた二重言語者であったかれらは、広い意味での翻訳者、しかも優れた翻訳者にほかならなかった。

〈現地語〉が〈国語〉になっていった過程――それは、〈図書館〉という概念を使って考えれば、ラテン語の〈図書館〉に加えて、さまざまなヨーロッパ語の〈図書館〉が存在するようになっていった過程だといえよう。初めは、その二つの〈図書館〉のあいだには、はっきりとした上下関係がある。たんに社会的な意味で、〈普遍語〉で書かれたもののほうが正統的な価値をもっているだけではない。〈普遍語の図書館〉は、一千年にわたる叡智の蓄積があり、〈読まれるべき言葉〉の量が圧倒的に多い。書物の数も、書物の内容も優れているのである。〈現地語〉が〈国語〉へと変身していった道のりとは、〈普遍語〉から〈現地語〉への翻訳を通じ、〈普遍語の図書館〉に蓄積された人類の叡智が、〈現地語の図書館〉へと移されていった道のりであり、やがて〈現地語の図書館〉が〈普遍語の図書館〉に追いつき、最終的には、追い抜いた道のりである。〈叡智を求める人〉は、最初は、〈普遍語の図書館〉にしか出入りしなかっただろう。だが、次第に双方の〈図書館〉に出入りするようになり、最終的には、主に、〈現地語の図書館〉にしか出入りしなくなる。そのときが、〈国語〉がほんとうに成立したときである。二十世紀後半には、ラテン語やギリシャ語の古典教育が学校教育のカリキュラムからどんどんと消え、かつて栄光あった〈普遍語の図書館〉は、今、専門家しか出入りしない、埃が舞い、蜘蛛の巣が張る図書館となり果てつつある。

だが、私たちは出だしの問いに戻らねばならない。

さまざまな〈国語〉で学問をするというのは、ほんとうに可能なことであろうか？それは、学問の本質に反することなのではないか？

十七世紀後半から西ヨーロッパで誕生した啓蒙主義は、最初に〈国語〉で花ひらいた学問である。一六三二年生まれのジョン・ロックも途中から英語で書くようになったし、一世紀近くあとに生まれたヒュームやアダム・スミスは最初から英語で書いた。ドーバー海峡を隔てた、モンテスキュー、ヴォルテール、ルソーはもちろんフランス語で書いた。ライン川を隔てたカントは、大学で職を得るための論文をのぞいては、すべてドイツ語で書いた。啓蒙主義といえば、「人権」「自然法」「三権分離」など、今私たちが生きる近代社会を可能にする、もっとも重要な概念が出そろったときである。そして、そのような重要な概念を生んだ啓蒙主義者たちは〈自分たちの言葉〉である〈国語〉で書いたのである。

ということは、さまざまな〈国語〉で学問をするというのは、ほんとうに可能なのか？

答えは、それは、唯一にして絶対である、ある条件が満たされたときに可能だったということにつきる。その条件とは、ヨーロッパで学問とよばれていたもの——しかも、のちに世界で学問とよばれるようになったものが、当時、ヨーロッパ語という、言語的に近い〈国語〉に限定してなされていたという事実にほかならない。大航海時代から十九世紀にかけ、ヨーロッパは植民地を世界へと広げていったが、今、世界で学問とよばれるようになったものは、ヨーロッパという地域で、ヨーロッパ人によってヨーロッパ語でなされていた。ヨーロッパは歴史と文化を共有しているだけではない。ヨーロッパ語は、起源を一にしているのに加えて、かつての〈普遍語〉であったギリシャ語とラテン語から大きく影響を受け、ほとんどの抽象言語を共有している。知識人が他の国の〈国語〉の一つや二つを読めるようになるのに大した苦労はいらない。その、時代的にも地域的にも限られていた唯一の条件のみが、ヨーロッパでラテン語という〈普遍語〉が〈国語〉にとって代わられたあと、〈国語〉で学問するのを可能にしたのであった。〈国民国家〉が成立した時代を市場から見てみよう。それは、ラテン語で書かれた本がほとんど消え、〈国語〉で書かれた本ばかりが流通するようになった時代である。英語の本、フランス語の本、ドイツ語の本、イタリア語の本、スペイン語の本等々。こうして市場を見ているだけでは、あたかもヨーロッパの知識人が〈自分たちの言葉〉の本だけを読むようになったかのようである。だが、ここで、市場の代わりに〈図書館〉という概念を使って考えれば、まったく別の状況が見えてくる。

〈国語〉の時代に入ったあとも、ヨーロッパの知識人は、自分の〈国語〉の〈図書館〉にだけ出入りするようになったわけではないからである。ヨーロッパでは知識人といえば、一千年以上にわたって、二重言語者として規定されていたのであり、二重言語者といえば、知識人であり、知識人といえば、二重言語者であった。〈国語〉の時代に入ったあと、ヨーロッパの知識人は、突然単一言語者になったわけではない。かれらは古典教養としてのギリシャ語やラテン語のほかに、自分の〈国語〉以外のいくつかの〈国語〉を読むようになったのである。すなわち、自分の〈国語〉の〈図書館〉以外のいくつかの〈図書館〉にも出入りするという、多重言語者（polyglot）になったのである。アダム・スミス、ヴォルテール、ルソーなど、その名を挙げた啓蒙主義者たちも、当然のことながら、自分の国の〈国語〉しか読めない単一言語者ではなかった。かれらが、お互いの書物を読み合い、ドーバー海峡を越え、ライン川を越え、実際に交流があったのはよく知られている。〈国語〉の時代に入ったといえども、フランスやイギリスやドイツの知識人は、お互いに他国の人の書いたものを読み合っていたのであり、それはヨーロッパ語圏という限定された地域においては、たいして困難なことではなかった。もちろん、ヨーロッパの知識人がすべての〈国語〉を読めるようになったわけではない。異なった言葉を使う人たちのあいだでは、常に、その上のレベルで流通する〈普遍語〉がおのずから生まれてくる。異なった〈国語〉を使うようになったヨーロッパの知識人のあいだでは、最初は、ルイ十四世の威光を背景に、フランス語がラテン語に代わって〈普遍語〉として機能していたが、やがて主立った三つの〈国語〉がおのずから〈普遍語〉として機能するようになる。

フランス語と英語、そして、新参者のドイツ語である。

ドイツ語は、何百にも分かれていた小国がプロイセン王国という強力な国にまとまり、十八世紀に入って初めて〈国語〉となった言葉である。だが、栄華を極めたハプスブルク家の支配の下に、ドイツ語圏は東ヨーロッパ一帯に大きく拡がっており、ドイツ語はプロイセン王国という領土には収まらない主要な〈国語〉でもあった。そのドイツ語という〈国語〉の台頭によって、ヨーロッパには、フランス語、英語、ドイツ語という〈三大国語〉による三極構造ができたのである。〈三大国語〉は、〈国語〉でありながら、〈普遍語〉でもあるという、それ自身が二重性をもった言葉として機能するようになる。

もちろんほかの主要な国語——たとえばデンマーク語——も、それぞれの地域では、〈国語〉でありながら、〈普遍語〉でもあるという、二重性をもった言葉として機能するようになる。ヨーロッパの知識人は、自分の〈国語〉の〈図書館〉のほかに、それらの〈普遍語〉として機能している、主立った〈国語〉の〈図書館〉に入り続けたのである。のみならず、十九世紀に入り、ヨーロッパがその植民地を東へ南へと広げていったとき、ヨーロッパの外の知識人も、それこそ涙ぐましい苦労を重ねて、主立った〈国語〉の〈図書館〉――主に〈三大国語〉の〈図書館〉に出入りしようと試みたのである。

それでは、ヨーロッパが〈国語〉の時代に入って、いったい何が大きく変わったのか。それは、人が〈自分たちの言葉〉で書くようになった、ということにほかならない。以前ヨーロッパの知識人は、ラテン語という一つの〈外の言葉〉を読み、その〈外の言葉〉で書いていた。ところが、〈国語〉の時代に入り、ヨーロッパの知識人が主要な〈外の言葉〉をいくつか読むようになった時、かれらはその〈外の言葉〉で書いたわけではない。かつて二重言語者であったかれらは、今や多重言語者になったが、その代わりに、〈自分たちの言葉〉で書くようになったのである。

読むという行為と書くという行為は、本質的に、非対称なものである。ある言葉を読むことはできても、その言葉で書くのは容易なことではない。いくつもの言葉を読むことはできても、いくつもの言葉で書くのは、困難である。ヨーロッパの知識人は、しばしば〈三大国語〉すべてを読んだが、たいがいは〈自分たちの言葉〉で書くようになっていった。しかも、ヨーロッパの知識人は、〈国語イデオロギー〉とでもいうべきものが浸透するにつれ、それまでは〈書き言葉〉としては充分に成熟していなかった〈自分たちの言葉〉でも書くようになり、そうすることによって、だんだんと〈書き言葉〉としての〈自分たちの言葉〉を高めてもいった。「あらゆる民《フォルク》は国民《フォルク》であり、それ自身の国民的性格とそれ自身の言語をもつ」という〈国語イデオロギー〉は、〈自分たちの言葉〉で書くべきだという思いを広めていき、〈自分たちの言葉〉を、学問さえできる言葉へと高めていったのである。

　たとえば、その過程を鮮やかに見せてくれるロシア語。ロシアは後進国であったがゆえに、ロシア語は、話者の数は多かったにもかかわらず、〈国語〉としてその地位を確立したのが遅い。周知のように、ロマノフ王朝の宮廷語はフランス語であり、貴族の生活語もフランス語であった。『戦争と平和』が延々と続くフランス語の会話ではじまるのは有名である（日本語訳はよくフランス語の部分を短くしてある）。また、貴族でなくとも、ロシア社会の上層部の人間は、フランス語かドイツ語を日常的に使った。まれには、英語もあわせて使った。西ヨーロッパで〈国語〉の時代に入ったあとも、ロシアの読書人は当然まだ〈三大国語〉のうちのどれかで書いていたのである。近代ロシア文学の父だとされるプーシキンは、一七九九年生まれだが、小さいころはフランス語で書いている。それが、〈国語イデオロギー〉はついにロシアへも広がり、一八二〇年代には、そのプーシキンがロシア語で詩を書くようになり、一八三〇年代には、散文小説を書くまでになった。その後息もつかせぬ勢いで、ゴーゴリ、ツルゲーネフ、ドストエフスキー、トルストイ、チェーホフなどの作家が輩出する。それだけではない。同じころ、ベリンスキー、ゲルツェン、バクーニンなどの思想家も輩出する。つい数十年前までは〈現地語〉のレベルにしかなかったロシア語は、一挙に〈国語〉の地位まで這い上がり、なんとロシア語で学問する人たちさえ現れたのであった。

十九世紀半ばには、ヨーロッパ人は〈自分たちの言葉〉で書くべきだと、ほとんど宗教的に思うようになる。それは、学問さえ〈自分たちの言葉〉でしてあたりまえだと思うようになるということである。当然のこととして、その不利を顧みずに、〈自分たちの言葉〉で学問する人も出てくるようになる。

二十世紀に入ってからの実存主義に絶大な影響を与えた、キェルケゴールは代表的な例である。デンマーク人のキェルケゴールは、ドイツ語で書くこともできたであろうに、ヘーゲル哲学の批判を、わざわざデンマーク語で展開した。そのせいで、生前は広く読まれることはなかった。〈自分たちの言葉〉で書くのに固執したため、かれの書いた『おそれとおののき』などがかくも文学的な色合いを帯びたものになったとはいえよう。だが、かれは自分の書いた言葉が果たして〈読まれるべき言葉〉かどうか、生きているあいだに広く世界に問いかけることはできなかったのであった。

しかし、である。

しかしながら、デンマーク語も所詮西洋語の一つでしかない。ヨーロッパの〈国語〉はもとから近いうえに、長年互いに翻訳され合ううちにほとんど逐語訳ができる言葉――翻訳されても、失うものがさほど大きくはない言葉となっている。ヴァルター・ベンヤミンが『翻訳者の使命』という文章のなかで、フランス語の「pain」（パン）とドイツ語の「Brot」（パン）が同じ意味をもたないことについて論じている個所は有名だが、「pain」と「Brot」のちがいは、『万葉集』から歌われてきた日本語の「稲」と英語の「rice」のちがいに比べたら、どうということはない。世界の言葉を七色の虹にたとえれば、ヨーロッパ語はすべて同じ色――たとえば、「青」に入り、それに対して、日本語は「黄色」に一人ぽつんと入っているようなものである。ヨーロッパでは、多重言語者の読書人が〈普遍語〉として流通する〈三大国語〉の〈図書館〉に出入りしていただけではなかった。それぞれの〈国語〉の〈図書館〉には翻訳本が山のように積まれており、しかも、それらの翻訳本は、原文の意味をさほどは損なわないものであった。キエルケゴールが固執したデンマーク語もドイツ語や英語に限りなく近い。キエルケゴールが四十二歳で死んだのは一八五五年。デンマーク語で書いたため、生きているあいだは外国ではほとんど知られることはなかったといえども、一八七〇年にドイツ語の翻訳が出はじめ、一九一〇年には主要作品すべてがドイツ語に訳されることになり、それから急にヨーロッパ全土で知られるようになる。翻訳によって失われるものも少なく、死後、かれの書いたものは〈読まれるべき言葉〉の連鎖に入りこんだのであった。

くり返すが、学問とは、なるべく多くの人に向かって、自分が書いた言葉が果たして〈読まれるべき言葉〉であるかどうかを問い、そうすることによって、人類の叡智を蓄積していくものである。学問とは〈読まれるべき言葉〉の連鎖にほかならず、その本質において〈普遍語〉でなされる必然がある。

このことは、何を意味するのか？

それは、〈自分たちの言葉〉で学問ができるという思いこみは、実は、長い人類の歴史を振り返れば、花火のようにはかない思いこみでしかなかったという事実である。〈国語〉で学問をしてあたりまえだったのは、地球のほんの限られた地域で、ほんのわずかなあいだのことでしかなかった。そして、その時代は、長い人類の歴史のなかでは、規範的であるよりも、例外的な時代であった。

均衡というものはひとたび崩れはじめると、あるとき、加速度がついて崩れるようになる。イギリス、そしてアメリカが突出した国力をもつようになると、世界勢力の均衡が目にみえて崩れはじめる。言葉というものには自動運動で永らえる力があり、フランス語もドイツ語もその後しばらくは主要な〈国語〉として流通し続けるが、政治的、軍事的、経済的に英語圏の勢力が一人勝ちしたことが明らかになるにつれ、英語という〈国語〉が一人勝ちしたのも明らかになっていく。そして、それが明らかになるにつれて、〈学問〉の本質――〈学問〉とは本来、〈普遍語〉で読み、〈普遍語〉で書くものだという〈学問〉の本質が、否定しがたく露呈してきたのであった。

もちろん、その事実が、英語を〈国語〉としないヨーロッパ人にとって、痛みを伴わなかったはずはない。「学問の言葉」が英語に移っていった痛みを象徴するできごとの一つに、カレツキというポーランド人の経済学者の悲劇がある。

経済学という学問は、もとはヨーロッパのほかの地でも盛んだったにもかかわらず、アダム・スミスが一七七六年に英語で書いた『国富論』の影響力の強さと、それに加えて、十九世紀に入ってからのイギリス、それに続くアメリカの経済力の強さでもって、二十世紀初頭には、すでに英語の学問となっていた。しかしながら、人は自分が生きている時代を知るのはむずかしい。

二十世紀を迎えてすでに三分の一を過ぎた一九三三年、カレツキというポーランド生まれの経済学者が、一つの論文を発表した。たんなる論文ではない。のちに古典となるケインズの『一般理論』にある原理を先に発見したという、重要な論文である。だが、気の毒なことに、カレツキはその論文を祖国の言葉、ポーランド語で著わした。当然のことにその論文は人の目にはとまらなかった。二年後、カレツキは同じ論文を〈三大国語〉のうちの一つに訳して著わすが、またまた気の毒なことに、かれが得意としたのは、フランス語であった。翌年の一九三六年、ケインズの『一般理論』が英語で出版され、経済学の流れを大きく変えることになる。それをみたカレツキは、今で言う、自分の「知的所有権」を主張しようとする。『一般理論』に先駆けること三年、自分はすでに同じ原理を発見していたという論文を発表するのである。だが、なんとカレツキは、その論文もまた性懲りもなくポーランド語で著わしたのであった。当然のこととして、その論文も、誰の目にもとまらなかった。

カレツキの祖国ポーランドは、十六世紀には、ポーランド・リトアニア連合王国として、ヨーロッパの大国の一つであった。それが、十七世紀の途中からだんだんと栄光を失い、一七九五年にはついに地図から抹消され、以降百年以上にわたって、ロシア、オーストリア、プロシアによって分断されていたという悲劇的な歴史をもつ。国家として統一されたのは第一次世界大戦が終わった一九一八年。カレツキが論文を書いた一九三三年は、まだポーランドでのナショナリズムの気運が高く、みな〈自分たちの言葉〉で書くのを誇りとしたのであろう（ポーランドはまたすぐにナチスに占領されてしまう悲惨な運命にある）。気の毒なカレツキは、「英語で書かなかった」学者として、のちの世に名を残すことになったのであった。

カレツキの悲劇から半世紀以上たった現在、〈普遍語〉というものが、英語という形をとり、しかも今や地球全体という未曾有の大きな規模で復権したのは、もう誰の目にも明らかになった。たとえ西洋にとっての〈世界〉が西洋だけで閉ざされていたとしても、イギリス、そして、それに続いたアメリカの国力の強さで、主要な〈国語〉の三極構造は崩れざるをえなかったであろう。だが、そこにさらに決定的な要因が加わったのは、その〈世界〉が西洋だけで閉ざされていた時代が幕をおろし、植民地時代を経たあと、非西洋語圏の人間がその〈世界〉へと入ってきたからにほかならない。非西洋語圏の人間の〈世界〉への参入は、「人間」といえば「キリスト教者」を指し、〈世界〉といえば西洋を指した時代が幕をおろしたのを意味する。それは、学問がヨーロッパ中心主義的なものではありえなくなった時代の到来を意味するだけではない。非西洋語圏の人間の〈世界〉への参入は、西洋語を〈母語〉としない人間自身が学問をするようになった時代の到来をも意味するのである。

非西洋語圏の学者がヨーロッパの学者のように〈三大国語〉を読むのは、困難だが不可能ではない。だが、いったいかれらは何語で書いたらよいのか。かれらは〈自分たちの言葉〉で書いてそのまま〈読まれるべき言葉〉の連鎖に入るわけにはいかない。かれらの使った言葉を読める学者は世界に稀である。かれらが書いたものが〈三大国語〉に翻訳される可能性は非常に低い。さらに、たとえもしかれらが書いたものが〈三大国語〉に翻訳されたとしても、非西洋語が西洋語に翻訳されたときに失われるものは大きい。西洋語を〈母語〉としない学者が〈自分たちの言葉〉で書いて、〈読まれるべき言葉〉の連鎖に入ることは、ほとんどありえないのである。かれらは、学者として、〈読

〈外の言葉〉で読むだけでなく〈外の言葉〉で書くよりほかにない。そのような学者の〈世界〉への参入は、学問とは、その本質において〈普遍語〉という〈外の言葉〉でなされる必然があるという、学問の本然を、今ふたたび、白日のもとに晒すものである。

今、英語の世紀に入ってから振り返ると初めて見えることがある。それは、小説というものの歴史性である。

ヨーロッパで〈国民文学〉としての小説が、満天に輝く星のようにきらきらと輝いたのは、まさに〈国語の祝祭〉の時代だったのであった。それは、〈学問の言葉〉と〈文学の言葉〉とが、ともに、〈国語〉でなされていた時代である。そして、それは、〈叡智を求める人〉が真剣に〈国語〉を読み書きしていた時代であり、さらには、〈文学の言葉〉が〈学問の言葉〉を超えるものだと思われていた時代であった。

ヨーロッパで〈文学〉(literature)という言葉が、詩や、劇や、小説に限られてもちいられるようになったのは、十八世紀後半からである。それ以前は、〈文学〉とは書かれたもの一般を指し、〈学問〉と〈文学〉は未分化のものであった。漢語でいう「文学」と同じである。ところが、〈国語の祝祭〉の時代に入り、まさに人々が〈国語〉で読み書きするようになるにつれ、〈学問〉と〈文学〉とが分かれていった。神学校が今の大学へと形を変え、〈学問〉が専門化し、〈学問の言葉〉がしだいに専門的な言葉となってゆき、〈文学の言葉〉と分かれていったのである。その結果、昔は宗教書にあった、「人間とは何か」「人はいかに生きるべきか」など、人間として問わずにはいられない問いに応えられる叡智に満ちた言葉は、専門化されていった〈学問の言葉〉には求められなくなった。人々は、その代わり、そのような叡智に満ちた言葉を、〈文学の言葉〉に求めるようになったのである。〈文学の言葉〉のなかでもことに小説に求めるようになったのである。〈文学〉という言葉が今いう〈文学〉を指すようになり、やがて小説というものがその〈文学〉を象徴するようになったとき、〈文学〉は、まさに〈学問〉を超越するものとして存在するようになった。

そして、〈国語〉という言葉こそ、小説という新しい〈文学〉のジャンルにまことにうってつけの言葉だったのである。

くり返すが、〈国語〉とは、もとは〈現地語〉でしかなかった言葉が、〈普遍語〉からの翻訳を通じて、〈普遍語〉と同じレベルで、美的にだけでなく、知的にも、倫理的にも、最高のものを目指す重荷を負うようになった言葉である。しかしながら、〈国語〉はそれ以上の言葉でもある。なぜなら、〈国語〉は、〈普遍語〉と同じように機能しながらも、〈普遍語〉とちがって、〈現地語〉のもつ長所、すなわち〈母語〉のもつ長所を、徹頭徹尾、生かし切ることができる言葉だからである。

小説は〈母語〉のもつ長所を存分に利用しながら発展していった。かたや〈普遍語〉の翻訳として生まれた小説は、神の存在の有無、戦争と平和、人類の運命など雄々しく立派なことがらについて重々しく抽象的に語れる。だが、それだけではない。かたや〈母語〉を母体として生まれた小説は、人間の日常生活という、卑近な出来事の連続でしかないものを、どうでもいいような細部にわたってまで、生き生きと魅力的に描くこともできる。子供のころの鮮やかな記憶に遡ることも、その前の、記憶とよぶのもはばかられる、断片的な感触や、匂いや、ささやき声の混沌とした思い出さえ喚起することもできる。心のうちの奥底まで探り、どんなつまらぬ考えも恥ずべき思いも、思いのたけ打ち明けることができる。しかも、社会で〈国語〉が広く流通すればするほど、人々は自分が話す〈母語〉そのものを、〈書き言葉〉としての〈国語〉を規範にして変化させていく。

かくして、〈国語〉は、あたかも自分の内なる魂から自然にほとばしり出る言葉のように思えてくるのである。〈国語〉とは、必然的に、〈自己表出〉の言葉となる。小説は、社会に対する個人の内面の優位を謳うものとして発展していったが、内面の優位とは、実は、〈国語〉で書くことの結果でしかない。

実際、理論的にも、〈母語〉とは、きわめて特権的な言葉である。言葉
人は受胎されたときには何語も知らず、言葉はすべて後天的に学ぶものである。言葉

はすべて、基本的には、自分にとって〈外の言葉〉なのである。だが、母親のお腹にいるときから学びはじめる〈母語〉だけは、学んでいったその過程が意識されない。それゆえ、言語の恣意性――記号と意味のあいだに、なんら必然性がないという、ふだん私たちが言葉を使うときには忘れている、というより、忘れざるをえない、言語の恣意性が意識されないのである。

日本人がフランス語を学ぶときは、「maman」という記号が「母親」を意味するのを意識的に学ばねばならず、その過程において、記号と意味の関係が恣意的であるのを意識せざるをえない。ところが「母さん」という言葉が「母親」を指すのを意識的に学ぶことはなく、「母さん」という記号と「母親」という意味のあいだには、あたかも、必然性があるように思えるのである。ベネディクト・アンダーソンは、「生まれながらにラテン語を話す者はひじょうに少なく、ラテン語で夢を見た者はおそらくもっと少なかったろう」といっているが、実は、人は「生まれながらに」はどの言葉も話さない。ただ「生まれながらに」話していたように思われる言葉と、そうではない言葉とがあるだけである。

小説の黎明期、イギリス人のダニエル・デフォーが『モール・フランダース』という女の一代記を書いたのは有名である。女主人公の名は、題と同じ、モール・フランダース。デフォーの序文によれば、モール・フランダースは「十二年にわたって娼婦、五度にわたって人妻（そのうち一度は自分の兄の）、十二年にわたって泥棒、八年にわたって流刑囚」だったというが、彼女自身、小説全体にわたってただの一度もその「罪深い」とでもいうべき波瀾万丈な人生を深く省みることはない。呆れるというより畏るべき内面の欠如である。それから二百年後、小説の黄昏時、フランス人のマルセル・プルーストが『失われた時を求めて』という自伝風の小説を書いたのも有名である。こちらの主人公マルセルといえば、もういい歳をした男だというのに、昔のことばかりをめそめそと思い返している。ことに思い返すのは、子供のころ、夜、お母さん（maman）が、おめかしをして客人を迎えるまえ、自分の寝室を訪れ、ちゃんとお休みのキスをしてくれるかどうか、それをベッドに横たわりながら、いかに不安のなかに待っていたかである。大人になったマルセルはそのときの不安を延々と語ってはばからない。

しかも、右の二つの小説を比べてもわかるが、時代を経るにつれ、あたかも詩のように、翻訳するのが困難な小説が書かれるようにもなっていった。一つの〈国語〉の〈図書館〉の規模が大きくなるにつれ、そのなかに入った〈読まれるべき言葉〉をそのまま引用したり、それを暗に仄めかしたり、パロディー化したりするうちに、同じ〈国語〉で書かれた〈読まれるべき言葉〉の連鎖をつくるようになるからである。小説は、一つの〈国語〉の〈図書館〉に入った言葉を、互いに呼応させはじめ、その〈国語〉独自の面白さを生かそうとしはじめる。その地方の〈話し言葉〉をわざと生かすようにも、その〈国語〉のみで意味をなす言葉遊びを好んで入れるようにもなる。詩という形式において顕著であった翻訳不可能性を散文にももちこんでくるのである。プルーストと並び称されるジェームズ・ジョイスが書いた『ユリシーズ』が、たとえ西洋語へであろうと、不可能に近いほど翻訳困難なことはよく知られている。言葉というものは、いかに翻訳可能性をめざそうと、閉じたシステムのなかで意味を生産するものであるがゆえ、翻訳不可能性を必然的に内在するものである。〈国語〉は、その翻訳不可能性を、わざと追求したりするようにもなるのである。それは、ある言葉によってのみ現わすことができる、翻訳不可能な〈現実〉というものを見いだしていくということである。そしてそれは、翻訳不可能な〈真理〉を見いだしていくということでもある。

実際、〈学問〉と〈文学〉が分かれたことによってよりはっきりと見えてきたのは、この世の〈真理〉には二つの種類があることにほかならない。読むという行為から考えると、それは、〈テキストブック〉を読めばすむ〈真理〉と、〈テキスト〉そのものを読まねばならない〈真理〉である。そして、〈テキストブック〉を読めばすむ〈真理〉を代表するのが〈学問の真理〉なら、〈テキスト〉そのものを読まねばならない〈真理〉を代表するのが、〈文学の真理〉である。

〈学問の真理〉では、すでに発見された〈真理〉の積み重ねが、次の〈真理〉に達するのを可能にする。たとえば、十六世紀半ばのコペルニクスの地動説は、さまざまな〈真理〉の積み重ねのあと、二十世紀前半にアインシュタインが相対性理論に達するのを可能にした。このような、〈学問〉を特徴づけるのは、のちにきた人が、過去に書かれた書物を、いちいち読む必要がないということである。〈学問〉は人類の叡智の積み重ねではあるが、究極的には、そこでは、真の意味での、〈読まれるべき言葉〉はない。なぜなら、そこで発見された〈真理〉は、その〈真理〉を記す言葉そのものには依存していないからである。自然科学の場合には、そこで発見された〈真理〉は、究極的には、人間の存在にも依存していない。人間が存在していようといなかろうと、地球は太陽の周りを回り、光の速度は不変だからである。言葉そのものに依存していないがゆえに、〈学問〉において蓄積された〈真理〉は、最終的には、別の言葉に置き換えた「教科書」――〈テキストブック〉で学べるものなのである。〈学問の真理〉の最たるものは数式で埋められた〈テキストブック〉である。

それにひきかえ、〈文学〉で見いだしうる〈真理〉は〈テキストブック〉に取って代えられることはない。そこにある〈真理〉は、その〈真理〉を記す言葉そのものに依存しており、その〈真理〉を知るためには、人は、誰もが、最終的には〈テキスト〉そのものに戻り、〈テキスト〉そのものを読まなくてはならないのである。〈文学〉で達しうる〈真理〉には、毎回そこに戻っていかねばならない〈読まれるべき言葉〉がある。

そして、そのような〈読まれるべき言葉〉は、詩や、劇や、小説のような、狭い意味での〈文学〉にあるだけではない。アリストテレスの天動説はその後に〈真理〉ではないことは証明されたが、アリストテレスがいまだに読まれ続けているのは、かれの書いたものが〈テキストブック〉に置き換えられない部分を含むからである。アリストテレスがすべて〈テキストブック〉に置き換えられてしまったとき、それが〈テキスト〉としてもつ複雑性は単純化され、〈読まれるべき言葉〉があるのが見えてこない。〈テキスト〉に見いだされる〈真理〉は、文章の形とでもいうべきものから切り離せないものである。〈文学〉に見いだされる〈真理〉とは、同じようなことを言い表すのに、無限の可能性があるなかから、この文章の形——この言い回し、この言葉の順番、この名詞、形容詞、動詞でなくては、この〈真理〉は存在しないという類いの〈真理〉である。

まさに、「真理は文体に宿る」のである。

かたや数式があり、かたや詩がある。〈書き言葉〉とは、〈テキストブック〉に完璧に置き換えられるものから、〈テキスト〉としてそこへ絶対戻っていかねばならないものまで、さまざまな形をとって読者の前に立ち現れる。それは、翻訳の可能性と翻訳の不可能性のあいだのアポリアを指ししめし続ける。

小説の歴史性の話に戻ると、くり返しになるが、〈国民文学〉としての小説が栄えたのは歴史の一つの時代である。小説は、〈国語〉という〈自分たちの言葉〉で、〈学問〉と〈文学〉との両方が書かれていた時代に栄えたのであった。そして、それは、〈文学〉が〈学問〉を超越したものだと信じられていた時代でもあった。その時、〈叡智を求める人〉は〈自分たちの言葉〉で書いていただけではない。〈自分たちの言葉〉で書かれた〈テキスト〉を、いくら腹を抱えて笑いながらであろうと、真剣に、情熱的に、尊敬をこめて読んでいたのであった。

そして、その時代こそが〈国語の祝祭〉とよばれるべき時代であった。

# 四章　日本語という〈国語〉の誕生

「どうも西洋人は美くしいですね」と云つた。

三四郎は別段の答も出ないので只《たゞ》はあと受けて笑つて居た。すると髭の男は、「御互《おたがひ》は憐れだなあ」と云ひ出した。「こんな顔をして、こんなに弱つてゐては、いくら日露戦争に勝つて、一等国になつても駄目ですね。尤《もつと》も建物を見ても、庭園を見ても、いづれも顔相応の所だが、――あなたは東京が始めてなら、まだ富士山を見た事がないでせう。今に見えるから御覧なさい。あれが日本一の名物だ。あれより外に自慢するものは何もない。所が其《その》富士山は天然自然に昔からあつたものなんだから仕方がない。我々が拵へたものぢやない」と云つて又にや〳〵笑つてゐる。三四郎は日露戦争以後こんな人間に出逢ふとは思ひも寄らなかつた。どうも日本人ぢやない様な気がする。

「然《しか》し是からは日本も段々発展するでせう」と弁護した。すると、かの男は、すましたもので、

「亡びるね」と云つた。

漱石の『三四郎』が朝日新聞に連載されたのは、今からちょうど百年前の、明治四十一年（一九〇八年）。日露戦争で日本が戦勝をあげてから三年たったところである。日露戦争の近代史のなかでの意味は、西洋にあらざる国が、西洋に勝ったことにあるといわれている。軍事的にはいかに危ういものであったにせよ、勝利は勝利として認められ、それをきっかけに、近代国家を創るのが、西洋人にのみ可能なことではないこと、どの民族、どの人種にも可能なことであることが世界に示された。安政五年（一八五八年）に、日本が西洋列強に有無を言わさず結ばされた不平等条約は、日露戦争から六年後の明治四十四年（一九一一年）、すべて解消されることになる。明治維新以降も見え隠れしていた、日本に対する西洋列強の植民地的野心は、日露戦争を機に完璧に消え、日本は極東の脅威にさえなった。

『三四郎』の広田先生に「亡びるね」といわせたのは、たとえ西洋相手の戦争で勝っても、近代国家として日本がまだいかに脆弱であるかを知る漱石の目である（注十二）。事実『三四郎』が書かれたあと、日本はアジアの希望の星から無謀な侵略者へと転じ、半

世紀もしないうちに無惨に「亡び」た。

だが、永久に残ったのは、一九〇八年、すでに『三四郎』のような小説が巷で流通していたという事実である。登場人物が自分の国のみならず、自分もその一人である国民のありかたを、それこそ「世界的」な視点から見て批判し、かつ憂えるという、優れて国民文学的な小説、しかも何度読んでも飽きない、文学としてもまことに優れた小説が巷で流通していたという事実である。日本は、非西洋にありながら、西洋で〈国民文学〉が盛んだった時代に大して遅れずして〈国民文学〉が盛んになったという、極めてまれな国であった。

明治維新があったのは一八六八年。

十八世紀半ばから西洋で近代小説というものが書かれるようになったが、その最高峰として世界に知られる作品が続々と花ひらいたのは十九世紀の半ばである。ブロンテ姉妹の『ジェーン・エア』と『嵐が丘』の出版は一八四七年。サッカレーの『虚栄の市』は一八四七から四八年。ディケンズの『デイヴィッド・コッパーフィールド』は一八五〇年。スタンダールの『赤と黒』は一足早く一八三〇年。フローベルの『ボヴァリー夫人』は一八五六年。ロシアは少し遅れて、トルストイの『戦争と平和』が一八六九年。ドストエフスキーの『カラマーゾフの兄弟』となると一八八〇年である。

一方、日本で最初の近代小説だといわれる二葉亭四迷の『浮雲』の出版は一八八七から八九年。『浮雲』は未完でありながら、日本近代文学の最高傑作の一つである。のちの小説であの高みに達した作品は、数えられるほどしかない。明治維新からたった二十年余のことであった。しかも『浮雲』を筆頭に、『たけくらべ』『にごりゑ』『坊っちゃん』『三四郎』『道草』『銀の匙』『阿部一族』『渋江抽斎』『歌行燈』『或る女』『濹東綺譚』『春琴抄』『細雪』などを始めとして、枚挙にいとまないほどの優れた作品――それも、ひとつひとつが、驚くほど異なった世界を提示する作品があとからあとから書き継がれ、日本人の心を大きく豊かに形づくっていった。

なぜかくもはやばやと日本に〈国民文学〉が存在しえたのか。

それは、明治維新以降、日本語がはやばやと、名実ともに〈国語〉として成立しえたからにほかならない。

それでは、そもそもなぜ日本語がはやばやと、名実ともに〈国語〉として成立しえたのであろうか。

それは、十九世紀半ばに西洋列強の力が極東まで及んだとき、まずは、二つの条件を日本の言葉が満たしていたからである。

一つは、日本の〈書き言葉〉が、漢文圏のなかの〈現地語〉でしかなかったにもかかわらず、日本人の文字生活の中で、高い位置をしめ、成熟していたこと。

もう一つは、明治維新以前の日本に、ベネディクト・アンダーソンがいう「印刷資本主義」がすでに存在し、その成熟していた日本の〈書き言葉〉が広く流通していたということ。

この章は、右の二つの条件を理解していくところから始めたい。

念のために申し上げておくが、明治維新以前の話をしているとき、「日本」という表現は日本列島のこと、「日本語」という表現は日本列島に住む人々が使う言葉を指す。近代の産物である〈国民国家〉や〈国語〉を指す表現ではない。また、「日本人」とは、記憶をさかのぼる限り、自分の祖先がみな日本に住み日本語を使っていたと考えている人を指す言葉である。「日本人」をそのように限定するのは、この本を、日本語が先祖の言葉ではなかった人、日本語が〈母語〉ではない人、さらには日本の国籍をもっていない人にも納得しながら読んでいただきたいからである。

一つ目の条件——すなわち、日本の〈書き言葉〉が、漢文圏のなかの〈現地語〉でしかなかったにもかかわらず、日本人の文字生活の中で、高い位置をしめ、成熟していたということ。その条件がいかに大きな意味をもつものであるかをきちんと理解するには、まず、最初に明確にしなくてはならないことがある。それは、日本が漢文圏の一部であったという、あたりまえすぎるほどあたりまえの事実である。

漢字という文字が渡来人によって朝鮮半島から対馬海峡を渡り日本に伝わったという

のは、小学校で教わる。だが大人になってもそのほんとうの意味、そのほんとうのありがたさを知ることはむずかしい。周知のように、十五世紀に西洋の大航海時代がはじまるまで地球の多くの部分は無文字文化であった。それが、朝鮮半島との近さが幸いして、日本列島は、四世紀という、太平洋に浮かぶほかの島々と比べれば僥倖としかいいようもない時期に漢文が伝来し、無文字文化から文字文化へと転じたのである。文字文化の仲間入りをしたのを記念した「文字の日」を作り、ブラスバンドに演奏させぽんぽんと花火を上げて祝いたいような――あるいは、漢文明に感謝の意を表して、銅鑼を打ちパチパチと爆竹を鳴らして祝いたいような慶ばしいできごとである。ことに小説家にとってそうである。

もちろん、日本に伝来したのは、文字そのものであるよりも、文字が本来そうして伝来するように、巻物の束である。日本人は、朝鮮半島の人から、漢文で書かれたそれらの巻物の束を読むのを学び、あたり一帯をおおう〈普遍語〉としての、漢文の〈図書館〉に出入りできるようになった。もちろん、そのようなことができるようになったのは、少数の二重言語者でしかない。だが、そのような二重言語者が社会に存在することによって、日本も朝鮮半島や越南《ヴエトナム》のように、漢文圏の一部となったのである。〈普遍語〉の〈図書館〉は、必然的に、〈外の言葉〉の〈図書館〉でもある。

しかも、漢文は漢字で書かれている。漢字は、ローマ字アルファベットなどとはちがい、表意文字である（正確には音と意味と両方を表すので「表語文字」だが、ここでは話の運びを単純にするため「表意文字」として扱う）。すなわち、声に出して読むことよりも、目で読むことに重きを置いて発展してきた文字である。漢文も、目で読むことに重きを置き、極めて凝縮された文語体として発展してきた。それゆえ、漢文という〈普遍語〉が〈外の言葉〉であったのは、朝鮮半島や越南や日本列島の人にとってだけではない。本家本元の中国大陸の人にとっても、漢文は、程度の差こそあれ、〈外の言葉〉とよばれて不思議はないものであった。紀元一世紀に生きていたふつうのローマ人にとって、セネカの散文は、いくら文語体といえども、耳で聞いて理解できる言葉であったであろう。だが、「白文」とよばれる漢文の〈書き言葉〉は、隋や唐や宋に生きていたふつうの人が耳で聞いて理解できるような言葉ではなかった。そのうえ、そもそも中国語の〈話し言葉〉自体、広東語、上海語、福建語、北京語と、地方ごとに別の言葉でもあるかのようにちがう。中国大陸ではどの地方の読書人も、漢文という〈外の言葉〉の〈図書館〉に出入りすることによって、互いに通じ合っていたのである。また、中国語では「漢文」といえば、「漢の時代の文章」という、時代的に限定された意味となり、日本語でいう「漢文」は、たんに「古文《グーウエン》」とよぶという。漢文圏というより、本来なら「古文圏」とよぶべき文化圏が存在していたのであった（注十二）。

アメリカの政治学者、サミュエル・ハンチントンが一九九六年に著し、広く読まれた

『文明の衝突』では、日本は漢文明とは独立した文明だとされている。だが、こと〈書き言葉〉にかんしては、日本は正真正銘の漢文明の一部である。日本も、漢文の伝来以来、中世紀のヨーロッパのように——というよりも、近代以前の多くの社会のように、〈普遍語／現地語〉という言葉の二重構造をもった社会の仲間入りをしたのである。

　ラテン語の『聖書』、そしてアラビア語の『コーラン』などと同様、日本に入ってきた仏典（それ自体がサンスクリットの翻訳であった）、そして四書五経は、漢文圏の読書人にとっての「聖典」である。漢文で書かれた巻物の束を前にした日本人は、最初、目の前の〈書き言葉〉が〈読まれるべき言葉〉以外のものだとは思いもしなかったであろう。ましてや、自分たちが巷で囀《さえず》っている言葉を書き表そうなどという不遜なことは、とても、思いつかなかったであろう。漢字が表意文字だからなおさらそうであっただろう。日本人が巷で囀っている言葉は〈書き言葉〉とは無縁の〈現地語〉であった。

　前の章に書いたことをくり返すが、〈現地語〉が〈書き言葉〉をもつようになるのは、〈普遍語〉を翻訳するという行為を通じてのことである。日本語も例外ではなく、日本語という〈現地語〉の〈書き言葉〉は、〈普遍語〉を翻訳するという行為を通じて創られていった。しかるに、漢字が表意文字であったがゆえに、日本人は、〈自分たちの言葉〉の音を書き表すための文字そのものを、〈普遍語〉を翻訳するという行為を通じて、まずは、創らねばならなかったのであった。

渡来人から漢文を学んだ日本人は、初めのころは、漢文をそのままの語順で読んでいたとされている。それが、奈良時代の途中から、かれらは初めて漢文をあたかも〈自分たちの言葉〉のように読むようになったらしい。つまり、漢文の語順を逆にして日本の言葉のように読み下すようになったらしい。

いわゆる、漢文訓読。一番簡便な、翻訳のしかたである。

遣唐使を送るのも途中で廃止され、中国との直接の交流が絶たれるようになる平安時代に入ると、その工夫が初めて紙の上に目に見える形で現れるようになる。

まずは、平安時代の人は、漢文を日本語の語順で読めるようにするため、漢文の脇に小さく返り点をつけるようになる（朝鮮ですでにこの方法が用いられていたという説もある）。これは今日でも漢文訓読に使われる方法である。かれらは、さらに漢文を日本語に翻訳するのを容易にするため、膠着語である日本語に必要な、「て、に、を、は、が、の、と」などの助詞や、「である、たる、なる」などの語尾を、漢文の脇に小さく書き添えるようになる。ところが、書き添えるようになるといっても、そもそも日本語の音を表す文字をもっていない。そこでかれらは、漢字の意味を捨て、漢字を日本語の音を表す表音文字として使ったのである。

いわゆる「真仮名《まがな》」の発生である。

『万葉集』に使われたことから、いつしか「万葉仮名」とよばれるようになったが、もちろん、目で見る限りにおいて、正真正銘の漢字である。

平安時代の人は漢文の翻訳法をさらに洗練されたものにしてゆく。「て、に、を、は、が、の、と」などの助詞や「である、たる、なる」などの語尾を漢文の脇に小さく書き添えるようになっただけではない。漢文の単語を「やまと言葉」へと翻訳したものを、その万葉仮名でもって、フリガナのように漢文の脇に小さく書き添えるようにもなる。この万葉仮名が、しだいに省略されるうちに、カタカナとひらがなに分かれてゆき、やがて今も日本語で使われる二種類の表音文字の文字体系を生むことになったのである。

カタカナもひらがなも漢文訓読から生まれた文字——すなわち、翻訳という行為から派生的に生まれた文字であったのに変わりはないが、それぞれ、〈普遍語〉用の文字と〈現地語〉用の文字という、別の道のりを辿る。

カタカナは〈普遍語〉の翻訳文に直接使われ続けた。

そのせいで、カタカナは、長いあいだ、視覚的にも漢文訓読に従属した文字体系であり続ける。実際、カタカナは、平安時代は、漢文の脇に、小さく返り点とともに挿入されているだけであった。それが、鎌倉、室町と時代を経るうちに徐々にそのような従属関係から抜け出し、漢字と同じ大きさになってゆく。じきに漢字の列にそのままつらり文のまんなかに書かれるようになる（注十三）。最後には、返り読みをほとんど必要としない、「漢字カタカナ交じり文」という文体を生む。まさに、漢文訓読という翻訳文から、「漢字カタカナ交じり文」という、今の日本語のおおもととなる〈書き言葉〉が生まれたのである。

ひらがなは〈現地語〉を象徴する文字となった。

ひらがなは、漢文の翻訳文である漢文訓読からいち早く離れ、独立した文字体系として、「やまと言葉」で詠む和歌を中心に成立していったからである。そして、「やまと言葉」で詠む和歌を中心に成立していったがゆえに、漢文を読み書きすることを禁じられていた女が使う文字となった。ひらがなが「女手」とよばれ、ひらがな文が「やまと言葉」、すなわち〈現地語〉の〈書き言葉〉を象徴するようになった所以である。

だが、そのひらがな文も、日本人の魂をそのまま書き表したものではない。そもそも、そのようなひらがな文を生んだ和歌という「やまと言葉」の文芸自体、漢文訓読に親しんだ人が、漢文との緊張感の中で、漢文にはあらざるものとして、〈自分たちの言葉〉を発見していく過程のうちに生まれた文芸にほかならないからである。天皇から庶民まで詠んだと謳われ、近代に入ってから栄光ある「国民歌集」の地位を与えられた『万葉集』も、実は、奈良時代の貴族によって詠まれたものだといわれている（注十四）。『古今和歌集』には漢詩の引喩はもちろんのこと、翻訳もある。和歌を中心に成立していったひらがな文の散文も、漢文との緊張感の中で、漢文にはあらざるものとして、形づくられていったのである。

たとえば、『拾遺集』に入っている和泉式部の和歌。

暗きより暗き道にぞ入りぬべきはるかに照らせ山の端の月

この和歌が法《ほ》華経《けきょう》化城喩《けじょうゆ》品《ほん》という経本の、

従冥入於冥永不聞仏名

をもとにしたものであることなどは、よく知られている。

〈現地語〉の〈書き言葉〉は、常に、広い意味での〈普遍語〉を翻訳するという行為から派生的に生まれるのであり、日本語も例外ではなかった。

人は言うであろう。日本語は『源氏物語』を生んだではないかと。『源氏物語』を生んだ日本語を、〈現地語〉よばわりするとは何ごとかと。たしかに、平安朝の女たちは、自分たちに許されたひらがなを自在に使い、自分の〈母語〉に近い〈現地語〉で書くうちに、一千年先、日本文学を世界に知らしめる平安朝文学を生んだ。そこには、父権社会の禁忌を逆手にとった女たちの、輝かしい勝利があった。日本人でもあれば女でもある私も、しみじみと、そして晴れ晴れと、誇らしい。

だが、その勝利も、近代に入り、西洋から〈国語イデオロギー〉が輸入され、日本人が自分たちの文学史を、〈自分たちの言葉〉で書かれたものを中心に見直し、編纂し直してからの勝利でしかない。当時、〈普遍語〉と〈現地語〉のあいだにはヒエラルキーが厳然と存在し、『源氏物語』の輝きといえどもそのヒエラルキーをいささかも揺るがすものではなかった。平安王朝文学の絶頂期においても、宗教、学問、法律、公文書、記録など、二重言語者である読書人の男の読み書きの中心にあったのは漢文である。文芸としては漢詩である。『古今和歌集』の地位も当時は漢詩に及ぶものではない。室町、鎌倉、江戸と時代を経るにつれ、漢文で書かれたものは、仏者や儒者が書いたものに限られていくが、漢文で書かれたものと日本の言葉で書かれたものの上下関係は明治維新を迎えるまで消えることはなかった。元禄時代といえば、芭蕉や西鶴に代表されるように私たちは思うが、それは、〈国語イデオロギー〉が輸入されたあとで創られた国文学史観によるもので、当時は伊藤仁斎や荻生徂徠が漢文で書いたものの方が権威をもっていた。『解体新書』は日本で初めて西洋語を訳した書物として知られているが、日本語に訳されたのではなく、漢文に訳されたのである。公文書はもちろん漢文で書かれ続けており、公文書が「漢字カタカナ交じり文」という〈現地語〉で発布されたのは、明治改元半年前の「五箇条の御誓文」が最初である。明治維新を迎えるまで、日本の言葉で書かれたものは、〈普遍語/現地語〉という構造の中にあり、それは〈現地語〉でしかなかったのであった。

そして、そのような漢文の威力は明治維新があったからといって、突然消えたものではなかった。

今でも覚えているのは十代の半ば、父の本棚から、黄ばんだ岩波文庫版の、内村鑑三の『余は如何にして基督信徒となりし乎』を取り出して読んだときに受けた微かな衝撃である。英語の原文を翻訳したものである。私は当時アメリカという西洋で暮らしていたが、日本語の「キリスト教」という言葉には、十字架を載せた慎ましい建物、オルガンの音色、心清らかな乙女たちの歌う賛美歌といった、西洋にもないような西洋——日本近代文学の中にしか存在しない、懐かしくもハイカラな西洋があった。そんな「キリスト教」が「基督教」となっているのは古い文学ばかり読んでいたので違和感はなかった。だが、「余」だの「なりし乎」だのは、いかにも黴臭い。その不思議に誘われて、『余は如何にして基督信徒となりし乎』を読めば、小説では見えなかった明治という時代が初めて目の前に立ち上がるようであった。明治時代とは、「キリスト教」というハイカラなものに、「漢文」という黴臭い言葉から入るような人が存在していた時代だったのであった。

内村鑑三は若くして一神教のキリスト教を信じるようになる。そして、その教えを広めようと熱心に伝道活動を行う。ところが、遺憾なことに、肝心の父親が少しも興味をもってくれない。「異端者の頭目は余の父であった、学問と自分自身の考えについての強い確信とがあって、余の信仰をもって近づくのにもっとも困難な人であった。三年間余は彼に書籍と小冊子を送りつづけてきた（中略）しかし何ものも彼を動かすことはできなかった」。ある日、内村鑑三はよいことを思いつく。折しもそのころ中国で白文で出版されたという『馬可講義』（『マルコ伝講義』）が評判になっていた。「訓点のない漢文」で書かれたものなら、「それを閲読しようという父の知的欲望を刺激するかもしれない」。そう考えた内村は、自分の小遣いで五巻本を買って父親に贈るのである。父親は最初はそれを捨てるが、内村が諦めずに机の上に戻すうちに、いつしか読み始める。「彼は第一巻を通過した！ 彼は基督教を嘲笑することを止めた！」。二巻、三巻、四巻、と進むうちに父親が変わってくる。「彼はもはや酒に触れようとしなかった」（傍点原文）。内村鑑三は父親に酒をやめさせたキリスト教の感化力に大いに感動したようだが、当時の私はこの件《くだり》を読み、襟を正し正座して書見する日本男児の姿を頭に浮かべ、その後たった百数十年のあいだにおこった日本人の文字生活の変化——人間の文化の移ろいに、まだ幼い精神をしながらも、深く感じ入った。

のちに知ったことが二つある。一つは、「愛」など、西洋的な香りが高いキリスト教にかかわる日本語の多くは、当時先行していた『聖書』の漢文訳からきたということである（注十五）。二つには、日本の中学校教育において、漢文より〈国語〉に重点を置こうという試みがはじまったのは、日清戦争が開戦したあと、明治半ば過ぎになってからのことでしかないということである。

日本語が、〈普遍語〉の漢文に対しての、〈現地語〉でしかなかったこと。その日本語の〈書き言葉〉が、漢文という〈普遍語〉を翻訳するという行為のうちに生まれたこと。日本語に〈書き言葉〉が生まれたあとでも、日本語は、〈普遍語／現地語〉という構造内での〈現地語〉に留まっていたこと——思えば、それらのことは、すべて、あたりまえでしかない。

問うべきは、逆に、なぜこのように〈現地語〉でしかなかった日本の〈書き言葉〉が、読書人の男も読み書きする、かくも成熟した言葉になっていったかである。

いったい、なぜか。

いうまでもないが、もっとも大きな原因は、日本が中国大陸から海を隔てた列島であったということにつきる。日本が漢文圏に入り、文字文化に転じたのが、大陸からの地理的な近さゆえだとしたら、日本語が成熟することができたのは、その反対に、地理的な遠さゆえである。イギリスとフランスとを分けるドーバー海峡は三十四キロしか隔たっていない。優れた泳ぎ手なら泳げる距離である。ところが、九州から朝鮮半島の釜山にいたるまではドーバー海峡の五、六倍、中国大陸の上海にいたるまではなんと二十五倍ある。しかも荒波である。その距離は、中国からの政治的、文化的自由を可能にし、日本で固有の文字文化が花開くのを可能にしていった。当時の中国が、元のように、武力を恃んで外へ外へと自分の勢力をのばそうと海を渡って日本に攻めてくるような国ではなかったことも幸いした。

遣隋使や遣唐使はもちろん命をかけての旅であった。

日本の漢文圏からの距離——それを象徴するのが、日本が科挙制度という漢文圏全体を覆う強力な牽引力から逃れられたという史実である。

周知のように、科挙制度とは、中国全土から優秀な人材を集め、国を治める官吏の選抜試験を行うという制度である。世界に先駆けた公平な試験制度として名高く、そのような科挙制度を作った隋や唐の卓越した先進性を示す。だが、どんな優れた制度でも、あまり長く続くとよいことばかりではない。六世紀から始まった科挙制度はなんと十四世紀にわたって中国の政治と文化を支配したが、試験の内容が時代とともに大きく変化することもないまま、近代に入り、西洋に攻め入られれば実質的には役に立たないことがわかり、一九〇五年に廃止された。そして中国文明の停滞の象徴ともなった。

重要なのは、科挙制度と読書人、とりわけ二重言語者との関係である。

科挙試験は、名目上は出自と関係なく受けられ、今の言葉でいえば、「機会の平等」を重んじる。また、一人が合格すれば一族がともに栄耀栄華を極めることができる。しかも、合格者のうち首席三名にはことに華やかな将来がそのまま約束される。すなわち、科挙試験とは、競争を熾烈化させるメカニズムを、これでもかこれでもかと内在させたものである。加えて、試験の内容は、儒学を基本とし、古典を暗記したり、規則にしたがって文章を書いたりと、極めて文学的なものである。そのような制度がいかなる結果を生むかは目に見えている。

読書人階級であれば一族からなるべく頭脳明晰な男の子を選び、一族をあげてその子に投資する。中国全土の読書人階級のなかでもことに読み書きに向いた男の子たちが、いざ、科挙試験に受からんと、もの心がついてから、十代、二十代、三十代と一心不乱に勉強をする。そのような状態が百年、二百年のみならず、千年以上続くということは、広域にわたって点在する優秀な人材が、悠久の時のなかで、ことごとく漢文化の奥へ奥へと深々と吸いこまれてしまうということである。それは、優秀な人材が、ことごとく漢文の〈図書館〉に吸いこまれてしまうということである。もし中国の周辺国が科挙制度を導入すればどうなるか。二重言語者の男たち、しかも、ことに頭脳明晰な男たちが、科挙試験に受かろうとしてことごとく漢文の〈図書館〉に吸いこまれてしまうということにほかならない。〈現地語〉での書き言葉が充分に成熟しなかったとしても不思議はない。中国と地続きだった朝鮮と越南は科挙制度を取り入れた。

日本では平安時代に一時科挙制度を導入しようとしたが長続きせず、この失敗が結果的には幸いした。日本は科挙制度から自由であったがゆえに、二重言語者の男たち、しかもことに頭脳明晰な男たちが、漢文の優秀な使い手となるための熾烈な競い合いをくりひろげる必要——漢文の〈図書館〉にことごとく吸いこまれてしまう必要がなかったからである。日本の二重言語者の男たちは〈普遍語〉で読み書きしながらも、自然に〈現地語〉でも読み書きするようになった。

そのことがいかに〈現地語〉の日本語を助けたことであろうか。そのおかげで、日本語は〈普遍語〉の高みに近づき、美的な重荷を負うだけでなく、時には、〈普遍語〉と同じように、知的、倫理的な重荷も負うのが可能な言葉になっていったのであった。

たとえば、〈現地語〉を象徴するひらがな文。〈現地語〉とは、ふつう、たとえ読書人の男が書いたとしても、読書人の男に向かって書かれるものではなく、その妻や子供に向かって書かれるものである。ところが、日本では、遣唐使を送るのも間遠になり、日本が内向きになるに従い、〈現地語〉の象徴とでもいうべきひらがな文を、読書人の男が進んで使うようになっていった。最初の兆候は、まずは、和歌という〈現地語〉の文芸の地位が上がっていったことに現れる。最後の遣唐使が八三八年（八九四年の遣唐使は菅原道真によって中止された）。最初の勅撰和歌集である『古今和歌集』が編纂されたのが九〇五年。中国との距離の広がりはそのまま和歌の地位の向上に通じ、そして、それはそのまま、ひらがなで書かれた散文、すなわち、ひらがな文の地位の向上へとつながった。

二重言語者でありながら歌人でもあった紀貫之が、ひらがな文の「仮名序」を『古今和歌集』に書いたのは有名である。

やまと歌は人の心をたねとして、よろづのことのはとぞなれりける

そのあと、紀貫之はわざわざ女になりすまして、例の『土佐日記』を書く。

男もすなる日記といふものを女もしてみむとてするなり

日本の文学史の、えもいわれぬおもしろさ、おかしさが、この一行につまっている。当時の読書人の男はものを書くとすればふつう漢字＝真名で書いていた。それは、一見漢文のように見え、さまざまな個所で返り読みを必要としながらも、日本語の語順も使われているという文章である。そのような文章を、漢文を交ぜた和文と見るか、和文を交ぜた漢文と見るかについては、専門家のあいだで意見が分かれるようだが、文字としては漢字しか使われていない。かれらは、自分の日記のようなものをひらがな文とい

う〈現地語〉で綴《つづ》る習慣はなかった。だが、かれらは、女になりすましてひらがな文の日記を綴ってみようと思うほど、すでにひらがな文を日常的に読んでいたのである。思えば、時代的には『土佐日記』に先立つ『伊勢物語』。和歌を中心にした物語であるがゆえにひらがな文で書かれているが、べつに女子供のために書かれたものではない。また紀貫之も女子供のために『土佐日記』を書いたのではない。それだけではない。のちの紫式部や清少納言も女子供のためだけに『源氏物語』や『枕草子』を書いたのではない。二重言語者であり、桁はずれの才をもちながら、女だということで、漢文で書くのを禁じられていた紫式部と清少納言。彼女たちは、ひらがな文で書きつつも、自分たちと同じように二重言語者である男の読者の存在を意識しながら書いていたのである。宴の席で、「あなかしこ、このわたりに、わかむらさきやさぶらふ」と「左衛門の督《かみ》」（藤原公任《きんとう》かと想定される）に言われたときの紫式部のお得意と迷惑顔。目にありありと浮かぶようである。

〈現地語〉を象徴するひらがなという文字は、最初は、漢字をなるべく排除したひらがな文に使われた文字であったが、ひらがな文を読書人の男が読み書きするうちに、いつしか漢字を遠慮なく入れた文章にも使える文字になっていった。

日本語という〈現地語〉の歴史は、〈現地語〉に親和性の高い「漢字ひらがな交じり文」が、〈普遍語〉に親和性の高い「漢字カタカナ交じり文」と混在しながら巷で流通するようになっていった歴史である。平安後期の『今昔物語』は「漢字カタカナ交じり文」で書かれている。鎌倉前期に書かれた『正法眼蔵随聞記』や『歎異抄』は、仏教の書だから当然のことながら「漢字カタカナ交じり文」である。同じく鎌倉前期に書かれた『方丈記』も、最古の写本は、「漢字カタカナ交じり文」である。ところが、鎌倉時代の後期に書かれた『徒然草』は「漢字ひらがな交じり文」で流通していた。時代をさらに経て江戸時代となり、出版が盛んになると、江戸前期の西鶴はもちろん「漢字ひらがな交じり文」。江戸中期の新井白石は、ぬきんでた漢詩を書いたそうだが、自伝の『折たく柴の記』は「漢字ひらがな交じり文」で書いている。江戸後期になると、十返舎一九、曲亭馬琴、上田秋成などの読本はすべて「漢字ひらがな交じり文」。のみならず、〈学問の言葉〉はふつう漢文——少なくとも「漢字カタカナ交じり文」で書かれてしかるべきなのに、本居宣長などの国学者が現れ、平安時代のひらがな文へと逆戻りし、それで学問をしようとさえするに至る。しかもかれらは、〈現地語〉でしかない「やまと言葉」が、〈普遍語〉である漢文以上に、知的、倫理的、美的な重荷を負う言葉だと主張するまでに至ったのである。背景には、多分に、江戸の市井の人たちの原・ナショナリズムの芽生えがあった。

高度な文明をもった中国は、中華思想の国である。海の向こうにこのような〈現地語〉の文学があり、漢字を変形させた妙な文字で、桜や紅葉を詠み、もののあわれを感じていたことなど、夷狄の蛮習としか映らなかったであろう。また、その妙な文字に漢字を交ぜ、仏教の教えを説き、果ては漢心《からごころ》を批判しようとまでしていたことなど、興味もなく、知りたいとも思わなかったであろう。知っていたのは、朝鮮や越南の人に比べての日本人の漢文の下手さかげんで、その下手さかげんは和習とも和臭ともよばれ低く見られた。

だが、近代に入り、初めて世界の歴史を一望にのぞめるようになると別のことが見えてくる。たとえば、ヨーロッパでは、教会の権威のもとで、ラテン語という〈普遍語〉の〈図書館〉に、二重言語者の読書人が、一千年にわたって吸いこまれていたのである。まさに、科挙制度のもとで、みなが漢文という〈普遍語〉の〈図書館〉に吸いこまれていたのと同じである。ヨーロッパ語のさまざまな〈現地語〉で文学とよべるようなものが書かれるようになったのは十二世紀。誰でも知る名前が出てくるのはルネッサンス後からでしかない。ダンテの『神曲』は十四世紀初頭。チョーサーの『カンタベリー物語』は十四世紀後半。フランソワ・ヴィヨンは十五世紀、シェークスピアは十六、十七世紀である。しかも『カンタベリー物語』の一部をのぞけば、詩や劇であって散文ではない。『ドン・キホーテ』という散文小説が書かれたのは、十七世紀に入ってからのことである。古代文学をもつ言葉、しかもそれぞれの地域では〈普遍語〉であった言葉は別である。〈現地語〉でしかなかった言葉としては、日本の言葉、そしてその言葉で書かれた日本の文学は、優れて早くに成熟していたのであった。

そこへ、もう一つ、歴史的条件が加わった。ほかでもない、江戸時代の資本主義の発達である。〈現地語〉でしかなかった日本の言葉が、明治維新のあと、かくもはやばやと〈国語〉として成立しえたのは、ベネディクト・アンダーソンがいう「印刷資本主義」が江戸時代にすでに発達していたおかげであった。

日本には印刷の技術（主に木版）があっただけではない。江戸時代の三百年にわたる平和のもとで、江戸幕府（中央集権）と藩（地方分権）、あるいは藩同士の交易によって、非西洋の中では例外的に資本主義が発達していたのである。文字を読めなければ、市場に参加することはかなわず、資本主義の発達は必ず識字率の上昇をともなう。江戸時代の末には、日本は、上は藩校から下は寺子屋まで、学校だらけの国ともいっていいほど広く教育が及び、世界でも希な識字率の高さを誇るに至っていた。もちろん統一された日本語は存在せず、さまざまな〈現地語〉の〈書き言葉〉が混在して流通し、その名称からして、漢文訓読体、和漢混淆文、和文、古文、擬古文、中古文、雅文、俗文、候文など、私のような素人は混乱するばかりである。しかも、どれも〈話し言葉〉とはかけ離れたものであったし、そもそも統一された〈話し言葉〉自体が存在しなかった。方言のちがいは今からは想像できないものであった。だが、印刷資本主義が発達すればするほど〈現地語〉で書かれたものが流通するという市場の法則は極東の島国でも働く。日本でも書物の市場の広がりとともに、単一言語者が市場に参加するようになり、明治維新を迎えたとき、日本語の〈書き言葉〉は、成熟していただけでなく、すでに驚異的な規模で流通していたのであった。その背景があって、明治五年に出版された福沢諭吉の『学問のすゝめ』の初編（漢字ひらがな交じり文）がなんと二十万部以上、明治十三年には全十七編の累計がおおよそ七十万部も売れたのである。最終的には実に三百万部以上売れたそうで、海賊版まで出たらしく、福翁はのちに序文で「版権の法厳ならすして」と——私から見れば贅沢な——文句を言っている。

まずは、〈現地語〉で書かれたものの地位が高く、〈現地語〉が成熟していたこと。

つぎに、「印刷資本主義」があったこと。

これらが、明治維新以降、日本語が名実ともにはやばやと〈国語〉として成立するのを可能にした、二つの、歴史的な条件である。だが、この二つは必要な条件ではあったが、充分な条件ではなかった。日本語がかくもはやばやと〈国語〉になったのには、もう一つ、絶対に欠くことができなかった三つ目の歴史的な条件があった。

それは、極東のなかでも一番東に位置していた日本が、東へ東へと進んできた西洋列強の植民地にならずに済んだということにほかならない。

十九世紀から二十世紀にかけ、西洋の帝国主義がアジア・アフリカを駆けぬけ、非西洋の地域のほとんどが西洋列強の植民地となってしまったとき、日本はその運命をまぬがれることができた。（そして、西洋列強に倣って、のちに隣国を自分たちの植民地にしようとした。）日本に明治維新があったとき、非西洋国圏で、植民地や保護国にされたり、分割されたり租借地として部分的に取り上げられたりしなかった国は、なんと、日本のほかには、五指で足りるほどしかない。ユーラシア大陸では、朝鮮、シャム、アフガニスタン、そしてオスマン帝国の一部。アフリカ大陸ではなんとエチオピアのみである（アメリカ合衆国で解放された奴隷たちが、アメリカ政府の援助を受けて作ったリベリアはここでは勘定に入れない）。それほどまで、地球全体が、西洋列強の支配の下にあったのである。

日本が植民地にならずに済んだのには、漱石もよく言う「維新の志士」の働きがあった。かれらは、それまで崇めていたお隣りの清国が、一八四〇年に起きた阿片戦争によって、どのような悲惨な運命に陥ったかを見た。阿片戦争とは、イギリスが清の銀貨が欲しくてインドで栽培させた阿片――西洋諸国に売ろうなどとは決して思わない阿片を清にどんどんと密輸させ、それを清が禁じたのが発端となったというなんとも理不尽な戦争である。イギリスの圧倒的な軍事力に負けた清は、阿片の輸入の公認、香港の割譲、多額の賠償金、そして不平等条約という無理難題を呑まされる。それに続いた第二次阿片戦争（アロー戦争）では、清はイギリスに便乗した西洋列強に、さらに喰いものにされ、半植民地状態に陥る。「維新の志士」たちは、日本を自ら開国することによって、清国の運命を避けようとしたのであった。のみならず、ほかの非西洋国の運命を避けようとしたのであった。

だが、いくら「維新の志士」たちが、お国のために力を尽くしても、歴史の偶然が味方してくれなかったら、西洋列強に租借地を作られたり、あるいは、分割されたり、さらにはまるごと植民地化された可能性は大いにあった。西洋列強も、清のような広大な国土を前には、分割し合おうという野心しかもちえなかったであろうが、日本のような島国を前にすれば、まるごと植民地にしてしまおうという野心をもちうる。日本は植民地として充分に魅力があった。海運交易に便利極まりない場所にあり、港もたくさんある。しかも、銅、銀、茶、絹、陶器と輸入できるものも多い。輸出先としての人口も多ければ資本主義も発達している。ところが一八五三年、ペリーがインド洋経由で東へ東へと艦隊を率いて浦賀に入港し、開港を求めたあとのことである。なんと西洋列強のほうで、偶然次々と内輪の戦争に突入していった。イギリス、フランス、トルコがロシアを相手に戦ったクリミア戦争が一八五三年から一八五六年。アメリカの南北戦争が一八六一年から一八六五年。プロイセンとフランスが戦った普仏戦争が一八七〇年から一八七一年。これらの戦争は西洋列強を疲弊させ、そのあいだに日本は大あわてで、近代的軍隊を備えた近代国家へと辛うじて転身することができたのであった。

もし、日本が西洋列強の植民地となっていたらどうなっていたか。明治維新はすでに遠く、私たちにとって、この「もし」という可能性もあまりに遠いものとしか思えない。だが、当時生きていた日本人にとっては、決してそうではなかった。

近代日本への転換を象徴する福沢諭吉。

一万円札にあるザンギリ頭の肖像からは想像もできない旧い世代の人で、一八三五年（天保五年）生である。私たちにとってはすでに民話の世界に入ってしまった良寛さまや一茶が死んで十年もたっていない。北斎がまだ健在だったころである。明治維新の年には、すでに三十歳を越えていた。

のちにも引用する、『福翁自伝』で、その福沢諭吉は、当時のことを振り返る。

官軍賊軍開国攘夷入り乱れ、何が何やらわからないままに、江戸幕府は倒れ、明治政府が発足した。ところが、福沢諭吉は、その期におよんでも、新政府が本当に開国する気があるのか、日本の独立が保てる方向へと進むことができるのか、確信をもてない。「新政府人の挙動は都《すべ》て儒教の糟粕を嘗《な》め、古学の固陋主義より割出して空威張りするのみ」。それでは日本に対する西洋人の評価はどうかというと、外交上、日本びいきの立場にあるべき要人も日本へ来て実情を見れば、「こんな根性の人民では気の毒ながら自立は六《むつ》かしいと断言」したりする。当時、誰よりも世界の事情を知っていた福沢諭吉は、明治政府が真に開国しなければ、たとえ明治維新があったところで、日本が植民地化されてしまう恐れがあるのを承知していた。

当時の様子を回顧して福沢は言う。

其《その》時の私の心事は実に淋しい有様で、人に話したことはないが今打明けて懺悔《さんげ》しませう。維新前後無茶苦茶の形勢を見て、迚も此有様では国の独立は六かしい、他年一日外国人から如何《いか》なる侮辱を被《かうむ》るかも知れぬ（中略）いよ〳〵外人が手を出して跋扈《ばつこ》乱暴と云ふときには、自分は何とかして其禍《わざはひ》を避けるとするも、行く先《さ》きの永い子供は可愛《かはい》さうだ、一命に掛けても外国人の奴隷にはしたくない、或は耶蘇宗の坊主にして政事人事の外に独立させては如何《いかん》（後略）（傍点引用者）

福沢自身は何の信心もないのだから、でたらめな話である。もし日本が植民地になってしまったら、自分の子供を「耶蘇宗の坊主」にでもすれば「自から辱しめを免かる、こともあらんかと」、そこまで考えたりしたのである。幸い福沢の危惧は危惧に終わり、新政府は、福沢も驚くほどの開国主義に突然転じて明治四年には廃藩置県という思い切った行動に出る。そして、矢継ぎ早に改革を進める。福沢は結論する。「三十年の今日より回想すれば恍《こう》として夢の如し、唯今日は世運の文明開化を難有《ありがた》く拝するばかりです」。

だが、ここで、福沢が危惧した「もし」という可能性を考えてみるとする。たとえば、もし、ペリーが艦隊を率いて浦賀に入港したあとアメリカに南北戦争がおこらなかったとする。そして、まさに官軍賊軍開国攘夷入り乱れたままの混乱状態が続くうちに、日本がフィリピンと同様、アメリカの植民地となっていたとする。ありえないことだと思う人もいるかもしれないが、近代史を前に想像力を働かせれば、ありえなかったことではまったくない。

もし、日本がアメリカの植民地になっていたとしたら、そのとき日本の言葉の運命はどうなっていたであろうか。

日本は植民地に典型的な二重言語状態に陥ったはずである。

近代の植民地的な二重言語状態とは、昔、漢文圏に属していたときのような、書物を通じての二重言語状態とはちがう。それは、もっと直接的なものである。すなわち、宗主国であるアメリカからアメリカ人がどかどかと土足で日本の地にやってきて、外交はもとより、立法、行政、司法などの政府機関、軍隊と教育、主立った民間企業を牛耳るということである。当然、英語が「公用語」になる。すると、植民地化された国の常として、現地の日本人にとっての最高の出世は、英語を学び、アメリカ人と日本人とのあいだのリエゾンたることになってしまう。この場合のリエゾンとは、支配者の命令を被支配者に伝え、被支配者の陳情を支配者に取り次ぐ役目をになった連絡係である。しかもそのようなリエゾンを選抜するシステムが、出自や貧富や人脈を問わない公平なものであればあるほど、日本中の優れた人材が英語を読み書きする二重言語者となる。かれらは、あたかも科挙制度が導入されたがごとく、ことごとく英語の〈図書館〉に吸いこまれてしまうようになる。かれらは高等教育を英語で受け、英語で読むだけでなく、英語で書くようになるのである。

もちろん、日本語の〈書き言葉〉は残ったであろう。

すでに成熟し、しかも資本主義の発達によって、大きく流通していた日本語の〈書き言葉〉である。それは、日本がアメリカの植民地となったところで、さまざまな形で流通し続けたにちがいない。人は昔ながらの候文で家族あてに手紙を書き、余暇には、和歌や俳句を詠み続けたであろう。しばらくは、漢詩を作る人も残っていたであろう。戯作も形を変えて流通し続けたであろう。また、一般国民向けの小学校教育でも、たぶん日本語の読み書きが教えられることになったであろう。

問題は思考する言葉である。

思考をする言葉としての漢文訓読体や「漢字かな交じり文」は廃れ、徐々に幼稚なものになっていったはずである。今の日本語のもととなる言文一致運動はなかなか生まれず、規範的な散文としての日本語もかんたんには成立しなかったであろう。日本語がローマ字表記にならなかったという保証すらない。（のちにも触れるが、第二次世界大戦後、アメリカの占領軍は、日本語をローマ字表記にすることを提言した。わけのわからない文字に囲まれたアメリカ兵の困惑と恐怖を思えば当然の提言でもあった。）日本の社会自体が、少数の二重言語者と、多数の単一言語者とのあいだに深い溝が横たわる、植民地特有の二極化された社会となったであろうことは、別にしてもである。

要するに、もしアメリカの植民地になっていたら、〈普遍語／現地語〉という、二重構造のなかで、英語が〈普遍語〉として流通し、日本語は、正真正銘の〈現地語〉として流通することになったはずである。たとえ美的な重荷を負うことはあっても、知的、倫理的な重荷を負うことはほとんどなかったはずである。悲しい「ニホンゴ」。もちろん、いつかは、西洋の植民地時代も終わりを告げたであろう。日本も独立国家となり、ナショナリズムは国民を熱く動かし、日本語は〈国語〉としての形をなんとか整え、英語とともに「公用語」となったであろう。いや、おおやけには、日本語が第一公用語だとされ、英語は第二公用語に格下げされたかもしれない。だが、英語がすでに思考する言葉として流通してしまっているとき、どこまで日本語が実質的に〈国語〉たりえたであろうか。英語は、かつての宗主国の言葉だというだけではない。世界に冠たる〈普遍語〉である。日本から解放された台湾や朝鮮の人たちは日本語を捨てたが、アメリカから解放された日本人が、かんたんに、英語を捨てたであろうか。果たして、行政はどちらの言葉を使うことになったか。学問はどちらの言葉でなされたか。そして、小説はどちらの言葉で書かれたか。いづれにせよ、そのとき〈国語〉として流通する日本語は、今私たちが知っている日本語と同じものではありえない。

日本人は植民地化されずにすんだことによってはやばやと〈国語〉をもちえた。私たちはその事実をあまりにあたりまえのこととし、私たちが知っている日本語が存在するのも、あまりにあたりまえのこととしている。それゆえに、たとえもし植民地化されていたとしても、この日本語が名実ともに〈現地語〉になり下がりえたなどとは、想像できない人がいるにちがいない。だが、強調してもしたりないことだが、明治維新があったころ、私たちが知っている日本語は存在しなかった。そして、そのころの日本人は、日本の言葉が近代国家の〈国語〉たりうるかどうか、はなはだ心もとなく思っていた。

それが証拠に、森有礼という人物がいる。

森有礼は明治政府初代の文部大臣である。その名が今なお知られているのは、ほかでもない、日本が植民地となる運命をひとまずは避けられたにもかかわらず、日本人は自分たちが使う言葉を〈国語〉とするのをやめ、英語を採用すべしと言ったことが大きい。森有礼が、アメリカ東洋学会の会長でもあった言語学者、W・D・ホイットニーに向けて書いた英語の手紙に、「日本の教育」と題するものがある。そのなかで、かれは、日本人が英語を採用するのが「国際社会において、日本の独立を保持する一要件」だと述べている（注十六）。森いわく、日本語という言葉は「日本以外の国では少しも用いられない貧弱な」言葉だというだけでない。日本語は、「貧弱で不確実な伝達手段」であり、このような言葉では「国の法規」を維持することもできない。かれは結論づける。「こうした種々の理由は、日本語の使用の廃止を示唆して」いる。原文を読めば、「poverty」「meager」「weak」「uncertain」など、さまざまな表現で、これでもか、これでもかと、日本語の貧しさが説かれており、おかしいぐらいである。だが森有礼の発言を西洋崇拝者の妄言と考える以前に、そこまで過激に考えざるをえなかった状況に当時の日本はあったと考えるべきであろう。日本が独立国家であるためには、近代国家として外国と対等にやっていけるだけの〈国語〉をもたなくてはならない。そして、当時、日本の言葉がそのような言葉たりうるかどうかは、森有礼の英語採用論には真っ向から反対する人たちも含めて、多くの日本人が本気で疑っていたのである。

森有礼の英語採用論はかれが初代文部大臣になるまえに退けられた。日本人が英語を採用すべきだという主張は、肝心のホイットニーも賛成しなかったし（ローマ字化した方がいいだろうという提言はした）、西洋から日本に少しづつ入ってくるようになってきた〈国語イデオロギー〉とも相容れなかった。森有礼が初代文部大臣になった一八八五年、文部省は英語を〈国語〉として採用する方向へは向かわず、日本語を近代国家の〈国語〉たりうる言葉へと創り直す方向へと向かった。日本語の「改良」を目指したのである。

しかるに、ここで重要なことがある。

私たちが知っている日本語がこのような形をとるようになったのは、文部省のおかげ——英語採用論を捨てた森有礼も含め、日本語を「改良」するのを国家から任せられた人々のおかげではない。それどころか、かれらの理念がもしも実現されていたとしたら、日本の〈国語〉はまったくちがう道のりを辿り、今の日本語とは似ても似つかないものとなっていたであろう。なぜなら、かれらが理念とした日本の〈書き言葉〉とは、何と、日本語の〈書き言葉〉から漢字を排除したものだったからである。かれらは〈国語イデオロギー〉に従い「漢字」という〈外の言葉〉を象徴する文字を排除するのを理念としただけではない。かれらはより根源的には、日本語から、表意文字というものを排除するのを理念としたのであった。

明治維新があったころは、西洋で〈国語イデオロギー〉が猛威をふるっていたころである。だが、それだけではない。明治維新があったころは、西洋で社会進化論が猛威をふるっていたころでもあった。日本でも一八八〇年ごろからその主唱者ハーバート・スペンサーの本が続々と訳される。西洋文明を頂点だとする社会進化論は、言葉の表記法にもおよび、人類の文字は象形文字、表意文字、表音文字と徐々に進化してきたとされていた。また、表音文字の中でも、一文字で子音と母音を表す音節文字——ひらがなやカタカナは音節文字である――は、まだ充分な進化を遂げていないものだとされ、もっとも進化を遂げた表音文字とは、子音と母音を書き分け、発音記号に限りなく近い文字。そのような表音文字の中でも、どういうわけか、ことにローマ字アルファベット。アジア・アフリカに広く植民地をもっていた国――イギリス、フランス、ポルトガル、オランダ、ドイツ、スペイン、イタリア――がすべてローマ字を使っていたことから、ローマ字が特権的な地位をもつに至ったのであった。

それに対して表意文字を代表する漢字。

それは、清の阿片戦争の敗北にいみじくも集約された、東アジアの後進性をまさに象徴するものとなっていった。清朝の凋落は、漢文圏の中心にある漢字という表意文字の凋落のはじまりを告げた。第二次阿片戦争が終わったのが一八六〇年。前島密が「漢字御廃止之儀」を十五代将軍徳川慶喜へと上申したとされるのは、一八六六年。漢字という表意文字を使い続けるのは、日本という国の独立すら危うくするものだという危機感をいつしか日本人の一部がもつようになっても不思議はなかった。日本における表音主義の中心となる留学帰りの上田万年《かずとし》が、表音主義に基づき、漢字を排除した日本語を創るべきだと文部省に積極的に働きかけ、文部省が国語調査委員会を発足させたのは一九〇二年のことである。

もちろん、当時のふつうの日本人は、そのようなことは考えていない。国語調査委員会の提言を受けた文部省がいくら漢字の数を制限しようとしても、漢文圏の一部であったという伝統は人々のあいだで根強く残り、漢字は自由に巷で流通し続けた。文明開化のおかげで、教育もさらに広く行きわたり、本もさらに広く流通し、漢文調のみならず、漢文そのもののリバイバルさえあったぐらいである。また、森鷗外のような識者は、識者としての立場から、文部省の唱える漢字排除論に反対した。それなのに、文部省は「仮名文字論者」「羅馬字論者」「新国字論者」などの表音主義者を招集し続け、日本語を「改良」するにあたって、徐々に漢字の数を制限してゆき、最終的にはまったく漢字を使わない〈書き言葉〉にするのを理念として掲げ続けたのであった。事実、森有礼は、英語採用論は放棄したが、ローマ字論者であり続けた。すなわち、もし文部省の理念が実現していたら、日本は西洋列強の植民地となる運命を逃れたにもかかわらず、漢字を排除した〈書き言葉〉を使うことになっていたかもしれないのである。

幸い——と私は思うが、幸い、そのような理念は実現しなかった。

その鍵は、ここでも翻訳という行為にある。

漢字排除論という理念が実現しなかったのは、そもそもそのような理念がうち立てられるまえに、西洋語から日本語への翻訳が必要とされたからである。そして、翻訳が必要とされたのは、まさに、日本が西洋列強の植民地にならずに済んだという事実のおかげだったのである。文部省がいくら漢字排除論を理念として掲げようと——いくら、日本語を「改良」し、新しい日本語を創ろうとしようと、真に新しい日本語は、もっと緊急な課題からすでに生まれつつあった。もっと緊急な課題とは、いうまでもなく、どうしたら、日本が独立国家でい続けられるかという課題である。実際、明治維新があったといっても、西洋列強の目から見れば、脆い極東の国で政権交代があったというだけに過ぎない。うかうかしていれば、さらに不利な不平等条約を結ばされる可能性はもちろん、租借地を作られたり、ことによると分割されたりする可能性はまだまだ目の前にあった。

そのような運命を逃れる道は一つ。

それは、西洋語という新たに登場した〈普遍語〉に蓄積された知識や技術や叡智を、いち早く、日本の言葉に置き換えて移すことにあったのである。すなわち、西洋語を日本の言葉に翻訳することにあったのである。日本という国にとっては、現に巷で流通している日本語を駆使して、西洋語を翻訳することが先決問題だったのであった。

西洋語から日本語にもっとも早く翻訳された本の一つが、『万国公法』という、アメリカ人の法学者ヘンリー・ウィートンが書いた国際法の紹介本であったという事実ほど、明治維新前後、日本が置かれた緊迫した状況を彷彿させることはないであろう。しかも、英語をできる人間もおらず、『万国公法』の最初の日本語訳は、漢語訳から重訳したのである。日本は、不平等条約を解消するためには、まずは外交というゲームの規則を知らねばならなかった。だが、外交というゲームの規則を知っただけで西洋が不平等条約を解消してくれるわけではない。日本は、さらに、近代的な軍隊も組織しなくてはならなかった。近代的な教育を進め、艦船から鉄砲、鉄道から水道、印刷機から紙幣にいたるまで自前でつくれるようにならなくてはならなかった。要するに、西洋の知識や技術をなんでもかんでも緊急に日本語に翻訳して自分のものにせねばならなかったのである。

そのとき、翻訳という行為に携わったのは、漢文訓読体になじんでいた二重言語者である。日本にはすでに千数百年にわたり、漢文訓読体で〈普遍語〉を翻訳してきた伝統があった。その伝統をひきついだ二重言語者は、当然のこととして西洋語を翻訳するにあたって漢字を生かし、漢文訓読体を基にした「漢字かな交じり文」を使う。しかも、西洋語を翻訳するのに漢字という表意文字ほど便利なものはなかった。漢字は概念を表す抽象性、さらには無限の造語力をもつ。表音文字主義者を集め、いかに日本語から漢字を排除できるかを模索していた文部省だが、その文部省でさえ、たとえば義務教育とは何かを理解するためには、漢字を使っての翻訳に頼らざるをえなかったのである。日本語から漢字を排除したいというのは、理念的な目的でしかなかった。それにひきかえ、西洋語を日本語に翻訳して理解するのは、独立国日本の存亡をかけた急務であった。

どのような〈書き言葉〉を理想とするか——それは西洋から輸入された言語観を真に受けた文部省が問うた問いであった。

どのような〈書き言葉〉が〈普遍語〉からの翻訳をもっとも容易にできるか——それは西洋の支配をのがれるため日本という国が自らの存亡をかけてまず初めに問わねばならなかった問いであった。

この二つの問いのうち、〈国語〉が生まれてくる条件を作ったのが後者であったのは、理論的にいっても必然であった。〈国語〉というのは、〈普遍語〉からの翻訳という行為によって生まれるものだからである。

しかも——ここが人間のおもしろいところだが——翻訳という行為の根底には別のものがある。翻訳という行為は、日本が独立国家でいられるようにという目的が要求したものではあったが、当時、二重言語者を動かしたのはそのような目的だけではない。翻訳という行為の根底には、常に、もっと知りたいという人間の欲望——何とか〈普遍語〉の〈図書館〉に出入りしたいという人間の欲望がある。そのような欲望は、国家の存亡を憂える気持とも独立し、人間が人間であるがゆえに人々が宿命的にもつものである。当時の日本でも、もっと知りたい、何とか〈普遍語〉の〈図書館〉に出入りしたいという人々の欲望があり、そのような人々が翻訳にたずさわることによって、日本語という〈自分たちの言葉〉が〈国語〉という高みへと到達しえたのであった。

『翻訳と日本の近代』という一九九八年発行の岩波新書がある（注十七）。加藤周一が丸山真男に質問するという形で、知的巨匠とでもいうべき二人が、近代日本の翻訳にかんする問答をし、それを記録した本である。加藤周一の、「いや、それにしても、明治初期に、すでに翻訳された本が多かったのですね……」という驚きから、何がどう訳されたかという話に続き、やがて国家事業としての翻訳の話になる。興味深いのは、国家の存亡に直接関係のないものまで、国家事業の一環として続々と翻訳されていったという事実である。丸山真男はいう。「兵制とか富国強兵に関わるものならともかく、歴史書も含めて、直接役に立つわけではない本を、太政官・元老院・左院等の権力体がみずからのイニシアティブによって翻訳している、それ自身が驚くべきことです。太政官の翻訳局とか元老院、それに各省が続きますね。大蔵省・文部省・陸軍省・司法省……」。日本政府はなんと「科学技術とも関係ない、芸術論の根本である美学について」も訳させたのである。国家そのものの存亡が危うかったときの丸山がいうこの国家の「ふところの深さ」は、当時の混乱にあるだけではない。その根底には、まずは、加藤周一が常に指摘する江戸の高度に洗練された文化がある。近松がいればシェークスピアも意味をなし、世阿弥がいれば「美学」も意味をなす。だが、その根底には、さらに、〈叡智を求める〉という行為に必然的に内在する無目的性そのものがある。くり返すが、〈叡智を求める〉という行為は、究極的には、目的を問わずに、人間が人間であるがゆえの行為にほかならないからである。

当時、西洋語の翻訳家となった人の多くが、何よりもこの世をもっと知りたいと望む、優れて〈叡智を求める人〉であったのは当然であった。かれらは、漢文を読み、漢文の〈図書館〉へ出入りしていた人たちである。その人たちは、西洋語の〈図書館〉へ出入りするのが可能になるにつれ、西洋語の〈図書館〉というものが、いかに人類にとって普遍的な叡智を膨大に蓄積しているのかを、あるときは漠然と、あるときは明確に、理解していったのである。黒船の大砲の音に脅かされて、西洋語を学ばざるをえなかった日本であり日本人だが、それとは別に、優れて〈叡智を求める人〉が、西洋語を学ぶ機会を与えられるや否や、そこに蓄積された叡智の量と質とに圧倒され、ひたすら西洋語へとのめりこんでいく必然性があった。

明治維新前の日本を背景にそのような過程をあますことなく描き出すのが、『福翁自伝』である。福沢諭吉は出世をしたいがためでもなく、金儲けをしたいがためでもなく、ひたすら、自分が知っている以上のことを知りたい、いや、そのとき人類が知っていることすべてを知りたい、さらにはそうすることによって世の権力や俗界を睥睨《へいげい》したいと、〈叡智を求める人〉固有の情熱にかられ、万難を排して西洋語を学ぼうとする。その根底には「門閥制度は親の敵《かたき》で御座る」という有名な言葉にこめられた、江戸幕府に対する怒りがある。そして、その怒りは、江戸幕府の政治に正当性を与えつづける朱子学者たちへの怒り——漢文の〈図書館〉の外へは一歩も出ようとしない儒者たちへの怒りと通じる。だが、『福翁自伝』を読んだとき、何よりも読者を打つのは、諭吉のめちゃくちゃな勉強ぶりである。かれは明治維新なるものがくるかどうかも知らないまま、ひたすら傍若無人に西洋語を勉強する。

読まれた読者もたくさんいるだろうが、あまりにおもしろいので、ここでその勉強ぶりを引用させてもらう。

先に書いたように、福沢諭吉は一八三五年生。父親は豊前中津奥平藩の士族。十三石二人扶持というから、福沢が言う通り、「足軽よりは数等宜《よろ》しいけれども士族中の下級」である。下級武士では門閥制度のなかで屈辱的な思いをするだけだ、早く中津を飛び出たいと思っていたところに、折しも黒船が浦賀に現れて日本を驚かす。これからは砲術を学ばねばならぬ、砲術を学ぶには蘭学を学ばねばならぬと兄にいわれ、「文学でも武芸でも何でも外に出ることが出来さへすれば難有い」と思っていた諭吉は、喜んで中津を飛び出して長崎にいく。

一八五四年、諭吉が満で十九歳のときである。

長崎に着いて、生まれて初めて「ａｂｃ」というローマ字アルファベットを見た諭吉は、驚く。

「是《こ》れが文字とは合点が行かぬ」

そんな時代もあったのである。「二十何字を覚えて仕舞ふにも余程《よほど》手間が掛ったが、学べば進むの道理で、次第々々に蘭語の綴《つゞり》も分るやうになつて来た」。そのあと大阪の蘭学医、緒方洪庵が開く緒方塾で学業を続ける。やがて長兄が死に、そのときは、中津に呼び戻され、福沢家の跡を襲《つ》がされたりもするが、学業を続けたい一心で、母の許しを得て、家財道具一切合切を売り払って旅費を作り、ふたたび、緒方塾へと戻る。その緒方塾で、塾生全員が、書生特有の乱暴と悪戯と無法と貧乏と不潔の中で、親の敵でも討つようにしゃかりきになって蘭学をやっているその姿が何とも凄まじい。

ある時、諭吉が病気になって気がつけば、枕がない。そういえば、過去一年、まともに布団の上で寝たことがなかったのである。

枕がない、どんなに捜してもないと云ふので、不図《ふと》思付いた。是れまで倉屋敷に一年ばかり居たが遂《つひ》ぞ枕をしたことがない、と云ふのは時は何時《なんどき》でも構はぬ、殆んど昼夜の区別はない、日が暮れたからと云て寝やうとも思はず頻《しき》りに書を読んで居る。読書に草臥《くたび》れ眠くなつて来れば、机の上に突臥《つゝぶ》して眠るか、或は床の間の床側《とこぶち》を枕にして眠るか、遂ぞ本当に蒲団を敷いて夜具を掛けて枕をして寝るなどと云ふことは只の一度もしたことがない。其時に始めて自分で気が付て、成程《なるほど》枕はない筈だ、是れまで枕をして寝たことがなかつたからと始めて気が付きました。是れでも大抵趣が分りませう。是れは私一人が別段に勉強生でも何でもない、同窓生は大抵皆そんなもので、凡そ勉強と云ふことに就《つい》ては実に此上に為《し》やうはないと云ふ程に勉強して居ました。

しかもオランダ語の原書というのが塾には十冊しかないから、みな勉強するのにその原書を写すしかない。一冊の本をみなで同時に写す訳にいかないから、順ぐりに写すしかない。当時の日本には和紙と筆しかないから、紙は明礬《みようばん》に浸して滲《にじ》まないようにしたり、ペンは鳥の羽を削ったりして自分で工夫をするしかない。しかもオランダ語を学ぶのに絶対に必要な蘭和の辞書にいたっては、三千枚にわたる貴重な写本が塾にたった一部あるだけである。いつも数人でその回りに寄り合って調べるしかない。試験のあるときなどは辞書の前に列ができる。今からは想像をすることも困難な二重言語者の養成である。

高価な舶来書を師の緒方洪庵が大名から借りてきたときの逸話もおもしろい。緒方洪庵はまず塾長の諭吉を呼んでその書物を見せる。「最新の英書を和蘭《オランダ》に翻訳した物理書で、書中は誠に新らしい事ばかり、就中《なかんづく》エレキトルの事が如何にも詳《つまびらか》に書いてあるやうに見える」。電池の構造法なども書かれており、諭吉は、「新奇とも何とも唯驚くばかりで、一見直《たゞち》に魂を奪はれた」という。こちらにしてみれば、さっと目を通しただけで、何が物理学で新しいのかが、すでに世界的なレベルで理解できたというのが驚異である。諭吉がこの「物理書」をほかの塾生にも見せようと塾にもって帰ると、「塾中の書生は雲霞《うんか》の如く集つて」覗きこもうとしたそうで、ほかの書生も偉いものである。この書を借りていられるのは持主の大名が大阪に滞在する二晩のみ。ただ見ていても意味がないし、千ページもある書を二晩で写すのはかなわない。諭吉は、せめて「エレキトル」のところだけ写そうと、塾生全員を動員することにする。もちろん高価な書をばらばらに分解してしまって手分けして翻訳する訳にはいかない。

毀して手分《てわけ》て遣《や》れば、三十人も五十人も居るから瞬く間に出来て仕舞ふが、それは出来ない。けれども緒方の書生は原書の写本に慣れて妙を得て居るから、一人が原書を読むと一人は之を耳に聞て写すことが出来る。ソコデ一人は読む、一人は写すとして、写す者が少し疲れて筆が鈍つて来ると直《すぐ》に外《ほか》の者が交代して、其疲れた者は朝でも昼でも直《すぐ》に寝ると斯う云ふ仕組にして、昼夜の別なく、飯を喰ふ間も烟草を喫む間も休まず、一寸とも隙《ひま》なしに、凡そ二夜三日の間に、エレキトルの処は申すに及ばず、図も写して読合まで出来て仕舞て、紙数は凡そ百五六十枚（後略）。

ほんとうはもっと写したいのだが、どうにもこうにも時間がない。「是れだけでも写したのは有難い」と思って本に別れを告げるよりほかはない。「愈《いよい》よ今夕《こんせき》、侯の御出立と定まり、私共は其原書を撫《なで》くり廻はし誠に親に暇乞をするやうに別を惜んで還したことがございました」。世界の物理学の最先端を行く書物――まさに人類の叡智が蓄積された書物を、「撫でくり廻はし」て別れを告げざるをえない〈叡智を求める人〉たちの姿。文字、そして書物というものが誕生してから、このような思いを、さまざまな人が、さまざまな時代に、さまざまな地で抱えながらやってきたのであろうというのをしみじみと感じさせる姿である。

なぜそんなにまでして「叡智を求める」のかと問われても、諭吉自身よくわからない。強いて問われれば、知的スノビズムや精神的気位というぐらいの答えしかないのである。

然《しか》らば何の為めに苦学するかと云へば一寸と説明はない。（中略）名を求める気もない。名を求めぬどころか、蘭学書生と云へば世間に悪く云はれるばかりで、既に已《すで》に焼けに成つて居る。唯昼夜苦しんで六ツかしい原書を読んで面白がつて居るやうなもので実に訳けの分らぬ身の有様とは申しながら、一歩を進めて当時の書生の心の底を叩いて見れば、自から楽しみがある。之を一言すれば――西洋日進の書を読むことは日本国中の人に出来ない事だ、自分達の仲間に限つて斯《コン》様な事が出来る、貧乏をしても難渋をしても、粗衣粗食、一見看る影《みかげ》もない貧書生でありながら、智力思想の活溌高尚なることは王侯貴人も眼下に見下《みくだ》すと云ふ気位で、唯六かしければ面白い、苦中有楽《くちゆううらく》、苦即楽と云ふ境遇であつたと思はれる。喩へば此薬は何に利《き》くか知らぬけれども、自分達より外にこんな苦い薬を能く呑む者はなからうと云ふ見識で、病の在る所も問はずに唯苦ければもつと呑で遣ると云ふ位の血気であつたに違ひはない。

それだけ苦労して学んだオランダ語が、役立たずの言葉だったのを知ったときの衝撃はどんなものだっただろうか。

やがて儒学一辺倒だった奥平藩もついに蘭学の必要を感じるようになる。その結果、諭吉は、蘭学の教師として奥平藩の江戸屋敷に招かれることになる。ものごとは急速に進み、翌年には、五国条約が発布され、横浜に西洋人が住みはじめる。

それを聞いた諭吉は、自分のオランダ語を実際に使ってみようと、江戸屋敷からてくてくと脚で歩いて横浜へと赴くのである。「其時の横浜と云ふものは外国人がチラホラ来て居る丈けで、掘立小屋見たやうな家が諸方にチヨイ〳〵出来て、外国人が其処に住《すまつ》て店を出して居る」。しかるに、なんとそれらの外国人にオランダ語が通じない。「一寸《ちよい》とも言葉が通じない。此方《こちら》の云ふことも分らなければ、彼方《あつち》の云ふことも勿論分らない。

店の看板も読めなければ、ビンの貼紙も分らぬ。何を見ても私の知て居る文字と云ふものはない。英語だか仏語だか一向分らない」。諭吉は思いもよらぬ現実に直面し、衝撃のなかに、その脚でそのままてくてくと歩いて江戸まで戻ってくる。「前の晩の十二時から行て其晩の十二時に帰たから、丁度一昼夜歩いて居た訳けだ」。

だが、そのような肉体的な疲労は、精神的な衝撃の前にはどうということもない。

横浜から帰て、私は足の疲れではない、実に落胆して仕舞《しまつ》た。是れは〳〵どうも仕方がない、今まで数年の間死物狂《しにものぐる》ひになつて和蘭の書を読むことを勉強した、其勉強したものが、今は何にもならない、商売人の看板を見ても読むことが出来ない、左りとは誠に詰らぬ事をしたわいと、実に落胆して仕舞た。

驚嘆すべきは諭吉の立ち直りの早さである。

諭吉はそのあとすぐに続ける。「けれども決して落胆して居られる場合でない」。これで諭吉があと数年歳をとっていたら、さすがのかれでも、無理だったかもしれないが、なんとかかれは翌日には立ち直るのである。

彼処《あすこ》に行《おこなわ》れて居る言葉、書いてある文字は、英語か仏語に相違ない。所で今世界に英語の普通に行れて居ると云ふことは予《かね》て知て居る。何でもあれは英語に違ひない、今我国は条約を結んで開けかゝって居る、左すれば此後は英語が必要になるに違ひない、洋学者として英語を知らなければ迚《とて》も何にも通ずることが出来ない、此後は英語を読むより外に仕方がないと、横浜から帰た翌日だ、一度《ひとたび》は落胆したが同時に又新に志を発して、夫れから以来は一切万事英語と覚悟を極めて、扨其《さてその》英語を学ぶと云ふことに就て如何して宜いか取付端《とりつきは》がない。

そこから英語の独学が始まる。英語を知っているという噂のある唯一の人物は、忙しくて教えられない。また、その人も、大して知っている訳でもない。英和や英漢の辞書はもちろんのこと、あってしかるべき英蘭の辞書でさえもなかなか手に入らない。蘭学を一緒に学んできた学友に、こんなわけだから今度は英語をやろうと誘っても、もうあんな苦労をするのは真っ平御免だと、みんな逃げてしまう。ようやく一緒にやってくれるという人物に巡り会い、二人で、長崎で育った子供やら漂流人やらを探し当てたりしながら、手当り次第に英語を学んでいく。学んでいくに従い、英語はオランダ語とそう大して変わらないこと、オランダ語を学んだのが無駄ではなかったことを知るが、当初の諭吉の悲愴な心を思うと悲喜劇である。

翌年の正月に、諭吉は伝手《つて》を頼りにちゃっかりと咸臨丸に乗りこむ。アメリカから戻ったのは五月。日本初の『ウェブスター大辞書』を通訳のジョン万次郎と一冊づつ買って帰ったのは有名である。そのあと自分の塾では、蘭語を教えるのはやめて英語に切り替え、自分もさらに英語を学んでいく。そのうちに、幕府の「外国方」、今で言う外務省に雇われ、政府のために翻訳をするようになる。やがて今度は正式に幕府に雇われてヨーロッパに行ったりと、開国の波に乗って出世していく。ヨーロッパに行ったときも、幕府からもらったかなりのお金を全部英語の本を買って帰るのに使ったというから、徹底している。もちろん諭吉が開いていた塾はのちに慶應義塾となる。

『翻訳と日本の近代』の丸山真男によれば、福沢諭吉が漢字で造語した言葉には、「演説」「賛成」「討論」「版権」などがあるそうだが、今、それらの日本語はあまりにあたりまえになり、使うたびに福沢諭吉を思うことはない。福沢諭吉、西周、箕作麟祥、中江兆民、坪内逍遙——その他数え切れない二重言語者による翻訳を通じて、日本の言葉は、世界と同時性をもって、世界と同じことを考えられる言葉へ変身していったのである。すなわち、〈国語〉へと変身していったのである。

それだけではない。

〈国語〉へと変身していったことによって、日本近代文学——とりわけ、小説を書ける言葉へと転身していったのである。

# 五章　日本近代文学の奇跡

そもそも、小説とはいったい何か？

小説とは、文学のジャンルとして、何を特徴とするものであろうか？

私は小さいころは小説は、寝転がっておせんべいをかじりながら、楽しんで読んできただけである。だが、大人になり、自分でも小説を書き、さらには、日本の来し方を振り返り、そして、乏しい知識でもって世界の歴史を考えるうちに、私なりに達した一つの結論がある。

それは、小説とは、〈国語〉で書かれたものであるにもかかわらず――というよりも、〈国語〉で書かれたものであるがゆえに、優れて〈世界性〉をもつ文学だということにほかならない。

〈国語〉は〈普遍語〉の翻訳から成立した言葉だから、当然〈現地語〉よりも〈世界性〉をもつ。だが、それだけではない。〈国民国家〉の言葉である〈国語〉とは近代の産物であり、近代の技術のみが可能にする「世界を鳥瞰図的に見る」という視点を内在した、真に〈世界性〉をもつ言葉なのである。

〈国民国家〉の国民は、かつてのギリシャ人や中国人のように、自分の国の外には、わけのわからぬ言葉を話し、奇妙な風俗をもった蛮人がいるだけなどとは思っていない。〈国民国家〉の国民は、今、自分の国の外に、たくさんの〈国民国家〉があり、そのたくさんの〈国民国家〉のなかで、さまざまな国民がさまざまな〈国語〉を使いながら、自分と同じように生きているのを知っている。〈国語〉でもって小説を書くとは、世界の人々と同時性をもって生きているという意識のもとで書くことにほかならない。それは、世界の歴史も世界の地図も、同時代の世界の人々と同じように認識しているのを意味する。最新の大きな科学的な発見なども、同時代の世界の人々と同じように追っているのを意味する。世界の古典と言われるものも、同時代の世界の人々と同じように読み、人間はかくあるべきだという概念も、かれらと同じように共有しているのを意味する。

具体的に言えば、今、人が小説を書こうとすれば、地球が太陽の周りを回っているだけでなく、温暖化しているのも知りつつ書かなければならないし、また、その人自身がいかに抑圧的な社会に住んでいようと、「基本的人権」や「個人の自由」という概念の普遍性を、世界の多くの人は信じているのを知りつつ書かなければならない。

のみならず、小説を読むという行為も、そのような〈世界性〉を前提とする。聞いたことも見たこともない〈国語〉の小説であろうと、小説を読み書きするとは、そういうことなのである。数年前、『源氏物語』が紀元前に書かれたと思っているアメリカ人に会って驚いたことがあるが、その人も日本近代文学を読めば、それがいったいいつごろ書かれたものか、世界史との関わり合いのなかでおおよその見当がついたであろう。

前の章では、日本にはやばやと〈国語〉が成立するのを可能にした歴史的な条件をみていった。

一つは、近代以前の日本の〈書き言葉〉が〈現地語〉としては高い位置をしめ、成熟していたこと。

二つには、近代以前の日本にベネディクト・アンダーソンがいう「印刷資本主義」があったこと。

三つには、近代に入って、西洋列強の植民地にならずに済んだこと。

さて、この三つ目の歴史的条件によって初めて可能になったこと——そして、それぬきには、日本近代文学が生まれえなかったことがある。

ほかでもない、日本に、日本語で〈学問〉をすることができる〈大学〉が存在するようになったという事実である。

日本に日本近代文学が存在するようになったこと。それは、日本に、日本語で〈学問〉ができる〈大学〉が存在するようになったという事実ぬきには考えられない。日本近代文学が生まれて大きく花ひらくのに、いかに〈大学〉が大きな役割を果たしたことか。そして、その事実が、時を経るに従い、いかに知らず知らずのうちに隠蔽されてきたことであろうか。

ふたたび、「もし」という仮定形の質問に戻る。もし、日本がアメリカの植民地になっていたら、どうなっていたか？　たぶん、私たちが今知っているような日本の大学は存在しえなかったであろう。植民地政府に選抜された優秀な人材や裕福な家庭の子弟はアメリカの大学に留学することになったであろうし、もし日本に大学が作られたとしても、授業は英語で教えられるようになったであろう。（事実、台湾や朝鮮を植民地化した日本は台湾や朝鮮に日本語の大学を作った。）

ところが、植民地になる運命を逃れた日本は自前で大学を作ることになった。（婦女子の高等教育機関の多くはキリスト教の伝道者によって創立されたが。）西洋の建築をまねた煉瓦造りの建物をあちこちに建て、西洋から革表紙の書物を山のように買いこんだのである。もちろん建物だけ建っても学生を教えられる教師はおらず、そのあとしばらくは、大臣より高い給料で「お雇い外人」を雇っていた。だが、それはその場凌ぎのことでしかない。やがて西洋に留学した日本人が戻ってくると、「お雇い外人」を解雇して、代わりにそれらの日本人を教師として雇っていった。

この「お雇い外人」を解雇して、代わりに日本人の教師を雇っていったという動き。その動きこそ、日本にとっても日本語にとってもこの上なく重要な動きであった。そのとき初めて日本は〈自分たちの言葉〉で〈学問〉ができるようになったのである。日本語が、〈大学〉という公的な場で、その言葉でもって〈学問〉ができる〈国語〉という地位を公的に得たのであった。

〈国民国家〉が成立するときには、まるで魔法のように、その歴史的な過程を一身に象徴する国民作家が現れる。

日本では、漱石がそうである。

イギリスに留学して戻ってきた漱石が、ラフカディオ・ハーンの後任として、東京帝国大学文科で英文学講師という地位を得たのは、まさに、日本の大学において、日本語で学問がなされるようになった過程を象徴するできごとであった。しかも漱石は、日本の大学で日本語で学問ができるようになったことの意味――そして「無意味」――をそのまま象徴する。

なぜなら、日本の大学で日本語で学問ができるようになったとはどういうことか。日本の大学が西洋の大学と同じような意味での学問の府となったということであろうか。もちろんんちがう。日本語で学問ができるようになったということは、何よりもまず、日本の大学が、大きな翻訳機関、そして翻訳者養成所として機能するようになったことを意味したのであった。近代日本を特徴づける知識人——西洋語で読み、しかしながら、西洋語では書かずに日本語という〈国語〉で書く知識人。日本語で学問ができるようになったとは、日本の大学が、近代日本を特徴づけるそのような知識人を、世に大量に送り出していくようになったのを、何よりもまず意味した。

明治から第二次世界大戦前までは、まだ西洋の主要な三つの〈国語〉が〈普遍語〉として流通していたころである。日本の旧制高等学校や大学の主な役割は、英語、フランス語、ドイツ語という〈三大国語〉を教え、二重言語者を翻訳者として育てることにあった。日本近代文学のあちこちに、貧乏青年がお金のために、一枚、二枚と、青いインク染みを指に、徹夜して翻訳の仕事をこなす痩せ姿がいかに頻繁に出てくることか。あるいは、今や急速に死に絶えつつある元旧制高等学校生だった男たちの会話。「キミも英語だったのか」「いや、僕はフランス語だった」「そうか、そしたらアイツはドイツ語かな」。このような会話は、いかに日本の大学が〈三大国語〉を教えるのを中心に成り立ってきたかを物語るものである。

そして、重要なのは——世界的にみても重要なのは、このような非西洋の二重言語者である日本人が、西洋語という〈普遍語〉をよく読みながらも、〈普遍語〉では書かず、日本語という〈国語〉で書いたという点にある。それによって、かれらは翻訳を通じて新しい〈自分たちの言葉〉としての日本語を生んでいった。そして、その新しい日本語こそが〈国語〉——同時代の世界の人々と同じ認識を共有して読み書きする、〈世界性〉をもった〈国語〉へとなっていったのであった。

そしてその〈国語〉こそが、日本近代文学を可能にしたのであった。

明治の時代に、大学へ行き、西洋語に親しんだ人たちが読み書きした〈国語〉。それは、巷で流通している日本の〈書き言葉〉とは、どこか異質なものであったであろう。思うに大正時代に入ってからも、かれらの読み書きする〈国語〉は、巷の人にとっては、どこかバタ臭い匂いのする言葉、箸の代わりにナイフ、フォークで食事でもしているような言葉、疎外感の対象にもなれば憧憬の対象にもなる言葉だったのではないだろうか。新聞が文語体から言文一致体に変わったのは大正八、九年のことで、その動き自体啓蒙的な意図をもつものであった。そのような〈国語〉が義務教育、そしてまさに新聞や雑誌を通じ、百姓や工員やタバコ屋の娘など、大学とは無縁の生活を送る人々にとって真にあたりまえのものとなったのは、昭和も大分入ったころからではないだろうか。

貧乏と女——しかも、女でも、ことに娼婦の類いを知ることが優れた小説家の条件だというのは、一時代前、男の小説家や批評家がよく言ったことである。要するに、小説家は学問の府たる象牙の塔から遠く離れて書くべきだということである。なんという、文学的、あまりに文学的な、思いこみであろうか。なんと〈国民文学〉の神話——〈国民文学〉は国民の魂そのものを表現したものであるという、〈国民文学〉の神話に囚われた思いこみであろうか。そのような思いこみは、すでに「日本語」や「日本近代文学」の存在を自明のものとしているからであり、近代に入ってからの世界の歴史を顧みれば、世間知らずの坊っちゃんの言っていることでしかない。日本に近代文学があるのを可能にした条件は日本に〈国語〉があったことにあり、日本に〈国語〉があるのを可能にした条件は日本に大学があったことにあり、日本に大学があるのを可能にした条件は、まさに日本が西洋列強の植民地になる運命を免れたことにあった。

第三章にも出てきたダニエル・デフォー。小説の先駆者の一人とされるイギリス人で十八世紀初頭に書いた。当時、〈普遍語〉のひとつである英語で書いていたかれは、小説の先駆者の一人となるために、オックスフォード大学やケンブリッジ大学を出ている必要はなかった。だが、非西洋圏にある日本での事情はまったくちがう。日本近代文学の黎明期の作家を思い浮かべたとき、日本の最高学府である東京帝国大学に在籍した人の数は、凄まじい。凄まじいを通り越して、異様である。東京大学予備門も含めると、漱石、鷗外はもちろんのこと、十九世紀に生まれた作家の名を挙げれば、坪内逍遙、正岡子規、山田美妙、尾崎紅葉、上田敏、小山内薫、鈴木三重吉、斎藤茂吉、志賀直哉、武者小路実篤、中勘助、木下杢太郎、谷崎潤一郎、山本有三、内田百閒、岸田国士、久米正雄、芥川龍之介、大佛次郎、川端康成等々、切りがない。さらに、慶應義塾大学には三田文学、早稲田大学には早稲田文学、学習院には白樺派文学がある。日本ではいかに翻訳者養成所である大学を中心に近代文学が発展していったかを物語るものである。

そもそも、日本初の近代小説だとされる『浮雲』を書いたのは、東京外国語学校で授業のすべてをロシア語で受け、ロシア人教師の朗読を通じてロシア文学をものにしていったという二葉亭四迷である。そして、明治初期、文学の翻訳といえば、日本の読者向けに原文を自在に変えた「翻案」しかなかったところに、ツルゲーネフの『あひゞき』の翻訳を著し、初めて文学の翻訳たるものの意味——それが、一語一句正確に訳し、かつ感動を与えねばならないのを世に知らしめたのも、その二葉亭四迷である。日本初の近代小説を書いた人物が、日本初の小説の翻訳家であったのは、偶然であるよりも必然であった。

しかも、もし〈文学〉が〈学問〉を超越するものだとしたら、それは、日本のような非西洋の国において、まさに、どの西洋の国においてよりも、そうなってしかるべきであった。

仏教学や漢学や国文学などの伝統的な学問は例外である。また、数学、物理学、化学、工学、医学などの自然科学は別である。だが、そのほかの学問はすべて西洋語と切り離せない「洋学」である。そこには知らず知らずのうちに、西洋の在り方に人類の普遍的な在り方を見いだすという、西洋中心主義が入りこんでいる。しかも、たとえもし学問が、そのような西洋中心主義から逃れていたところで、日本語という非西洋語でそのような学問をするには、二つの困難が常につきまとう。

一つには、いくらはりきって大著述を世に出そうと、日本語で学問を行う限りにおいては、〈読まれるべき言葉〉の連鎖には入ることはできず、翻訳者＝紹介者の域に留まらざるをえないということである。二つには、その日本語が西洋語の翻訳をもとにした日本語である限りにおいては、ほんとうの意味で日本の〈現実〉――過去を引きずったままの日本の〈現実〉を対象化し把握することが難しいということである。日本語で学問をするとは、翻訳者＝紹介者の域に留まらざるをえないということであり、同時に、日本の〈現実〉を真に理解する言葉をもてないということであった。

それが、非西洋国において非西洋語で学問をするときに直面せざるをえない二重苦である。

だが、その二重苦は、今から思えば、日本近代文学に思いもよらぬ恵みをもたらした。〈国語の祝祭〉の時代とは〈文学の言葉〉と〈学問の言葉〉が同じように〈自分たちの言葉〉でなされる時代だというだけではない。〈国語の祝祭〉の時代とは〈文学の言葉〉が〈学問の言葉〉を超越する時代である。非西洋国の日本においては、まさに、非西洋語で学問をすることからくる二重苦ゆえに、〈文学の言葉〉が〈学問の言葉〉を超越する必然が、西洋とは比較にならない強さで存在した。〈国語の祝祭〉の時代は、より大いなるものとならざるをえなかった。日本においては〈文学の言葉〉こそ、美的な重荷のみならず、知的な重荷と倫理的な重荷をも負う言葉として、はるかに強い輝きを放った〈国語〉たる運命にあったのだった。

そして、その強い輝きを放った〈国語〉は、小説から生まれ、小説を生んだ。

この本の冒頭に出てくる『三四郎』。

『三四郎』は、実は、〈大学〉を舞台にすることによって、日本で〈学問〉をする困難をあますことなく描いた小説である。別の言い方をすれば、『三四郎』は、「西洋の衝撃」を受けた当時の日本の〈現実〉を、まさに〈学問の言葉〉を使わず、〈文学の言葉〉を使うことによって、どんな〈学問〉にも代えがたく理解させてくれる小説なのである。しかも、〈世界的〉な視野をもって、当時の日本の〈現実〉を理解させてくれる。

『三四郎』は、今からちょうど百年前の一九〇八年、東京朝日新聞に連載された。世慣れぬ青年が、熊本から上京して大学へ行き、田舎では見たこともない都会人と交わり、女に淡い恋をし、振られ、おろおろするうちにいつしか少しは成長するという、一種の教養小説である。私がもっとも好きな漱石の小説の一つで、ことに出だしの三四郎が上京するまでの汽車の場面は息もつかせぬおもしろさである。優れた小説というものは、末長く読者の心を捉え、この平成の世でも、自分を三四郎に重ね、あたかも、自分のことが書かれているように思う学生はたくさんいるにちがいない。ことに田舎から東京へと上京してきた学生にはたくさんいるにちがいない。田舎の方が大きなショッピング・モールが建ち、立派な家が並び、広い道路が通る今日このごろではあるが、東京の凄まじい都会の喧騒は田舎にはない。

自分を主人公に重ねて小説を読むというのは、ごく自然な小説の読み方である。漱石も読者がそう読んでくれるよう工夫して書いたのにちがいない。だが、『三四郎』が百年前に書かれたという歴史を意識すると、また別のことが見えてくる。

たとえば、まさに東京行きの汽車の場面。

前の晩、断る勇気がなかったがために、名古屋で汽車を一緒に降りた女とずるずると同じ宿に泊まり、わけがわからぬうちに、なんと女と同じ蒲団で寝ることに相成ってしまった三四郎である。理由にならない理由をつけ、横たわった女と自分とのあいだにくるくるとタオルを巻いて敷き、体を硬直させてまんじりともせずに一夜をすごした。そして、そのあげくに、翌日、別れ際になって、女に、「あなたは余つ程度胸のない方ですね」と冷笑されてしまった。

今、三四郎は、名古屋からの汽車で我が身に降りかかった災難の「御浚《おさらひ》」をしているところである。

女の冷笑がよみがえる。

「親でもあゝ旨く言ひ中《あ》てるものではない」

どう考えても意気消沈してしかたがない。かれは気を変えて、自分の前に開ける明るい未来を想像することにする。

「是から東京に行く。大学に這入る。有名な学者に接触する。趣味品性の具つた学生と交際する。図書館で研究をする。著作をやる。世間で喝采する。母が嬉《うれ》しがる。と云ふ様な未来をだらしなく考へ」たりするのである。

そして、その間ずっと三四郎の膝の上に広げてあるのが、「ベーコンの論文集」である。

さて、この「ベーコンの論文集」はいったい何語で書かれたものだろうか。

地の文のどこにもはっきり示されておらず、若い読者で、ひたすら自分を主人公に重ねて読んでいる読者は、日本語に訳された本を漫然と目の前に浮かべるかもしれない。だが、三四郎の膝の上にのっているのが、実は英語の本なのはほとんど疑いない。『三四郎』という小説は、なによりもまず、西洋語を日常的に読んでいた当時の二重言語者たちの話だからである。

三四郎は東京帝国大学文科の英文学生である。かれはいつも西洋語を読んでいる——読もうとしている。「手紙を書いて、英語の本を六七頁読んだら厭になつた。こんな本を一冊位読んでも駄目だと思ひ出した」。高等学校の英語教師だという広田先生も、いつも西洋語を読んでいる。「縁側には主人が洋服を着て腰を掛けて、相変らず哲学を吹いてゐる。是《これ》は西洋の雑誌を手にしてゐた」。三四郎と同郷で数年先輩だという物理学者の野々宮君も、いつも西洋語を読んでいる。「野々宮君は此縁側に椅子を持ち出して、それへ腰を掛けて西洋の雑誌を読んでゐた」。

もちろん大学の図書館も洋書ばかりである。「梯子を掛けなければ、手の届きかねる迄《まで》高く積み重ねた書物がある。手擢れ、指の垢、で黒くなつてゐる。金文字で光つてゐる。羊皮、牛皮、二百年前の紙、それから凡《すべ》ての上に積つた塵がある。此塵は二三十年かゝつて漸く積つた貴《たつと》い塵である」。『三四郎』が書かれた一九〇八年には、東京大学が設立されたのが、一八七七年。東京開成学校と東京医学校が合併し、東京帝国大学が設立されてからすでに三十年たっている。右にある「金文字で光つてゐる」書物、「貴い塵」を載せた書物は、その三十年のあいだに、大学が懸命に集めた洋書である。

そして、その大学が懸命に集めた洋書を、三四郎が呆れるほどみなが懸命に読んできている。

三四郎が驚いたのは、どんな本を借ても、屹度《きつと》誰か一度は眼を通して居ると云ふ事実を発見した時であつた。それは書中此処彼処《こゝかしこ》に見える鉛筆の痕で慥《たし》かである。ある時三四郎は念の為め、アフラ、ベーンと云ふ作家の小説を借りて見た。開ける迄《まで》は、よもやと思つたが、見ると矢張り鉛筆で丁寧にしるしが付けてあつた。此時三四郎はこれは到底《たうてい》遣《や》り切れないと思つた。

三四郎が恋心を抱くようになる美禰子も、いわゆる「新しい女」だから、女だてらに西洋語を読む。

美禰子と最初に親しくなるのは、広田先生の引越しを手伝うときだが、その中心には、若い二人が広田先生の洋書を整理する場面がある。「車力《しやりき》の卸《おろ》した書物が一杯積んである」。これらの洋書を二人で整理しながら棚に入れるときに三四郎が発見するのが、なんと女の美禰子も西洋語を読むということである。「『どら、拝見』と美禰子が顔を寄て来る。『ヒストリー、オフ、インテレクチユアル、デヱロツプメント』」。やがて二人で頭を寄せ合って洋書の画帖を眺め、あたかも恋人同士のように同時にささやく。「人魚《マーメイド》」「人魚《マーメイド》」。しかも美禰子は「美しい奇麗な発音」をしているという。

広田先生がのちに三四郎に貸してくれる「ハイドリオタフヒア」というわけのわからぬタイトルの本も、むろん洋書である。

「ハイドリオタフヒア」

「何の事か僕にも分らない。兎に角希臘《ギリシヤ》語らしいね」
「何の事ですか」

とりわけ西洋語の書物に詳しいのは広田先生である。

広田先生は、洋行をしたこともないのに、誰よりもよく西洋のことを知っている。誰よりもよく西洋語を読んでいるからである。レオナルド・ダ・ヴィンチが、桃の幹に砒石を注射し、実に毒が回るかどうか実験したという珍しい話を三四郎に聞かせてくれるのも、広田先生である。図書館にあるアフラ・ベーンを読んだ人のうちの、少なくとも一人は、広田先生である。そのアフラ・ベーンが、イギリスで初めて職業小説家となった閨秀作家であること、さらに、彼女の作品をのちに脚本化したサザーンという人物がいることまで教えてくれるのも、広田先生である。また、ギリシャ劇場の構造、および、「Theatron《テアトロン》, Orchêstra《オルケストラ》, Skênê《スケーネ》, Proskênion《プロスケニオン》」などのギリシャ語を説明してくれ、あるドイツ人の説によると、「亜典《アテン》の劇場は一万七千人を容れる席があつた」ということ、それは小さいほうで、「尤《もつと》も大きいのは、五万人を容れた」ということ、さらに「入場券は象牙と鉛と二通り」あり、「一日丈《だけ》の小芝居は十二銭で、三日続の大芝居は三十五銭」だったなどということまで教えてくれるのも広田先生である。このように何でも知っている広田先生は、よくいえば、優れて〈叡智を求める人〉である。だが、悪く言えば、雑学のかたまりである。

実は、『三四郎』という淡い恋愛がらみの教養小説には隠れた一つの主題がある。それは、なぜ、広田先生のような〈叡智を求める人〉が、雑学のかたまりでしかないかを問うことにある。ふつう、雑学のかたまりといえば、物をまとめることができない頭、大きなことを考えられない頭を想像させる。ところが、広田先生はその反対に、まさに希有な〈世界性〉をもって、日本の現状を理解している人物として『三四郎』に登場するのである。

三四郎が広田先生に初めて会うのは、『三四郎』の出だし、名古屋から上京する汽車で偶然同車した場面である。

三四郎は広田先生のことを、髭を生やした風采の上がらない男、四十歳にはなっているだろうに三等に乗っている男、「大きな未来を控へてゐる自分から見ると、何だか下らなく感ぜられる」男だと思っている。ところがその男の口をついて出てくる言葉は三四郎が聞いたことがない類いの言葉である。いわく、日本は日露戦争に勝ち、日本人は日本のことを「一等国」になったと思っている。だが、実際は日本など憐れなものである。天然自然が拵えた富士山しか自慢するものがない等々。広田先生の見解は〈世界性〉をもった見解である。だが、熊本から出てきたばかりの三四郎は仰天する。「三四郎は日露戦争以後こんな人間に出逢ふとは思ひも寄らなかつた。どうも日本人ぢやない様な気がする」。

三四郎は少し反発する。

すでに引用した部分の先まで続けると、

「然《しか》し是からは日本も段々発展するでせう」と弁護した。すると、かの男は、すましたもので、

「亡びるね」と云つた。――熊本でこんなことを口に出せば、すぐ擲《な》ぐられる。わるくすると国賊取扱にされる。三四郎は頭の中の何処の隅にも斯う云ふ思想を入れる余裕はない様な空気の裡で生長した。だからことによると自分の年齢《とし》の若いのに乗じて、他《ひと》を愚弄するのではなからうかとも考へた。男は例の如くにや〳〵笑つてゐる。其癖《そのくせ》言葉つきはどこ迄も落付いてゐる。どうも見当が付かないから、相手になるのを已《や》めて黙つて仕舞つた。すると男が、かう云つた。

「熊本より東京は広い。東京より日本は広い。日本より……」で一寸切つたが、三四郎の顔を見ると耳を傾けてゐる。

「日本より頭の中の方が広いでせう」と云つた。「囚はれちや駄目だ。いくら日本の為を思つたつて贔屓《ひいき》の引倒しになる許《ばかり》だ」

此言葉を聞いた時、三四郎は真実に熊本を出た様な心持がした。同時に熊本に居

た時の自分は非常に卑怯であつたと悟つた。

「日本より頭の中の方が広いでせう」

日本より「広い」頭の中――それを、可能にするものが、〈普遍語〉を翻訳するうちに成立した〈国語〉での思考である。三四郎は、熊本から上京する途中で、〈国語〉に初めて出会う。国民国家を超越し、批判できるものとしての〈国語〉、〈世界性〉をもった言葉としての〈国語〉が、人の口から出てくるのに、まさに生まれて初めて出会うのである。まだ世の中を知らない三四郎は、そのときは広田先生の価値がよくわからない。「髭の男は分れる時迄名前を明かさなかつた。三四郎は東京へ着きさへすれば、此位の男は到る処に居るものと信じて、別に姓名を尋ね様ともしなかつた」という文章で第一章は終わる。いうまでもなく、広田先生のような「広い」頭をもった男は、東京にも、そうはいないということである。

広田先生がそのような〈国語〉を話す人物として登場するのは、かれが西洋語を常に読み、頭の中でその西洋語を日本語に翻訳して考えるのが日常となっているからにほかならない。

そう思って『三四郎』を読み返せば、翻訳というテーマは、『三四郎』全体を貫く。たとえば、東京で再会した三四郎に広田先生は訊く。「君、不二山を翻訳して見た事がありますか」。広田先生の引越しの場面には、「Pity's akin to love《ピチーズ アキン ツー ラッヴ》」という句をどう翻訳するかを問題にする有名な個所がある。与次郎が「可哀想だた惚れたつて事よ」と俗に訳すと、先生は「不可《いか》ん、不可ん、下劣の極だ」と苦い顔をするが、野々宮さんは「成程《なるほど》旨い訳だ」と感心したりする。先生にかぶれた三四郎は、一人になったとき、「美しい女性《によしやう》を翻訳すると色々になる」などと一人ごちながら、美禰子のことを考える。美禰子は美禰子で、「迷子の英訳を知つて入らしつて」と謎のような問いを三四郎に問いかけたりする。

くり返すが、日本における〈大学〉とは、大きな翻訳機関＝翻訳者養成所として、日本語を〈国語〉という、その言葉で〈学問〉ができる言葉に仕立て上げていった場所である。大学を舞台にした『三四郎』という小説で、翻訳という言葉が頻繁に出てくるのに不思議はない。だが、『三四郎』は、広田先生という登場人物を通じて、もう一歩踏みこんだ問いを発する。果たして、翻訳語としての日本語で学問をするとは、どういう意味をもつのか。日本語で学問をするのは、本当に可能なのか？　三四郎は、名古屋からの列車の中で、「図書館で研究をする。著作をやる。世間で喝采する。母が嬉しがる。と云ふ様な未来をだらしなく考へ」る。だが、「図書館で研究」したあと、かれはどのような形で「著作をやる」のか？　かれが日本語で書いて、「世間で喝采する」とは、いったいどのような意味をもつのか？　そのような問いが、広田先生が、〈世界性〉をもった人物として登場しながら、雑学のかたまりでしかないということと、深くかかわっているのである。

広田先生を「偉大なる暗闇」とよぶのは、先生の食客で、小説のなかで狂言回しのような役割を演じる、与次郎である。広田先生を特徴づけるのは、西洋語を誰よりも読んでいるということだけではない。西洋語を誰よりも読んでいるのに、何も書かないということである。広田先生は世の叡智の光をことごとく呑みこむだけで、自らは何の光も発しない。与次郎が「偉大なる暗闇」とよぶ所以である。広田先生はいつも煙草を吸い、与次郎いわくの「哲学の烟《けむり》」を吐いているだけである。かれには一冊の著述もない。時々論文のようなものを書いているが、誰にも受けない。そして、「十年一日の如」く第一高等学校の英語教師という地位に甘んじている。

与次郎はそんな先生に大いに同情し、裏で運動をし、なんとか先生を東京帝国大学の英文学の講師にしたいと思っている。かれは「偉大なる暗闇」という題を冠した長い駄文を雑誌に発表し、先生をもちあげる。「大学文科の西洋人を手痛く罵倒」して、日本人の教師を雇うべきであると主張し、「人がなければ仕方がないが、こゝに広田先生がある」と結論づける。かれは学生を前に演説をぶったりもする。「どうしても新時代の青年を満足させる様な人間を引張て来なくつちや。西洋人ぢや駄目だ。第一幅が利《き》かない」。与次郎の奔走は結局実を結ばず、教師の口は、日本人で、「近き過去に於て、海外留学の命を受けた事のある秀才」――すなわち、まさに漱石のような男へといってしまう。その男が「大分運動をしてゐると云ふ話」を与次郎が聞いたというのは、漱石一流のユーモアであろう。この話は、狂言回しの与次郎がつまらぬ就職運動を繰り広げ、周囲を掻き乱し、広田先生のみならず、ついには三四郎にまでも迷惑をかけるというコミカルな逸話として挿入されている。だが、その背後にある歴史的意味は、軽いものではない。与次郎当人に深い考えはなくとも、かれの就職運動は、日本人が西洋人に代わって東京帝国大学の講師になり、日本語が、その言葉で学問ができる〈国語〉へとなっていったその過程の一環にほかならないからである。

ところが、広田先生自身は、与次郎の奔走が失敗に終わり、「十年一日の如」く第一高等学校の英語教師という地位に甘んじ続けねばならないのを少しも不足に思っていない。なぜなら、かれには、東京帝国大学の英文学の講師になるということの、その意味の限界が見えているからである。実際、日本語で学問したところで、いったいどのような形で真に学問ができるというのか。日本人が〈自分たちの言葉〉で学問をしたとして、その〈自分たちの言葉〉が日本語である限り、いったいどのような形で、翻訳者＝紹介者以上の存在になることができるのか。日本人が日本語で書いて、いったいどのような形で、世界の〈読まれるべき言葉〉の連鎖の中に入りうるのか。

広田先生は、西洋語を誰よりもよく読んでいるのに何も書かないのではなく、西洋語を誰よりもよく読んでいるから何も書かないのである。西洋語を誰よりもよく読んでいるからこそ、学者として、日本語で書いてそれを公にすることの「無意味」を、〈世界性〉をもって、知りすぎているのである。かといって、西洋語で書くには、西洋はあまりに遠い。しかも、万が一、万難を乗り越え西洋語で書いたところで、当時の西洋の学者の誰が日本人の書いた学問＝洋学の書を読むであろうか。広田先生が専門とするのは、よりによって、英文学である。当時の西洋の学者のいったい誰が日本人が著した英文学にかんする書などを読むか。西洋人は東洋の叡智を求めて岡倉天心の『茶の本』を読むであろう。西洋人は自分たちの宗教の正しさの証しを求めて内村鑑三の『余は如何にして基督信徒となりし乎』を読むであろう。だが、どう発音したらよいか見当もつかぬ名をした極東の人間が著した英文学についての著述——そんなものは、誰も読まない。誰も出版しない。

与次郎は広田先生のことをこぼす。

うちの先生は時々何か書いてゐる。然し何を書いてゐるんだか、他の者が読んでも些《ちつ》とも分らない。生きてゐるうちに、大著述にでも纏《まと》められゝば結構だが、あれで死んで仕舞つちやあ、反古《ほご》が積《たま》る許《ばかり》だ。実に詰らない。

東京帝国大学の英文学の講師になったところで、学問＝洋学の翻訳者＝紹介者に留まるしかないのなら、「十年一日の如」く英語を教え、翻訳者を養成しているだけの方が安気である。

その広田先生の対極にある登場人物がいる。同じ学者でも、物理学者の野々宮君である。野々宮君も広田先生と同じように超俗した人間である。やはり「十年一日の如」く穴倉のような実験室にとじこもって、望遠鏡をのぞき、光線の圧力を研究している。広田先生と同じように、身なりに構わず、安月給に甘んじている。広田先生と同じように周りの人に知られていない。だが、広田先生とちがって、野々宮君は、周りの人には知られていなくとも、同じような研究をする外国の物理学者には知られている。「其道の人なら、西洋人でもみんな野々宮君の名を知つてゐる」。「野々宮さんは外国ぢや光つてる」。科学者の野々宮君は、西洋語で読み、西洋語で書いて発表することができる。西洋語で書いて発表するといっても、限りなく数学的言語に近い言葉で済むからである。すなわち、野々宮君は学問の連鎖の中に入ることができるのである。だからこそ、かれは世俗的ではないにもかかわらず、世界の学問の動きには敏感である。「近頃の学問は非常な勢ひで動いてゐるので、少し油断すると、すぐ取残されて仕舞ふ」。

文学者である広田先生と、科学者である野々宮君とのちがいを、三四郎は敏感に感じ取る。三四郎は広田先生の前に出ると呑気になる。

此人の前に出ると呑気になる。世の中の競争が余り苦にならない。野々宮さんも広田先生と同じく世外の趣はあるが、世外の功名心の為めに、流俗の嗜欲を遠ざけてゐるかの様に思はれる。だから野々宮さんを相手に二人限で話してゐると、自分も早く一人前の仕事をして、学海に貢献しなくては済まない様な気が起る。焦慮《いらつ》いて堪らない。そこへ行くと広田先生は太平である。先生は高等学校でたゞ語学を教へる丈で、外に何の芸もない――と云つては失礼だが、外に何等の研究も公けにしない。しかも泰然と取り澄ましてゐる。其処に、此暢気《のんき》の源は伏在してゐるのだらうと思ふ。

広田先生が、「偉大なる暗闇」である――あるいは、雑学のかたまりでしかないというのは、日本語で学問＝洋学をすることの、世界のなかでの「無意味」によって、構造的に強いられたものなのである。三四郎が感心する広田先生の「呑気」や「太平」や「泰然」。それは、広田先生がもって生まれた資質と切り離せなくとも、そのような資質だけに還元できるものではない。それは、近代という歴史の力関係によって、構造的に強いられたものでもある。

しかるに、すべての人間が、そのような「呑気」や「太平」や「泰然」のなかに、

「哲学の煙」を吐きながら毎日を平穏に送ることができる資質をもって生まれたわけではない。

漱石自身、そのような資質をもった人物を尊び、自分もそうでありたいと思い、また、しばしば、そのような崇高な時間を生きたであろう。だが、漱石は広田先生ではない。かれはラフカディオ・ハーンに代わって東京帝国大学で英文科の講師となるのを引き受けた。そして、日本語で学問＝洋学をしながらも、翻訳者＝紹介者に留まらずに済む唯一の道を探ろうとした。東京帝国大学と第一高等学校とで英語を教えることになった漱石は、まことに正確に、しかも、漱石独特の諧謔をもって、自分のことを「洋学の隊長」と呼んだが、なんとか「洋学の隊長」に留まらずに済む唯一の道を探ろうとしたのである。

その結果が講義録として残った『文学論』である。

『文学論』とは、一言でいえば、英文学という西洋の文学を地球の裏側に住む日本人にとっても意義あるものにしようとした試みである。

『三四郎』には英文学を教える西洋人の教師が出てくる。最初の授業の日、三四郎が厳粛な気持で教室で待っていると、「人品のいゝ御爺さんの西洋人」が入ってきて「流暢な英語で講義を始め」る。三四郎は、その「御爺さんの西洋人」から「answer と云ふ字はアングロ、サクソン語の and-swaru から出た」ことを教わる。また、「スコットの通った小学校の村の名」も教わる。要するに、地球の裏側に住む日本人が知っても知らなくともどうでもいいようなことを教わるのである。

たとえ、日本人の教師が日本語で英文学を教えるようになったところで、そのような「御爺さんの西洋人」が教える内容をくり返しただけでは、日本語で英文学を学問することの意義がない。漱石は、自分が英文学の教師になったとき、たんなる、翻訳者＝紹介者に留まらずに、日本人が日本語で英文学を学問することに意義を与えようとした。英文学を通じて、文学とは何かという、より普遍的な問題を、英文学のみならず、文学そのものの外へといったん出て、限りなく形式的に捉えようとしたのである。そうすることによって、英文学を相対化しようと試みた。そのような試みこそ、英文学を地球の裏側から見ることができる人間の使命だと思ったのである。『文学論』が、「凡そ文学的内容の形式は（F＋f）なることを要す」という驚くべき文章で始まるのは、有名である。

しかるに漱石は『文学論』を終えることはできなかった。自伝的な小説だとされる『道草』には、漱石と同じような人物が、大学の講義のため何やらノートを作っているが、だんだんと書く字が小さくなっていく。「彼のノートは益《ます》〳〵細かくなつて行つた。最初蠅の頭位であつた字が次第に蟻の頭程に縮まつて来た」。のちに漱石は、『文学論』のことを「失敗の亡骸です」（『私の個人主義』）と語っている。

なぜ、漱石は『文学論』を終えられなかったのか。なぜ、漱石はたんなる「失敗」だけでなく、「失敗の亡骸」と、二重に否定せねばならないほど、『文学論』に苦い思いを抱かねばならなかったのか。

たしかなのは、漱石が『文学論』を書くことによって、日本語で〈学問の言葉〉で書くことの限界ともどかしさに直面したであろうことである。たしかなのは、また、当時すでに『吾輩は猫である』などを書き評判となっていた漱石が、日本語で〈文学の言葉〉で書く自由と快楽を味わったであろうことである。自分が書いたものを読みたい読者がいるという、書く人間が感じうる最高の喜びを、どこかで知ったであろうことである。『文学論』の失敗を契機に漱石は大学という場を去り、朝日新聞に入社して一人の小説家として〈文学の言葉〉を書いて食べていくことになる。東京帝国大学の講師という地位を棄てた漱石の動きはドラマティックなものではあったが、実は、近代日本の知識人の典型的な動きを象徴するものでもあった。近代日本においては、優れた人材ほど大学を飛び出して在野で書くという、構造的な必然性があったのである。

学問の府に身をおいても、日本語で書いている限り、〈読まれるべき言葉〉の連鎖に入ることができない。〈学問〉が非西洋に開かれていなかった当時、それはどうにもならない非西洋人の学者の宿命だと諦められる。

だが、漱石を代表とする当時の日本の知識人が大学の外へと飛び出したのには、先にも触れたように、さらにもう一つ別の動機があった。それは、大きな翻訳機関でしかない大学に身をおいていては、自分が生きている日本の〈現実〉を真に理解する言葉をもてないということにほかならない。また、自分が生きている日本の〈現実〉に形を与えてほしい読者の欲望に応えることができないということにほかならない。実際、学問＝洋学の場では、日本とは何か、日本にとっての西洋とは何か、アジアなどというものが果たして存在するのか、そもそも近代とは何かなど、日本人が日本人としてもっとも切実に考えねばならないことを考える言葉がない。「西洋の衝撃」そのものについて考える言葉がない。日本人が日本人としてもっとも考えねばならないことを考えるためには、大学を飛び出し、在野の学者になったり、批評家になったり、さらには、小説家になったりする構造的な必然性があったのである。

自分の〈現実〉――それは、過去を引きずったままの日本の〈現実〉である。いうまでもないが、そのような〈現実〉はたんにモノとしてそこに物理的に存在しているわけではない。人間にとっての〈現実〉は常に言葉を介してしか見えてこないものだからである。西洋語を学んだ当時の日本人にとって、当時の日本の〈現実〉は、西洋語からの翻訳ではどうにも捉えられない何かとして意識され、そうすることによって、初めて見えてきたものであった。

日本人の演じる『ハムレット』を三四郎は見て思う。

此ハムレットは動作が全く軽快で、心持が好い。舞台の上を大に動いて、又大いに動かせる。（中略）

其代り台詞は日本語である。西洋語を日本語に訳した日本語である。口調には抑揚がある。節奏もある。ある所は能弁過ぎると思はれる位流暢《りうちやう》に出る。文章も立派である。それでゐて、気が乗らない。三四郎はハムレットがもう少し日本人じみた事を云つて呉れゝば好いと思つた。御母《おつか》さん、それぢや御父《おとつ》さんに済まないぢやありませんかと云ひさうな所で、急にアポロ抔《など》を引合に出して、呑気に遣つて仕舞ふ。

「御母《おつか》さん、それぢや御父《おとつ》さんに済まないぢやありませんか」という日本語が創り出す日本の〈現実〉。そのような〈現実〉は、「アポロ抔《など》を引合に」出す翻訳語では到底捉えることができないという思いから、日本近代文学は生まれてきたのである。そして、その〈現実〉を捉えようとする〈文学の言葉〉は、〈学問の言葉〉を超えるものとして、日本の中から多くの才能を集めていったのであった。

東京の大学へと向かう三四郎は、「図書館で研究をする。著作をやる。世間で喝采する。母が嬉しがる。と云ふ様な未来をだらしなく考へ」る。それから一年経ち、その三四郎の大学生活の一年目が終わったところで、『三四郎』という小説は終わる。そのあと、いったい三四郎はどうなるのだろう。卒業したあと、大学に残って「著作をやる」のだろうか。それとも、漱石のように、大学を飛び出して「著作をやる」のだろうか。〈国語〉としての日本語で書く一知識人として、かれはのちにどのような運命を辿ることになるのだろうか。

私はこのようなことを考えずに『三四郎』を読むことはできない。

実際、時を経るほど、日本において、いかに日本近代文学が学問を超えるものとしてやってきたかが、はっきりと目に見えるようになっていった。科学者を別としても、優れた日本の学者はいた。かれらは学問の府において日本人としてもっとも切実に考えねばならないことを考えてきた。昔の文献も丁寧に調べ貴重な統計も苦労して集めた。だが、かれらの数は少数でしかなく、多くの日本の学者は、その時代その時代の西洋の学問を学び、翻訳し、紹介するに留まった。新しい思想は海を越えて次々と押し寄せる。かれらは、それが、今までの思想とどう関係しているかを明確にする余裕もないまま、また海を越えて押し寄せてくる新しい思想を学び、翻訳し、紹介せざるをえなかった。その中で、在野の学者や批評家や文学者が、「西洋の衝撃」を受けた日本の〈現実〉を捉えようとしてきた。そして、今も読みたくなるような優れた文章を残していった。

それらの文章には、むろん、急速に失われていったものがあった。ほかでもない、かつての〈普遍語〉であった漢文の伝統である。日本語は西洋語という新しい〈普遍語〉を翻訳するために漢字という文字は残した。だが、その過程において、かつての〈普遍語〉であった漢文の伝統とは急速に袂を分かたねばならなかった。それは、決定的な深い断絶を日本の文学、そして文化に残した。私の世代の日本人は、専門家でもない限り、漢文をまったく読めなくなってしまったからである。

日本語で考えていると見えにくいことがある。

実は、日本語でいう意味の「近代文学」は、日本近代文学の規範となった英文学やフランス文学には存在しない。英文学やフランス文学の歴史は、「古典文学」(classical literature, la littérature classique) と「近代文学」(modern literature, la littérature moderne) とに分かれる。そして「古典文学」とは、昔ギリシャ語とラテン語で書かれた文学を指し、「近代文学」とは、もとは「口語俗語」であり、今は〈国語〉となった言葉で書かれた文学のすべてを指すのである。ということは、十七世紀に書かれた文学でも「近代文学」である。中世期、まだ「出版語」として確立されていない「口語俗語」で書かれた文学は、初期近代 (early modern) とよばれることが多いが、そのあとは、十六世紀文学、十七世紀文学、十八世紀文学、十九世紀文学、二十世紀文学などとなるだけである。「西洋の衝撃」を受けなかった英文学やフランス文学は、「出版語」が確立してからは、まっすぐに通った一本の道を、数百年にわたって、過去から現在、現在から過去へと自在に行き来できる文学であり、ここから先が「近代文学」だという断絶はない。断絶があることによって、「近代文学」という概念が存在するのは、「西洋の衝撃」を受けた非西洋の国々の文学、そのなかでも、かっては別の文学の伝統をもっていた国々の文学においてのことなのである。

「西洋の衝撃」は、非西洋に文学の断絶――究極的には、文化の喪失そのものを強いる。

ふたたび漱石である。

くり返すが、ラフカディオ・ハーンの後任として、東京帝国大学で英文学を教えはじめた漱石は、日本の大学において日本語で学問がなされるようになり、日本語が名実ともに〈国語〉となった過程を象徴する。次にその大学を飛び出し、〈学問の言葉〉を捨てて〈文学の言葉〉で書くのを選んだ漱石は、日本の知識人の典型的な動きを象徴する。だが、また、日本で〈学問の言葉〉を〈文学の言葉〉が超越する必然も象徴する。だが、漱石という作家は、さらにもう一つ近代日本が辿った道のりを象徴する。漱石は、かれの世代の人間としても格別よく漢文を読んだことによって、「西洋の衝撃」によって強いられた、近代日本での漢文の伝統の喪失をも象徴するからである。

小さいころは漢文に親しみ、長じてから英語を学ぶようになったという点において、漱石も福沢諭吉も同じである。だが、漱石より三十年以上前に生まれた諭吉は、日本が開国しなければ西洋の植民地になるという危機感のなかに生きていた。開国に反対を唱える儒者、しかも現に偉そうにしている儒者などは目の敵にするか、軽んじていただけである。日本が開国したら、すでに自分の一部となっていた漢文化の伝統がどうなるかなど、その行く末を案じるような状況にはなかった。ましてや、漢文化の喪失を悼むような状況にはまったくなかった。

三十年以上あとに生まれた漱石は別である。

漱石の『文学論』の序文は有名である。「倫敦《ロンドン》に住み暮らしたる二年は尤《もっと》も不愉快の二年なり」。全体を貫く口調のあまりの苦々しさには、読む度に驚かされる。その序文のなかでもよく引用されるのは、漢文学と英文学を対比させた部分で、いわく、自分は小さいころから漢文学が好きで、英文学もそれと同じようなものだと思って一心に勉強したところ、なんとその思いは裏切られてしまった。「余の脳裏には何となく英文学に欺かれたるが如き不安の念あり」。漢文学も英文学も「学力は同程度」なのに、「好悪のかく迄に岐《わ》かるゝ」はなぜか。なぜ、自分はこうも漢文学を好み、こうも英文学を嫌いなのか。同じころに書いた『草枕』では、英国の詩人シェリーの詩と陶淵明や王維の詩を比べ、「西洋の詩」は「いくら詩的になつても地面の上を馳けあるいて、銭の勘定を忘れるひまがない」のに対し、「東洋の詩歌」は世間を「解脱」しているともいう。漱石は、英文学のみならず、英国も英語も嫌っていたものとみえ、一年ぐらいあとに書いた手紙には、「僕は英国が大嫌ひあんな不心得な国民は世界にない」ともある。また、

「悪縁で英語を習ひ出した」と言い、大学を飛び出し、英語を教えなくて済むようになった喜びを皮肉に述べている。「食へなければ狗《いぬ》にでもなる。英語を教へるのはワン〳〵と鳴く位な程度であるからいざとなればやる」

それでいて、漱石の小説自体、どのような道のりを辿ったであろうか。

それは、大きな視点で追ってみれば、漢文の伝統から離れ、西洋の小説へと近づいていった道のりである。『文学論』の直後に書いた『虞美人草』は優れた漢文漢詩を集めた『文選』を参考にして書いたことで知られている。『虞美人草』は漢文の影響が色濃い文章である。しかも漱石の生前もっとも人気があった作品である。だが、その『虞美人草』から約十年後。絶筆となった『明暗』は、「彼」「彼女」などの人称名詞が文章のなかでくり返される、翻訳文の影響が色濃い文章である。しかもその『明暗』の主人公は、漱石より二十歳ほど若い、「劃の多い四角な字の重なつてゐる書物は全く読めない」男だという設定、すなわち、すでに漢書に親しむことのない男だという設定にしてある。漱石はいくら自分が漢文学に近く生きてきたといっても、自分とはまったくちがう世代がすでに育ちつつあるのを知っていた。そして、漱石が今でも読まれるのは、そのような歴史の動きを見据えていた漱石が、「四角な字の重なつてゐる書物」は全く読めなくなりつつある読者に向け、次々と小説を書き続けたからにほかならない。

実際、漱石の研究者でもない限り、今、ふつうの日本の読者が読むのは、『吾輩は猫である』をのぞけば、『坊つちゃん』『それから』『門』『こゝろ』『道草』『明暗』など、いわゆる小説じたての作品である。それらの作品を読んでいる限りにおいて、いかに漱石が、現代の読者とは遠く離れ、漢文化に近く生きていたかを、身をもって知るのは難しい。それを身をもって知るには、たとえば、岩波書店の『漱石全集』のすべての巻の最後にある小宮豊隆の「解説」を読み、『明暗』を執筆中の漱石が、午前で執筆を終え、午後になると小説の俗な世界から離れるために漢詩を作っていたことなどを知らなくてはならない。そして、同じ『漱石全集』の第二十三巻、『詩歌俳句附印譜』のなかに収められているおびただしい数の漢詩を目にしなくてはならない。あるいは、第二十二巻、『初期の文章』の後半に収められている、漱石が学生時代に作文した漢文を目にしなければならない。さらには、漱石が残した数々の書の類いを実物なり写真なりで実際に見なければならない。そして、私たちにとってかくも親しい漱石が書いたものの大きな部分を、すでに私たちがまったく読めないという事実に新たに驚くしかない。

専門家しか読めなくなることによって、漢文という言葉は日本で死んだのである。いかに漱石が自分と遠く離れた文字文化に生きていたかをまのあたりにしたとき、胸を打つのは、漱石の寂しさである。これからの自分の読者は、自分と同じ世界を共有することはないのを知りつつ書く作家の寂しさである。自分がその一部であった文化がしだいに失われていくのを知りつつ生きる一人の人間の寂しさである。しかも、その寂しさは、非西洋人すべてが多かれ少なかれ通りぬけなければならない寂しさである。

漱石が『現代日本の開化』という講演のなかで、西洋の開化は「内発的」であったのに対し、日本の開化は「外発的」であるといっているのは有名である。漱石いわく、昔の日本が朝鮮や中国の影響を受けて開化してきたといっても、それは「内発的」な開化をゆるゆると促すという性質のものでしかなかった。ところが、近代に入って西洋から受けた衝撃は「有史以来」の強烈なものであった。それは日本に「曲折」を強いた。

> 日本の開化はあの時から急劇に曲折し始めたのであります。又曲折しなければならない程の衝動を受けたのであります。之を前の言葉で表現しますと、今迄内発的に展開して来たのが、急に自己本位の能力を失つて外から無理押しに押されて否応なしに其云ふ通りにしなければ立ち行かないといふ有様になつたのであります（中略）恐らく永久に今日の如く押されて行かなければ日本が日本として存在出来ないのだから外発的といふより外に仕方がない。（傍点引用者）

漱石は「どうも日本人は気の毒と言はんか憐れと言はんか、誠に言語道断の窮状に陥つたものであります」と少し滑稽に結論づけるが、実は、このような「外発的」な開化を強いられたのは、日本に限ったことではない。それは非西洋圏すべての地域で二十世紀にわたって起こり続けたドラマであり、いまだ起こり続けているドラマである。「外発的」な開化とは、西洋で航海技術が発達した十五世紀からじわじわと非西洋を覆いはじめ、植民地時代を通り過ぎたあと、今や「グローバル化」の名のもとに地球全体を覆いつつある物語である。日本近代文学は、これからも地球のあちこちで語られるであろう物語を、百年以上前から、非西洋圏の側から語ってきたのであった。

それにしても、まさに漱石が言う「曲折」を強いられた結果、何とおもしろい文学が生まれたことか。

日本が近代以前から成熟した文学的な伝統をもっていたおかげ——まさに、漢文も含めた長い文学の伝統、しかも、市場を通じて人々のあいだに広く行き渡っていた文学の伝統をもっていたおかげである。日本の文学は、「西洋の衝撃」によって、〈現実〉の見方、そして、言葉そのもののとらえかたに「曲折」を強いられた。世界観、言語観のパラダイム・シフトを強いられた。だが、日本の文学はその「曲折」という悲劇をバネに、今までの日本の〈書き言葉〉に意識的に向かい合い、一千年以上まえまで遡って、宝さがしのようにそこにある言葉を一つ一つ拾い出しては、日本語という言葉がもつあらゆる可能性をさぐっていった。そして、新しい文学として生まれ変わりながらも、古層が幾重にも重なり響き合う実に豊かな文学として花ひらいていったのである。

なにしろ、かたや雄々しい漢文訓読体がある。かたや女々しくも、幼くも、典雅にも、俗にもなりうる、ひらがな文がある。小説、随筆を問わず、すべての散文はそのあいだのさまざまな色合いの文体を生かすことができる。もちろん、言文一致体がめざしたリアリズムに刺激され、和歌も俳句もルネッサンスとでもいうべき黄金期を迎える。新体詩も現れる。カタカナという表音文字も西洋語の音を表す文字として生まれ変わり、日本語の表記をさらに複雑にする。同時に、西洋語からの翻訳文という新しい文体も加わる。「親愛なるあしながおじさん」などという日本語ではありえない文章も、西洋語の翻訳文として何の違和感もなく日本語の一部となって流通するようになる。日本人は、あたかも車のギアをシフトするごとく、西洋語の翻訳文を読むときは、読みのモードをシフトして読むようなったのである。これほど多様な文字と文学の伝統とをまぜこぜにし、しかもそれぞれの歴史の跡をくっきりと残した文学——そのような文学は私が知っている西洋の文学には見あたらない。

優れた文学の第一条件は言葉そのものに向かうことにある。「西洋の衝撃」を受けた日本の〈現実〉——そして「西洋の衝撃」を通ったからこそ見えてきた日本の〈現実〉。日本近代文学の黎明期には、そのような日本の〈現実〉を描くため、詩人は当然のこと、小説家でさえ、しかも、さほどの才に恵まれなかった小説家さえ、一人一人が言葉そのものに向かい合うのを強いられたのであった。そして小説家個人の資質をはるかに超えるおもしろい文学を生み出してきたのであった。

日本の小説は、西洋の小説とちがい、小説内で自己完結した小宇宙を構築するのには長けておらず、いわゆる西洋の小説の長さをした作品で傑作と呼べるものの数は多くはない。だが、短編はもとより、この小説のあの部分、あの小説のこの部分、あの随筆、さらにはあの自伝と、当時の日本の〈現実〉が匂い立つと同時に日本語を通してのみ見える〈真実〉がちりばめられた文章が、きら星のごとく溢れている。それらの文章は、時を隔てても、私たち日本語を読めるものの心を打つ。

しかも、そういうところに限って、まさに翻訳不可能なのである。

日本人が日本語という言葉に向かい合ううちに、日本近代文学は波のうねりが高まるように、四方の気運を集め、空を大きく駆けめぐったのである。そして、それは、歴史のいくつもの条件が重なり、危うい道を通り抜けて初めて可能になったことであった。日本近代文学というものがこの世に存在するようになったこと——それ自体が、日本近代文学の奇跡なのである。

〈国民文学〉は〈国語〉と同じようにその起源を忘却することによって成り立つ。日本近代文学もそうである。巷の人が手紙でやりとりする言葉が新聞や小説の言葉に近づき、新しい日本語があたりまえなものになるのと同時に、日本近代文学の起源——それが、大学で西洋語を学んだ二重言語者によって、翻訳という行為を通じ、翻訳の可能性と不可能性のアポリアから創られていったものであることは、急速に忘れられていった。

たとえば、硯友社の文学といえば、尾崎紅葉。尾崎紅葉といえば、『金色夜叉』。そして、『金色夜叉』といえば、熱海の海岸の場面。「打霞《うちかす》みたる空ながら、月の色の匂《にほ》ひ滴《こぼ》るゝやうにして、微白《ほのじろ》き海は縹渺《へうびよう》として限を知らず（中略）打連れて此浜辺を逍遥《しようよう》せるは貫一と宮となりけり」という美文ではじまる。一般的な文学史では、二葉亭四迷がせっかく『浮雲』で言文一致体を試みたのに、硯友社の作家たちは江戸戯作の伝統を復古して文学の近代化を一時的に滞らせたということになっている。そして、その『金色夜叉』の退行を象徴するのが、右の華麗な文語体である。ところが、そのように位置づけられている『金色夜叉』は、実は英語の「ダイム・ノーベル」という読み捨ての娯楽小説を焼き直したものであった。明治文学の研究者のあいだでは、『金色夜叉』に英語の種本があるらしいことはよく知られていた事実だが、二〇〇〇年になって、その種本がついに一冊の本にほぼ特定された（注十八）。興味深いのは、その発見が、さまざまな新聞で衝撃的なニュースとして報道されたという事実である。日本近代小説の黎明期、西洋語をよく読んだ日本の小説家にとって、翻案、翻訳、創作という三つの行為はつながっていてあたりまえであった。思えば、漱石と同時代人の尾崎紅葉である。英語の小説を乱読し、そのうちの一つを翻案して自分の小説を書いたとしても何の不思議もなかった。ただ、それを、百年後、私たち日本人は忘れてしまっていたのである。

モダンな文体の芥川龍之介が英語を驚くほどよく読んだ、しかも速く読んだのは知られている。『鞍馬天狗』を書いた大佛次郎が丸善に借金を返せなくなったほど洋書を買ってばかりいたのを知る人もたくさんいるであろう。だが仏教小説として知られるあの『大菩薩峠』を書いた中里介山――家が貧しく、小学校高等科を出たあと代用教員や電話交換手などをしていた中里介山が、ヴィクトル・ユーゴーの英訳をむさぼるように読んでいたのを知る人は少ない。国文科に籍を置き、のちに「日本回帰」して『源氏物語』を現代語に訳したりした谷崎潤一郎だが、その谷崎でさえも英語を流暢に読んだのを知る人も少ない。

日本近代文学の起源を振り返るということ自体、〈国民文学〉が、国民の魂の自然な表現であるという〈国語イデオロギー〉と相容れないものである。その起源を忘却させようという意図がどこかに存在したわけではない。日本に〈国語イデオロギー〉が浸透するにつれ、知らず知らずのうちに、日本近代文学が、日本人の魂の表現そのものに思えるようになったのである。しかも、明治時代から義務教育で強制された規範的な〈話し言葉〉も、やがてラジオ、次にはテレビの普及によって強制を伴わずに茶の間から茶の間へと山を越え、川を越え、県境いを越えて普及していった。規範的な〈書き言葉〉の流通は規範的な〈話し言葉〉の普及とあいまって、日本語という〈国語〉をいよいよ日本人の魂のそのままの表現のように思える言葉――〈自分たちの言葉〉としていったのである。

事実、〈国語〉が高みに達したときは、単一言語者であっても、〈世界性〉をもった文学を書けるようになる。しかも、時を得た人間の能力には底知れぬものがあり、すべては目を瞠るような勢いでおこる。二重言語者が育つやいなや一挙に翻訳本が増える。すると〈世界性〉をもった〈国語〉で書かれた言葉が一挙に増える。〈世界〉で何が起こっているかをおおよそ知るために、西洋語をじかに読む必要がなくなるのである。

そして、言葉というものは、そうなってこそ、〈国語〉だと言えるのである。

そう。あの大好きな吉川英治。家が没落し、尋常高等小学校を中退せざるをえなくなったという背景の持主である。丁稚奉公やら船底掃除のカンカンをしながら小説家になろうという人物だから、漢文はある程度は読んだようだが、西洋語は恐らく読まなかった。それが、『忘れ残りの記』という自伝文学の最高峰の一つを残した。あるいは、やはり大好きな幸田文。幸田露伴という文豪の娘で、女子学院を出ているとはいえ、西洋語を流暢に読むところまでいったとは思えない。それが、『流れる』という傑作のほかに、『父』『こんなこと』『みそっかす』という随筆文学の宝を残した。あるいは、「花の命は短くて苦しきことのみ多かりき」の林芙美子。行商人の子供として社会の最下層から出発したことはよく知られているが、『風琴と魚の町』という優れた自伝に加えていくつかの優れた短編を遺した。のみならず、こんなところで持ち出すのも気が引けるが、たとえば、私の母親。言葉という点では戦前の女学校を卒業しただけのふつうの日本人であり、二十年間もアメリカに住んでいたのに英語を読めるようにならなかった。それでいて、驚くほどまともな日本語の文章を書いた。私は母の文章を読むたびに日本近代文学の豊かさを感じた。

さらには、私の世代が子供のころに読んだ安本末子の『にあんちゃん』などもある（二〇〇三年に復刊されている）。戦後、母を失い、父を失い、兄妹四人だけで残されて大鶴炭鉱で働く韓国人家族の生活を十歳の少女が綴った日記である。見たままを書く、感じたままを書く、だからものを読んだことがない人間でも書ける——というのが〈国語イデオロギー〉の根底にある言語観である。そのような言語観はつまらぬ文章を巷に洪水のように氾濫させる代わりに、美しい心をした子供に宝石のような文章を書かせることがある。〈国語イデオロギー〉のもつ強みは、当時韓国籍であった十歳の少女によって、日本語で花ひらいたのであった。小学生のころ『にあんちゃん』をくり返し読んだ私は、長じてから、果たして自分が書くものがあの感動を与えられるかどうか問い続けることとなった。

二葉亭四迷の『浮雲』からの百年は、日本近代文学が津々浦々まで広がり花ひらいていった百年である。そして、それは、文学がみんなのものになっていった百年でもある。

もともと文学が好きな国民である。最初のころはまだラジオもテレビもない。しかも、明治維新があったのは、折しも、公的な教育制度という概念が世界の規範になったときであった。すべての人の蒙が啓かれ、すべての人が理性的に政治に参加できるというのが、民主主義の理想であり、それと同様、すべての人の蒙が啓かれ、すべての人が優れた文学の読み手や書き手になるというのが、知らず知らずのうちに〈国民文学〉の理想となっていった。寒村の子供たち、いや、国民すべてが、働きつつも〈国民文学〉の担い手となるというのが、暗黙のうちの、理想となっていったのである。そして、その理想は、本をみんなの手に届くものにしようという動きにも繫がった。革表紙の洋綴じの本は富の象徴であったが、大正の末、昭和の初めには布の表紙の円本ブームが起こり、さらに廉価な文庫本ブームが起こり、日本文学全集、世界文学全集、少年少女文学全集と全集も次々と組まれた。

その上、日本は、国土の平和にも恵まれた。十九世紀から二十世紀半ばまでは、国民国家が自らの国土の拡大や植民地の奪い合いのため戦いに明け暮れていた時代である。日本も他国を戦地にして散々荒らして戦い続けたが、日本自体に爆弾が落とされ国土が戦火に巻きこまれたのは、第二次世界大戦も末のほうでしかない。国民が日常生活を平穏に送れるのも、文学が栄え、裾野へと広がっていくのに重要な条件である。

第二次世界大戦で惨敗した後も、日本は、やがては、平和のみならず高度成長というものにも恵まれた。高等教育を受けられる人口はいよいよ増え、本はいよいよ廉価になり、全集もいよいよたくさん出回るようになった。事実日本は国民全体が狂ったように文学を読んでいる国となったといえよう。自国の文学だけでなく、世界の古典をも幅広く熱心に読んでいたのだから、今思えば、世界も羨むべき国となったのである。しかも、そのころになって、日本近代文学は次々と優れた英語の翻訳者を得るようになり、先にも触れたように、それらの翻訳者のおかげで、ノーベル文学賞も受賞した。世界のほかの言葉にも翻訳されるようになった。かくして、いつのまにか日本近代文学は、その存在が、世界の読書人——その数はごくわずかでも、文学にとっては重要な、世界の読書人に「主要な文学」として知られるようになったのである。

それからさらに幾星霜。

日本に数え切れないほどの文学の新人賞があり、日本列島全土に細かい網をはって、わずかでも書く才があれば拾い上げてくれるようになって久しい。すべての国民が文学の読み手でもあれば書き手でもあるという理想郷は、その理想郷を可能にするインターネット時代が到来する前、日本にはいち早く到来していたのであった。

だが、そのときすでに日本近代文学は「亡びる」道をひたすら辿りつつあった。

# 六章　インターネット時代の英語と〈国語〉

「文学の終わり」とは誰もが聞き飽きた表現である。しかもそれは、少なくとも半世紀前から、日本でのみならず、世界で言われてきた。いや、一世紀前からすでに言われてきた。

だが近年になって、「文学の終わり」を憂える声はいよいよ緊迫した響きを帯びている。日本でのみならず、世界においてそうである。インターネットの普及によって〈書き言葉〉を読むという行為そのものはますます重要になってきているというのに、文学、ことに今まで広く読まれてきた小説が読まれなくなってきている。おまけに、今や、広く読まれる小説といえば、つまらないものばかりになってきていると、人はいう。

ここでもう一度日本を離れ、「文学の終わり」について考えてみたい。

今、世界中の多くの人が「文学の終わり」を憂えているが、それは、過去に黄金の時代を見出しては懐かしむという老いの繰り言の類いのものではない。人が「文学の終わり」を憂える背景にはまごうことのない時の移り変わりがあるのである。そこには歴史的な根拠がある。

その歴史的な根拠とは何か？

一つは、科学の急速な進歩。二つは、〈文化商品〉の多様化。そして三つは、大衆消費社会の実現。主にこの三つの歴史的な理由によって、近代に入って〈文学〉とよばれてきたもののありがたさが、今、どうしようもなく、加速度をつけて失われていっているのである。

まずは、科学の急速な進歩。

「人間とは何か」という、私たち人間にとってこの上なく大切な問い――その問いに答えるのに、小説なんぞを読むよりも、最新の科学の発見を知ること、ことに、遺伝学や脳科学の最新の発見を知ることのほうがずっと意味をもってきている。「自分とは誰か」という問いも、まずは、DNAを調べたり、脳をスキャンしたりしたほうが客観的にわかる。アルコール依存症におちいりやすい体質をしていたり、他人の痛みに敏感だったりするのが、客観的にわかる。科学の重要性が増しているのは、どの国の大学でも文学部が容赦なく縮小されているのに、もっとも露骨に現れている。

次に〈文化商品〉の多様化。

〈文化商品〉とは芸術と娯楽を兼ねる商品である。文学は、それが本という形をとって市場に流通しはじめてからは、唯一ふつうの人の手に届く〈文化商品〉として栄えてきた。長旅をして教会や寺院に辿りつかなければ絵や彫刻に触れることができなかった時代、生演奏でしか音楽を聴くことができなかった時代、都市に住んでいなければ舞台を観られなかった時代。そんな時代に、本、ことに小説は、ベネディクト・アンダーソンがいう「大量生産工業商品」としての〈文化商品〉として人々のあいだに広がっていったのである。しかも、いくらでも写せる、紙というもち運びやすいものに写せるという、〈書き言葉〉の本領を発揮しつつ広がっていったのである。小説が〈国民文学〉として最盛期を迎えた時代は、小説が〈文化商品〉の市場を独占し、その王座に君臨していた時代であった。

ところが、やがて新しい廉価な〈文化商品〉が次々と現れるようになった。新しい技術によって、レコードやラジオや映画といった、やはり「大量生産工業商品」である〈文化商品〉が二十世紀前半には出回る。テレビが二十世紀後半には出回る。やがて、ビデオ、CD、DVD、ビデオゲーム、iTunes、YouTubeなどなどが矢継ぎ早に続く。

ことに映画、そして今アメリカを中心にテレビ番組の主流の一角を占める連続ドラマ。それらは、視聴覚にも関わりながら、人が生きることの意味を問う点において、極めて文学的な総合芸術である。「人はいかに生きるべきか」という問いを問いかけるという、小説がもつ役割の一部は、それらの〈文化商品〉によって取って代わられてしまった。小説は〈文化商品〉の王座から転げ落ち、あまたある廉価な〈文化商品〉のうちの一つになってしまった。

そこへ追い討ちをかけるのに大衆消費社会の出現がある。

人類が書いた言葉は、それが本という形をとって流通する〈文化商品〉となってからは、常に、二つの異なった価値を内在する運命にあった。かたや、その本がどれほど〈読まれるべき言葉〉か、すなわち、その本にどれぐらいの〈文学価値〉があるか。かたや、その本がどれほど売れる商品か、すなわち、その本にどれぐらいの〈流通価値〉があるか。ヨーロッパで、本として最初に市場に出回った〈書き言葉〉が『聖書』であったという事実ほど、それを象徴的に表すことはないであろう。『聖書』は文字どおり「聖典」であると同時に「商品」だったのである。以来、本は、常に〈文学価値〉と〈流通価値〉という、二つの異なった価値を内在するものとなった。

大衆消費社会の実現は、その二つの価値のあいだにある恣意性を、さらに大きく広げることになったのである。

すべての〈文化商品〉は、それが廉価なものであればあるほど、もっとも多くの人が好むものが、もっとも多く売れるようになるからである。

利休茶碗を好む人は、しかたなしに利休茶碗に似たものを買ってがまんするかもしれない。だが、二十世紀最高のプリマドンナ、マリア・カラスの歌を聴きたい人が、財布の中身と相談し、泣く泣く、二十世紀末のポップスの女王、マドンナの歌を買ってがまんしたりすることはない。どちらの歌も大差なく安くに手に入り、それゆえに、マドンナの歌を買う人は、マドンナが聴きたいから買っているのである。廉価な〈文化商品〉は、それが市場でどれぐらい売れるかが、そのまま消費者の嗜好の鏡となる。そして、当然のことながら、小説の場合も、もっとも多くの人に売れるもの、すなわち、もっとも〈流通価値〉をもつものが、もっとも〈文学価値〉をもつとは限らない。

それが芸術の崇高なところである。

良心的な編集者や出版社や書店の夢は〈文学価値〉をもった本が、飛ぶように売れることであろうが、そのような美しいとも虫がよいともいえる状況は現実ではなかなか望めない。

それだけではない。

大衆消費社会の出現は、大衆現象の一環として、何かの拍子にある一冊の本を爆発的に流通させる。なぜなら、大衆消費社会とは、本が安くなっただけでなく、情報が安くなった――情報がほとんどただになった社会だからである。大衆消費社会の出現が、ラジオやテレビの普及とともに、電波を通じ、すべての家の中にただで情報が入りこむようになったのと時を一にしていたのは必然であった。大衆消費社会とは、マスメディアを通じて、富豪も文無しもやんごとなきも庶民も深い教養人も気の毒なほど無知な人も、みながほぼ同じ情報を共有せざるをえない社会であり、そこでは、みながほぼ同じ情報を共有せざるをえないがゆえに、みなが大衆の一員でしかありえない。

ということは、大衆消費社会においては、人はみながどういう本を買っているかを知っている。そして、知っているから、自分もその本を買い、それを知ったほかの人も、さらにその本を買う。その連鎖反応に勢いがつき、大衆現象の一環として、ある時ある本が爆発的に流通するようになるのである。

それが、二十世紀末から二十一世紀にかけて、地球的な規模で起こったのが、英語で書かれ、アメリカでベストセラーになったのが幸いした『ハリー・ポッター』である。上は大きな館に先祖代々の図書室をもつ英国貴族から、下は今まで子供に児童書など買い与えたこともない発展途上国のホワイトカラーにまで、『ハリー・ポッター』は瞬時に行き渡った。『ハリー・ポッター』とは、ほかの子が読んでいるから自分の子にも読ませねばと世界中の親が思うに至った本である。

原理的には、そのような本はどのようなものでもありうる。優れた文学だという可能性さえある。大衆消費社会の中で流行る文学は、そこに書かれている言葉が〈読まれるべき言葉〉であるか否かと関係なしに、たんにみなが読むから読まれるという本だからである。だが、それは確率的には、つまらないものが多い。それは、多くの場合、ふだん本を読まない人が読む本であるし、ポップ・ミュージックと同様、流行に敏感に反応するのを、まさに生物学的に宿命づけられている若者――将来のつがい相手もいればライバルもいる同世代が何をしているのか、四六時中全神経を研ぎ澄ましている若者のあいだで流行るものだからである。だが、あまりにみなが読んでいるからというので、ふだんから本を読む大人も、ついつい釣られ買いすることもある。読んでパタンと本を閉じたあと呆気にとられ、同じように呆気にとられた人と顔を見合わせ、「あの本はいったい何だったんだ！」と叫んでも後の祭りである。

くり返すが、本は常に〈文学価値〉と〈流通価値〉という二つの異なった価値を内在する。大衆消費社会の出現は二つの価値のあいだにある恣意性を大きく広げただけではない。大衆現象の一環として本を流通させることによって、その恣意性をほとんど無限大に拡大させることになった。

実際、今、本屋に入り、そこに並んでいる本を目にし、「文学の終わり」を身をもって感ぜずにいることはむずかしい。

それでいて、広い意味での文学が終わることはありえない。

文学なんぞ終わっていい、いや、文学なんぞ終わってしかるべきだと断言する人がいたとしても、まことに申し訳ないが、広い意味での文学は終わらない。

科学の進歩などが広い意味での「文学の終わり」をもたらすことはありえない。科学が進歩するに従い、逆に、科学が答えを与えられない領域――文学が本領とする領域がはっきりしてくるだけだからである。ほかならぬ、意味の領域である。科学は、「ヒトがいかに生まれてきたか」を解明しても、「人はいかに生きるべきか」という問いに答えを与えてはくれない。そもそもそのような問いを発するのを可能にするのが文学なのである。もし答えがないとすれば、答えの不在そのものを指し示すのも文学なのである。いくら科学が栄えようと、文学が終わることはない。

また、文学が、あまたある廉価な〈文化商品〉の一つでしかなくなったところで文学が終わることはありえない。映画を観た人が、その映画を小説化した「ノヴェライゼーション」なる本を読むのからもわかるように、人間には〈書き言葉〉を通じてのみしか理解できないことがある。〈書き言葉〉を通じてのみしか得られない快楽もあれば、感動もある。

あるいは、大衆消費社会の出現によって、〈文学価値〉と〈流通価値〉が限りなく恣意的になったところで、文学は終わらない。一度〈書き言葉〉を知った人類が、優れた〈書き言葉〉、すなわち〈読まれるべき言葉〉を読みたいと思わなくなることはありえないからである。ことに〈叡智を求める人〉が〈読まれるべき言葉〉を読みたいと思わなくなることはありえない。そして、〈叡智を求める人〉はどの社会でもある割合では存在する。いかにつまらぬ本ばかりが市場に流通していようと、その脇で、〈読まれるべき言葉〉も流通し続けるのである。

ほんとうの問題は、英語の世紀に入ったことにある。

これから五十年後、さらに百年後、さらに二百年後、そのような〈叡智を求める人〉が、果たして〈自分たちの言葉〉で〈読まれるべき言葉〉を読み続けようとするであろうか。

英語の世紀に入ったとは何を意味するのか。

それは、〈国語〉というものが出現する以前、地球のあちこちを覆っていた、〈普遍語／現地語〉という言葉の二重構造が、ふたたび蘇ってきたのを意味する。近年、伝達手段の発達によって地球はいよいよ小さくなり、それにつれて英語という今回の〈普遍語〉は、その小さくなった地球全体を覆う大規模のものとなりつつあった。そこへ、ほかならぬ、インターネットという技術が最後の仕上げをするように追いうちをかけたのである。

インターネットは人類の文字文化にとって「グーテンベルク印刷機以来の革命的な発明だ」とは誰もが言うことである。誰もが言うことが正しい時も世の中にはあり、実際、この先、インターネットぬきに〈書き言葉〉にかんして考えることはできない。ことに、ここで問題にしようとしている、〈普遍語／現地語〉という言葉の二重構造について考えることはできない。インターネットという技術の登場によって、英語はその〈普遍語〉としての地位をより不動のものにしただけでない。英語はその〈普遍語〉としての地位をほぼ永続的に保てる運命を手にしたのである。人類は、今、英語の世紀に入ったというだけではなく、これからもずっと英語の世紀のなかに生き続ける。英語の世紀は、来世紀も、来々世紀も続く。英語と英語以外の言葉を隔てる言葉の二重構造は、今世紀だけでなく、来世紀も、来々世紀も、そしてその先も、多分ずっと続くのである。

ご存じのように、インターネットとはアメリカで発明された技術である。最初は英語だけが流通し、英語のさらなる支配が謳われたり恐れられたりしたが、あれよあれよというまに世界中の言葉が流通するようになり、すでにそれから久しい。その中には、今まで市民権を得ていなかった言葉——国家によって人工的に抑圧されたり、周りの大きな言葉によって自然に抑圧されたり、果ては、それまで文字をもたなかったゆえに地球から消えかかっていた言葉などまで入ってきている。このようなインターネットの現状に、多言語主義の勝利を見る人もいる。だが、インターネットによる英語の支配と、インターネットで流通する言葉が多様化しているという事実とは、まったく、矛盾しない。英語と英語以外の言葉とでは、異なったレベルで流通しているからである。

それは、インターネット上でいづれ実現し得る〈大図書館〉というものについて考えれば明らかである。

〈大図書館〉とは、インターネットを通じて世界のすべての書物にアクセスできるという、究極の〈図書館〉である。人類は、紀元前三百年のアレクサンドリア図書館以来、すべての書物が入った〈図書館〉、人類の叡智をすべて蓄積した〈図書館〉を夢見ていた。その夢が、今、インターネットにさらに二つの技術が加わって可能になりつつある。一つは、書物をデジタル化して読みとれるスキャニングの技術。二つには、欲しい書物を探しだせるサーチエンジンの技術。インターネットに、この二つの技術が加わり、地球のどこに住んでいようと、携帯電話一つあれば、データ化されたすべての書物、データ化されたすべての文化遺産が、ほとんどただで、しかも一瞬のうちに目の前に立ち上がる時代が来ようとしているのである。

人は新しい技術にすぐに慣れ、すでにこの〈大図書館〉という概念にも慣れつつある。だが、その概念が初めて姿を現したとき、それは驚きと興奮とをもって迎えられた。そして、人は、その究極の〈図書館〉がいづれ可能にするであろう、情報の理想郷とでもいうべき世界を情熱的に目の前に描いた。

だが、英語が、ほかの〈国語〉とはちがうという認識——英語が〈国語〉であると同時に、〈普遍語〉であるという認識がない限り、そこに描かれる理想郷は空疎なものでしかない。

たとえば二〇〇六年五月十四日づけの『ニューヨーク・タイムズ・マガジン』には、そのような〈大図書館〉――この記事では、「universal library」とよばれている――をめぐっての長い記事が掲載された（注十九）。掲載されたとたんに賛否両論を生み、有名になった記事である。筆者はケヴィン・ケリーというアメリカ人。『ワイヤード』（Wired）という、コンピューター関係の雑誌の創立者の一人としてよく知られた人物である。

記事の後半は、そのような〈大図書館〉の出現によって、現在、アメリカでは厚く保護されている著作権（作家の死後七十年まで）が、どう変わっていくべきかが主題となるが、前半は、今、いかにそのような〈大図書館〉ができつつあるか、そして、その〈大図書館〉ができたあかつき、どれほど素晴らしい理想郷がこの世に実現されるかが情熱的に描かれている。

ケヴィン・ケリーによれば〈大図書館〉に向けて人類が最初の一歩を踏み出したのは、二〇〇四年の十二月。サーチエンジンの最大手企業グーグルが、これからアメリカとイギリスにある五つの主要な図書館と提携し、それらの蔵書すべてをデジタル化して読み取り、一つのデータベースに入れ、いづれ世界のどこからでも読めるようにすると発表したのである。「グーグル・ブック・サーチ・ライブラリー・プロジェクト」（Google

Book Search Library Project）という長い名前がついているが、ここでは「グーグル・プロジェクト」とよぶ。記事が書かれた時点で、たとえばスタンフォード大学では、八百万冊の蔵書を、スイス製の最先端のロボットを使い、一時間に千ページのスピードですでにスキャンしていたそうである。

しかも、〈大図書館〉に向けて動き出しているのは、グーグル社だけではない。ほかの大学も、そして企業も、〈大図書館〉に向けて、それぞれ競って動き出している。カーネギー・メロン大学では、人件費節約のため、中国とインドに船積みで蔵書を送ってスキャンしているという。インターネット書店の最大手アマゾンは、この記事が書かれた時点で、販売中の本のうち数十万冊をすでにスキャンしたという。

このようにして、今世界で年間百万冊単位の本がデジタル化されて読み取られている。

もちろん、最終的に〈大図書館〉に入るのは本に限らない。

ケヴィン・ケリーいわく、〈大図書館〉に入るのは、本以外にも、過去から今にいたるまでの新聞、雑誌、そして、絵画や彫刻や写真などの視覚芸術の複製、映画、音楽、ラジオやテレビで放送された番組、そのコマーシャル、もちろん個人ビデオ。さらにはすでにオンラインに載らなくなったウェブ・ページ、ブログ・ポストなどなど。〈大図書館〉に入るもののリストには限りがない。この記事が出てからさらなる技術進歩によって YouTube が現れ、今や巷に流通する動画が爆発的に増えていっているが、それもリストに入るであろう。

ケヴィン・ケリーの描く情報の理想郷とは次のようなものである。

シュメール語が記された粘土板から今まで、人類は最低三千二百万冊の本、七億五千万の記事やエッセイ、二千五百万の歌、五億枚の画像、五十万本の映画、三百万本のビデオやテレビ番組や短編映画、そして一千億のホームページを「出版」した。これらの全部の資料は、現在、さまざまな図書館や記録保管所に収められている。完璧にデジタル化されれば、すべてが(今の技術では)五十ペタバイトのハードディスクに圧縮することができる。今日、五十ペタバイトを収納するには、小さな町の図書館ぐらいの建物が必要である。明日の技術では、iPodにすべて入りこんでしまうだろう。そのとき、すべての図書館を一つに収めた図書館が、あなたのハンドバッグや財布の中に入りこんでしまうのである。

しかも、それだけではない。すべての情報が互いにリンクされるようになり、たとえば、上の記事を読んでいて「ペタバイト」という言葉に遭遇し、「ペタバイト」たるものがいったい何であるかを知りたければ、マウスをカチッとクリックするだけで、今まで「ペタバイト」にかんして書かれたすべての情報にリンクすることができる。(ちなみに、グーグルで調べれば、ギガバイトが二の三十乗、テラバイトが二の四十乗、ペタバイトは二の五十乗だそうである。）また、その情報を得るあいだに遭遇したすべてのことがらにかんして、今まで書かれたすべての情報にリンクすることができる。また、その情報を得るあいだに遭遇したすべてのことがらにかんして……と無限に情報の網が広がっていくのである。

ケヴィン・ケリーいわく、そのような途方もない〈大図書館〉は「今までの、エリートに限定されていた図書館とちがって、真に民主主義的なものとなる」。今の今まで、規模のある図書館を使えるのは、大学町か大都市に住む人たちに限られた。ところが、そのような〈大図書館〉が実現されると、もっとも大きな恩恵を受けるのは、地球の上にまだ何十億といる、書物に接する機会がない、恵まれない人たちなのである。ケヴィン・ケリーが例に挙げるのは、「マリに住む学生、カザフスタンに住む科学者、ペルーに住む老人」など。かれはこの人たちを「書物が不足している人々」（underbooked）とよぶ。

国境をやすやすと越えるとされていたインターネットが、実は、国家によってかんたんに言論統制されるという皮肉な事実が最近注目を浴びているが、ここではそれには触れない。また、当分もめるであろう著作権の問題にかんしても、ここでは触れない。（注二十）。

ここで取りあげたいのは言葉の問題である。ケヴィン・ケリーが例として挙げる「マリに住む学生、カザフスタンに住む科学者、ペルーに住む老人」。いったいぜんたい、かれらは、何語でこの〈大図書館〉にアクセスするのであろうか。この長い記事で言葉にかんして触れているのは二カ所しかない。そして、その二カ所とも、〈大図書館〉には「すべての言葉」(all languages)が入るとされているだけである。

「書物が不足している人々」に対するケヴィン・ケリーの善意は素直によろこばしいが、私はここでも、英語を〈母語〉とする書き手の底なしの無邪気さと鈍感さを感じる。

「英語では駄目なのです。保証しますよ」と高らかに英語で宣言したベネディクト・アンダーソンと同様の底なしの無邪気さと鈍感さである。

たしかにいつかは〈大図書館〉に「すべての言葉」が入るかもしれない。しかし、〈大図書館〉に「すべての言葉」が入ったからといって、人が〈大図書館〉に入った「すべての言葉」を読めるわけではない。多くの人は、たとえ、文字を読めたとしても、〈自分たちの言葉〉しか読めない。

人は言葉以外のメディア=媒体を通じ、〈大図書館〉を大いに活用し、大いに楽しむであろう。地球のどこに住み、何語を話そうと、〈大図書館〉に出入りすれば、アルタミラの洞窟の壁画もマヤ文明のピラミッド神殿も中国の万里の長城も写真で見ることができる。好きな踊りを観て、好きな歌を聴くことができる。目と耳に訴えるものは、度合いの差こそあれ、言葉の壁を乗り越え、何かしら理解できるところがある。

ところが、言葉だけは、まったく次元のちがったメディア＝媒体なのである。言葉というものは、読めなければ、まるで意味がない。

〈書き言葉〉は、読めなければ、白い紙――コンピューターの場合には画面――の上に並んだ小さな線や点でしかない。たとえ、明日、人類の遺産すべてが入っている〈大図書館〉が実現しようと、こと言葉にかんしては、人は、自分が読める言葉の〈図書館〉にしか出入りすることができないのである。「マリに住む学生、カザフスタンに住む科学者、ペルーに住む老人」も、自分が読める言葉の〈図書館〉にしか出入りすることができない。〈大図書館〉が実現しようと、そこには、こと言葉にかんしては、背の高い言葉の壁で四方が隔てられた、ばらばらの〈図書館〉が存在するだけである。そして、それらの〈図書館〉のほとんどは、その言葉を〈自分たちの言葉〉とする人が出入りするだけなのである。

唯一の例外が、今、人類の歴史がはじまって以来の大きな〈普遍語〉となりつつある英語の〈図書館〉であり、その〈図書館〉だけが、英語を〈外の言葉〉とするもの凄い数の人が出入りする、まったくレベルを異にする〈図書館〉なのである。

英語を〈母語〉とする書き手の底なしの無邪気さと鈍感さ。

それは、折りしも同じ記事のなかで、ケヴィン・ケリーが中国で進行している同じプロジェクトに触れていることによってさらに露呈する。ケヴィン・ケリーによれば、中国の「スーパースター」という企業が、「グーグル・プロジェクト」と類似した事業をはじめ、記事が書かれた段階でもはや総計百三十万冊の本をデジタル化したという。それでは、その百三十万冊とは、どのような本か。なんとそれは、中国全土の図書館のうちの二百の図書館に所蔵された本であり、一九四九年以降に中国語で出版された本の約半分もすでに入っているという。「グーグル・プロジェクト」に最初から参加したのは、スタンフォード大学、ハーバード大学、ミシガン大学、ニューヨーク市立図書館、そしてオックスフォード大学であり、「グーグル・プロジェクト」は最初から、英語の一流の〈図書館〉である。それに引き替え、「スーパースター」が立ち上げているのは、中国語の〈図書館〉だというだけではない。共産党独裁政権のもと、言論の自由なくして出版された本ばかり入った〈図書館〉なのである。それにもかかわらず、ケヴィン・ケリーの記事は、あたかも、アメリカと中国という、二十一世紀の二つの大国が、同じことを同時進行してやっている印象を与えるように書かれているのである。

「グーグル・プロジェクト」は英語を〈外の言葉〉とする世界中の人たちに利用されるようになるであろう。それに引き替え、「スーパースター」が、中国本土の中国人にしかほとんど利用されない〈図書館〉となるのは目に見えている。中国本土の中国人でも、高い教育を受けた人ほど、「グーグル・プロジェクト」を利用するようになるのは目に見えている。

しかも、インターネットの時代、〈図書館〉の真の質は、どこで問われるようになるか。高い教育を受けた全世界の人が出入りする英語の〈図書館〉が、内容からいって、この先もっとも充実した〈図書館〉となっていく——もっとも〈読まれるべき言葉〉が蓄積された〈図書館〉となっていくのは当然である。だが、これからの時代、〈図書館〉の真の質は、どれほど〈読まれるべき言葉〉が蓄積されているかでさえ問われない。蓄積された〈読まれるべき言葉〉のうち、どの言葉がより〈読まれるべき言葉〉であるかを教えてくれるか、その能力がもっとも問われるようになるのである。

要するに、これからの時代は、〈読まれるべき言葉〉の序列づけの質そのものがもっとも問われるようになるのである。

ケヴィン・ケリーが描く理想郷は、実は、理想郷どころか、情報過剰の地獄である。

これから先、人間の平均寿命がいつかは百二十歳まで延びると予言する人もいる。人間が事故で以外死ななくなると予言する人もいる。だが、宇宙の長い目で見れば、いくら延びようと、命はつかのまのものである。そのつかのまの命を生きる私たち人間にとって、何がより〈読まれるべき言葉〉であるかを知るのは、大きな課題である。ましてや、〈叡智を求める人〉にとっては、最大の課題である。

英語は、昔のラテン語とちがって、〈普遍語〉であると同時に〈国語〉でもあるという二重性をもった言葉である。英語の〈図書館〉に入ったもののほとんどは他の〈図書館〉同様「おしゃべり＝チャット」の域を出ないであろう。だが、英語の〈図書館〉は〈普遍語〉の〈図書館〉でもあることによって、世界中の〈叡智を求める人〉がアクセスし、何が、より〈読まれるべき言葉〉であるかという序列を、もっとも〈世界性〉をもった、もっとも厳しいところで、おのずから創り出す必然性がある。〈叡智を求める人〉にとって、もっとも意味のある情報の序列づけ——たんなる人気投票とはまったくレベルを異にする情報の序列づけをおのずから創り出す必然性がある。そして、その序列づけ＝ランキング・システムは、永久革命のように変化して、〈叡智を求める人〉にとってもっとも意味があるものであり続ける必然性がある。ランキング・システムのランキング・システムというものも、もっとも〈世界性〉をもった、もっとも厳しいところで、おのずから創り出す必然性がある。

もちろん、世の中には、常に不可能を可能にしようと夢見る理想家がいる。

インターネットを真に世界に開かれたメディアにしよう——すべての人が「すべての言葉」を読めるようにしようと夢見る理想家がいても不思議はない。そのような人たちが考えついた解決法とは、論理的帰結として、当然、自動翻訳機である。自動翻訳機はかれらが最初に夢見ていたよりはるかに困難なものであるのが明らかになりつつあるが、それでも、理想に向かうかれらの努力は年々成果を上げ、今やずいぶんと役に立つものになっている。ことに、西洋語同士ではそうである。だが、自動翻訳機が人間の翻訳者に取って代わる日がくるなどと考えるのは、「キンドル」のような電子本が普及するにつれて紙がなくなる日がくると考えるのと同様、非現実的である。

思うに、自動翻訳機による翻訳は、いくら技術が進歩しようと、まずは原理的に不可能である。たとえば、ある文章が言っていることと、その文章が意味していることのちがいというもの（saying one thing and meaning another）は、すべての言語の本質にある、言葉の修辞学的機能から生まれる。そして、書いた人間の意図と無関係に言葉だけを解読する自動翻訳機では、その言葉の修辞学的機能というものを理解すること――たとえば、ある表現が反語的に機能しているのを理解することが不可能である。ひとつの文脈のなかで「自動翻訳機で翻訳したとは大したもんだ！」というのが、皮肉だか皮肉でないかがわかるように翻訳するのは、どうプログラムしようと、ランダムにしかできない。皮肉が通じない人間もいるのだから当然といえば当然である。もちろん自動翻訳機で翻訳された文章は読む快楽を与えない。そして、読む快楽を与えない文章は文章ではない。

自動翻訳機の質がいくらよくなろうと、インターネットの登場によって英語がますます〈普遍語〉として流通していくのを、押しとどめられるものではない。

しかも、すでに英語は――数学という人工言語を別にすれば――インターネットの技術そのものにかんしての〈普遍語〉である。インターネットは世界で英語が〈普遍語〉として流通するのを強化する技術だが、そのインターネットという技術にかんしてのメタ言語も、英語という言葉なのである。世界中の人々はインターネットについて語るとき英語を使う。

英語が〈普遍語〉となりつつある事実。それは、まえにも触れたように、〈学問〉の世界において、すでに二十世紀半ばには先鋭的に顕れてきていた。英語圏の圧倒的な軍事的、経済的、政治的な力に加えて、近代を通じて〈学問〉とよばれてきたものに非西洋人が参加するようになり、それにつれ、〈学問〉とは本来〈普遍語〉で読み、〈普遍語〉で書くという〈学問〉の本質が顕わになってきていたからである。背後に世界の学者の合意があるわけでも、英語人の陰謀があるわけでもなく、〈学問〉とは〈普遍語〉でなされてあたりまえだという〈学問〉の本質そのものによって、英語という〈普遍語〉に必然的にじわじわと一極化されてきていたのである。近年、さまざまな〈学問〉がより数式化されてきたことが、その動きにさらに拍車をかけた。

そこへ、インターネットという技術が生まれたのである。

今、目につくのは、アメリカの大学の他を圧する突出ぶりである。移民の国という伝統もあって、大きな渦巻きのように、世界中から才能のある学者がアメリカに集まり、世界でもっとも優秀だとされる二十の大学のうち、十七がアメリカにある。また、ノーベル賞受賞者の七割がアメリカの大学で教えている（注二十二）。だが、インターネットの普及は、これからは逆の現象を生んでいくはずである。〈学問の言葉〉がさらに英語に一極化されるにつれ、逆に、地理的に一極化される必然性、アメリカという国に学者が集まる必然性がなくなっていくからである。事実、アメリカは自分たちの大学を海外に輸出しはじめているし（注二十二）、また、非・英語圏でも、名だたる大学は、大学院の授業を英語に移行しようと試みはじめている（注二十三）。かつてヨーロッパに点在する大学がラテン語という〈普遍語〉を通じて学問の拠点となったように、五十年、百年するうちに、世界中に点在する大学が英語という〈普遍語〉を通じて学問の拠点となるであろう。あのフランス、あの花の都のパリにあるパスツール研究所でさえ英語で論文を発表するようになったという驚くべき事実は、その現象の先駆けにほかならない（民間研究機関だったから可能な移行であった）。

数式を中心とした自然科学はすでに英語に一極化されているが、重要なのは、そのような動きは「ここまで」と線を引けるようなものではないことにある。英語への一極化は、すでに自然科学を越え、社会科学、人文科学へと、今は緩慢に、しかし確実に〈学問〉の中で広がっていっている。そして、それが、いつしか〈学問〉の外の領域へと広がらない理由はどこにもないのである。

まえに触れた〈テキストブック〉と〈テキスト〉の話に今一度戻って考えたとき、そのような動きは果たしてどのような意味をもつであろうか。

くり返すが、この世には二つの種類の〈真理〉がある。別の言葉に置き換えられる〈真理〉と、別の言葉には置き換えられない〈真理〉である。別の言葉に置き換えられる〈真理〉は、教科書に置き換えられる〈真理〉であり、そのような〈真理〉は〈テキストブック〉でこと足りる。ところが、もう一つの〈真理〉は、別の言葉に置き換えることができない。それは、〈真理〉がその〈真理〉を記す言葉そのものに依存しているからである。その〈真理〉に到達するには、いつも、そこへと戻って読み返さねばならない〈テキスト〉がある。

問題はこの先いったい何語でこの〈テキスト〉が読み書きされるようになるかである。アリストテレスがいまだ読まれ続けているのは、かれの書いたものが〈テキストブック〉には還元できない〈テキスト〉でもあるからにほかならない。人はアリストテレスを理解するためには、最終的にはかれの〈テキスト〉へと戻らざるをえない。これから先も、ギリシャ哲学の専門家はアリストテレスをギリシャ語で読み続けるであろう。だが、英語の世紀に入り、〈学問〉が英語に一極化されるにつれ何がおこるか。それらの専門家も、アリストテレスにかんして何かを書くときは、〈自分たちの言葉〉で書かずに英語で書くようになる。すると、アリストテレスの引用も、〈自分たちの言葉〉に翻訳したものではなく、英語に翻訳したものを使うようになる。その結果、アリストテレスにかんして書かれたものが英語で流通するようになるだけでなく、しだいしだいに、アリストテレスの〈テキスト〉そのものが、英訳で流通するようになるのである。『新約聖書』の現存する一番古い〈テキスト〉は、当時地中海文明の〈普遍語〉であったギリシャ語で残っているが、『新約聖書』がのちに西ヨーロッパに広がったとき、それは当時西ヨーロッパの〈普遍語〉だったラテン語訳で広がった。もとはパーリ語やサンスクリットで書かれた「仏典」も、漢文圏の中国や韓国や日本では、〈普遍語〉の漢文訳で広がった。「聖典」そのものが何語で書かれていようと、その「聖典」は〈普遍語〉で広がる。

今も昔も、それが〈普遍語〉のもつ力である。

この先、アリストテレスでさえ英語で流通するようになるとき、もし英語で書くことができれば、いったいどの学者がわざわざ〈自分たちの言葉〉で書こうとするであろうか。

いや、もし英語で書くことができれば、学者のみならず、いったい誰がわざわざ〈自分たちの言葉〉で書こうとするであろうか。

〈学問の言葉〉が英語という〈普遍語〉に一極化されつつある事実は、すでに多くの人が指摘していることである。だが、その事実が、英語以外の〈国語〉に与えうる影響にかんしてはまだ誰も真剣に考えていない。〈学問の言葉〉が〈普遍語〉になるとは、優れた学者であればあるほど、自分の〈国語〉で〈テキスト〉たりうるものを書こうとはしなくなるのを意味するが、そのような動きは、〈学問〉の世界にとどまりうるものではないのである。〈学問〉の世界とそうではない世界との境界線など、はっきりと引けるものではないからである。英語という〈普遍語〉の出現は、ジャーナリストであろうと、ブロガーであろうと、ものを書こうという人が、〈叡智を求める人〉であればあるほど、〈国語〉で〈テキスト〉を書かなくなっていくのを究極的には意味する。

そして、いうまでもなく、〈テキスト〉の最たるものは文学である。

一回しかない人類の歴史のなかで、あるとき人類は〈国語〉というものを創り出した。そして、〈国語の祝祭〉とよばれるべき時代が到来した。〈国語の祝祭〉の時代とは、〈国語〉が〈文学の言葉〉だけでなく〈学問の言葉〉でもあった時代である。さらには、その〈国語〉で書かれた〈文学の言葉〉が、〈学問の言葉〉を超越すると思われていた時代である。

今、その〈国語の祝祭〉の時代は終わりを告げた。

一度火を知った人類が火を知らなかった人類とちがうよう、あるいは、一度文字を知った人類が文字を知らなかった人類とちがうよう、一度〈国語〉というものの存在を知った人類は、〈国語〉を知らなかった人類とはちがう。美的のみならず、知的、倫理的な重荷を負うものとして〈自分たちの言葉〉で読み書きするのを知った人類は、地球規模の〈普遍語〉が現れたといっても、即、深い愛着をもつに至った〈国語〉に、知的、倫理的、美的な重荷を負わせなくなることはないであろう。だが、〈普遍語〉と〈普遍語〉にあらざる言葉が同時に社会に流通し、しかもその〈普遍語〉がこれから勢いをつけていくのが感じられるとき、〈叡智を求める人〉ほど〈普遍語〉に惹かれていってしまう。それは、春になれば花が咲き秋になれば実が稔るのにも似た、自然の動きに近い、ホモ・サピエンスとしての人間の宿命である。

悪循環がほんとうにはじまるのは、〈叡智を求める人〉が、〈国語〉で書かなくなるときではなく、〈国語〉を読まなくなるときからである。〈叡智を求める人〉ほど〈普遍語〉に惹かれてゆくとすれば、たとえ〈普遍語〉を書けない人でも、〈叡智を求める人〉ほど〈普遍語〉を読もうとするようになる。ふたたび強調するが、読むという行為と書くという行為は、本質的に、非対称なものであり、〈普遍語〉のような〈外の言葉〉を読むのは、書くのに比べてはるかに楽な行為である。すると、〈叡智を求める人〉自身が、自分が読んでほしい読者に読んでもらえないので、だんだんと〈国語〉で書こうとは思わなくなる。その結果、〈国語〉で書かれたものはさらにつまらなくなる。当然のこととして、〈叡智を求める人〉はいよいよ〈国語〉で書かれたものを読む気がしなくなる。かくして悪循環がはじまり、〈叡智を求める人〉にとって、英語以外の言葉は、〈読まれるべき言葉〉としての価値を徐々に失っていく。〈叡智を求める人〉は、〈自分たちの言葉〉には、知的、倫理的な重荷、さらには美的な重荷を負うことさえしだいしだいに求めなくなっていくのである。

人は、小学校で教えたり、看護師になったり、弁護士になったりする。中小企業で働いたり、大企業で働いたり、自分で会社を興したりもする。農業にも林業にも漁業にもたずさわる。ＮＰＯやＮＧＯに属したりもする。政治家にもなる。だが、いったん悪循環がはじまってしまうと、どのような職業についていようと、〈叡智を求める人〉ほど〈普遍語〉を読もうという思いがいよいよ強くなる。そしてもし〈普遍語〉を読めるようになれば、かれらは、日常生活のなかでも、知らず知らずのうちに、〈普遍語〉の〈テキスト〉のほうを注意深く読むようになっていく。知らず知らずのうちに、〈自分たちの言葉〉で書かれた〈テキスト〉を、たんなる娯楽として、読み流すようになっていく。世界で重要なことが起こっているのを知りたいときは英語のメディアに目を通し、自国のスポーツの結果などを知ろうとするときだけ自国のメディアに目を通すという風になっていく。そして、そのうちに、〈自分たちの言葉〉からは、今、何を考えるべきかなどを真剣に知ろうなどとは思わなくなっていく。

くり返すが、広い意味での文学が終わることはありえない。

だが、英語が〈普遍語〉になったことによって、英語以外の〈国語〉は「文学の終わり」を迎える可能性がほんとうにでてきたのである。すなわち、〈叡智を求める人〉が〈国語〉で書かれた〈テキスト〉を真剣に読まなくなる可能性がでてきたのである。それは、〈国語〉そのものが、まさに〈現地語〉に成り果てる可能性がでてきたということにほかならない。〈国民文学〉が〈現地語〉文学に成り果てる可能性がでてきたということにほかならない。

思えば、つい最近まで、日本の学者たちは何という苦難の道を歩んできたことであろうか。

くり返すが、日本が明治維新を迎えたときといえば、まさに、英語、フランス語、ドイツ語という、ヨーロッパの〈三大国語〉が〈学問の言葉〉だったときである。自然科学はともかく、人文科学を専門とする日本の学者たちは、非西洋語圏の知識人として――しかも最初は江戸時代から引きずった漢文とともに――あたかもおのれがヨーロッパ人でもあるかのように、三つの西洋語をある程度は読めなくてはという強迫観念のなかに生きてこざるをえなかった。地球の反対側で、表と裏のように西洋語とかけはなれた言葉を〈母語〉としている人間にとって、その負担は軽いものではない。しかもヨーロッパ精神の神髄をさらに奥深く理解しようとすれば、まことにご苦労様なことに、ギリシャ語やラテン語まで学ばねばということになる。

それでいて、西洋との物理的な距離はあまりに遠く、しかも学問とは〈国語〉でするものだという信念は知らずしてあまりに深く心に根づき、西洋語で書こうなどという学者は、例外をのぞいて、ほとんどいなくてあたりまえであった。漱石が『三四郎』で描いた大学人たちの姿は——翻訳本が増えかれらほど原書を熱心に読まずに済むようになったことをのぞけば——百年にわたって大きく変わることはなかった。日本の学者の大多数は、優れた学者となる資質をもって生まれても、西洋の学問の紹介者という役割に甘んじ、生涯に一度海を越え、その著作を研究する西洋人の学者を訪ね、一緒に笑顔で写真を撮ってもらい、握手をして帰ってくるだけで満足せねばならなかった。

その日本の学者たちが、今、英語でそのまま書くようになりつつある。自然科学はいうまでもなく、人文科学でも、意味のある研究をしている研究者ほど、少しづつそうなりつつある。そして、英語で書くことによって、西洋の学問の紹介者という役割から、世界の学問の場に参加する研究者へと初めて変身を遂げつつある——世界の〈読まれるべき言葉〉の連鎖に入ろうとしつつある。実際、「国際的に活躍する」などという言葉が意味をもつのは、国内向けにしか活躍できない分野に身を置く学者の話であり、学問をするとは、苦労して英語で書き、なんとか国際的に活躍するしかないところまで、現実は動き始めているのである。たとえ日本にかんして何かを書くにしても、大きな問題を扱えば扱うほど、英語で書いたほうが意味をもつのだから当然である。日本の学者たちが英語で書きはじめつつあるその動きは今はまだ水面下の動きでしかなく、町を行く人には見えない。だが、あるときからは、誰の目にも明らかになるであろう。

歴史は皮肉なものである。

ほぼ一世紀半前、日本の学問の府は大きな翻訳機関として、日本語を学問ができる言葉にした――日本語を〈国語〉にした。それが、今、英語が世界を覆う〈普遍語〉となるにつれ、日本の学問の府は、大きな翻訳機関に留まるのをやめようとしているのである。名ばかりの大学と成り果てた日本の大学ではもちろん日本語が中心にあり続けるであろう。だが、すでに、日本の大学院、それも優秀な学生を集める大学院は、英語で学問をしようという風に動いてきている。特殊な分野をのぞいては、日本語は〈学問の言葉〉にはあらざるものに転じつつあるのである。

一人の小説家として――それ以前に、一人の日本人として、このような動きがこの先日本語に与えうる影響を考えないわけにはいかない。

たとえば、今、漱石ほどの資質をもった人物が日本に生まれたとしよう。かれはこの先どのような道を辿るであろうか。

漱石は、福沢諭吉と同様、まことに優れて〈叡智を求める人〉であった。

たとえば漱石がロンドンで義父に宛てた書簡。

『文学論』の構想を練っているときに書いたものだが、ロンドンに留学したがゆえに、英語の〈図書館〉への自由な出入りが初めて真に可能になったときに書かれたものである。その書簡からは、当時、いかに漱石がひたすら勉強したかったか――いかにそのとき人類が知っていることすべてを知りたかったかが息苦しいほど伝わってくる。異国の孤独の中で知識を渇望する気迫がそのまま感じられる。

漱石の最初の構想では、『文学論』は、まさに大著述になるはずであった。漱石の目指すところは、その書簡によれば、次の通り。「世界を如何に観るべきやと云ふ論より始め夫より人生を如何に解釈すべきやの問題に移り夫より人生の意義目的及び其活力の変化を論じ次に開化の如何なる者なるやを論じ開化を構造する諸原素を解剖し其聯合して発展する方向よりして文芸の開化に及す影響及其何物なるかを論ずる積りに候」。要するに、すべてを論じたいというのである。漱石いわく、そのためには、「哲学にも歴史にも政治にも心理にも生物学にも進化論にも」通じていなくてはならない。日本に戻り「語学教師」などになり「思索の暇も読書のひまも」なくなるのがいやで、「時々は金を十万円拾つて図書館を立て其中で著書する夢を見る」（傍点引用者）そうである。ひたすら勉強したいというその漱石の思いの強さには思わず目眩がする。

しかも、漱石は、やはり福沢諭吉がそうであったように、たんに学者に向いていただけでなく、科学者にも向いていた〈叡智を求める人〉である。

ご存じのように、『三四郎』に出てくる野々宮君は、物理学者の寺田寅彦をモデルにしたといわれている。漱石が科学者にも向いていた資質の持主であったのは、当時を振り返る寺田寅彦の言葉に明らかである。寺田寅彦によれば、野々宮君の穴倉での光の圧力の実験場面は、漱石が寺田寅彦の説明を「たつた一遍聞いただけで、すつかり要領を呑み込んで」書いたものだそうである。寺田寅彦は回顧する。「聞いただけで見たことのない実験が可也リアルに描かれてゐるのである。此れも日本の文学者には珍しいと思ふ」。『三四郎』には光の圧力にかんして学者同士で議論する別の場面もある。「水晶の粉」を「酸水素吹管の焔」で溶かす話、「マクスエル」というイギリスの物理学者や「レベデフ」というロシアの物理学者の話、「光線の圧力は半径の二乗に比例するが、引力の方は半径の三乗に比例するんだから、物が小さくなればなる程引力の方が負けて、光線の圧力が強くなる」などという話。科学者としての漱石の可能性が垣間見られる場面である。

そんな漱石が今生まれたらどうしたであろうか。

今、目につくのは、インド人、中国人、韓国人、日本人などのアジア人が、数学、自然科学、生物学、工学、医学などの分野で世界的に活躍する姿である。長年にわたって英国の植民地だったインドの人——英語で育ったインド人あるいはインド系の人には優れた英語を書く作家がいるのはある程度は知られている。だが、東アジア人にいたっては、まるで数学脳しかもちあわせていない人種のような印象をみなに与えている。非西洋語を〈母語〉にする人間にとって英語で書くのがいかに困難であるか、困難であるがゆえにいかにかれらの才能が数式で間に合う分野へと集中しているか、そういうあたりまえのことが世界の人、というよりも、ことに西洋人には見えにくいのである。

漱石が今生まれたら、そして、その生まれた家がある程度経済的に余裕のある家だとしたら、あの資質とあの頭脳である。大学、大学院へと進んだ可能性は大いにある。そうして学者になった可能性は大いにある。そのときの漱石はどんな学者になっているだろうか。数学脳をもちあわせた東アジア人の学者の一人として、数式だらけの論文を書くようになっているだろうか。もしそうだったら漱石のことだからひょっとすると世界的な学者として知られるようになったかもしれない。しかるに、もし漱石が、そのような数式だらけの論文——〈テキストブック〉に置き換えられ得るようなものを書きたくなかったとする。自然科学ではなく人文科学という分野に身を置き、英語で〈テキスト〉を書きたいという抱負をもったとする。

そのときかれはどうするであろうか。

漱石が今生まれたとすれば、大人になるのは四半世紀後である。四半世紀後の世界では、非西洋人の学者が英語で書くのは今よりさらに常識となっているであろう。英語で

〈テキスト〉を書くことによって、世界の〈読まれるべき言葉〉の連鎖に入ろう——そう、漱石が決心し、そして、もし英語として充分に読むに堪えうる〈テキスト〉を実際に書くことができたとすれば、かれが書いたものは、実際、世界の〈読まれるべき言葉〉の連鎖に入ったかもしれない。

ただ、そのとき漱石は、英語とはあまりにかけ離れた言葉を〈母語〉とするおのれの運命を呪い、英語を〈母語〉とする人たちの幸運を妬み、かれらの無邪気と鈍感に怒りを感じながら、人生のかなりの時間を英語そのものと格闘してすごすことになったであろう。漱石は、いづれにせよ、毎日が幸せでしょうがないといった類いの人間ではない。しかし、〈外の言葉〉である英語と格闘して過ごす毎日は、〈自分たちの言葉〉である日本語で書く毎日と比べて、さらに不幸なものとなったであろう。〈外の言葉〉である英語で書く行為は、かれにどうしようもない疎外感を感じ続けさせたであろう。しかも、かれが書いたものは、漱石にとって満足のいくものとはならなかったであろう。

だが、それでも、これから四半世紀後、漱石のような人物が日本語で書こうとするであろうか——ことに、日本語で文学などを書こうとするであろうか。

優れた文学が近代日本で生まれるのを可能にした歴史的条件——それが、今、目に見えて崩れつつある。学問にたずさわる二重言語者が、〈普遍語〉で書き、〈読まれるべき言葉〉の連鎖に入る可能性がでてきてしまったからである。しかも、もう、かれらが、新しい日本語で日本の〈現実〉を理解するため、そして、日本の〈現実〉に形を与えるために、大学を飛び出す必要を感じたりする気運は日本にはない。黒船から百五十年たった日本は、近代化＝西洋化することによって、西洋との緊張感も失ってゆき、それと同時に、日本語も西洋語との緊張感を失っていった。かつて新しかった日本語は、今はその起源も忘れられ、巷でほとんど自動的に流通している。背後に日本の〈現実〉を促えようとする人間の精神が存在しているとは思えないほど、ほとんど自動的に流通している。

そう、四半世紀先といわず、今の日本の現状を考えてみよう。

果たして漱石ほどの人物が、今、大学を飛び出して、わざわざ日本語で小説なんぞを書こうとするであろうか。今、日本語で小説を書いている人たちの仲間に入りたいと思うであろうか。いや、それ以前に、問わねばならない問いがある。果たして漱石ほどの人物が、もしいたら今、日本語で書かれている小説を読もうなどと思うであろうか。

悲しいことに悪循環はとうにはじまり、日本で流通している〈文学〉は、すでに〈現地語〉文学の兆しを呈しているのではないだろうか。

今、日本の本屋に入ってあたりを見回せば、〈書き言葉〉としての日本語は、溢れ返っている。しかも、西洋語から日本語へと翻訳をするようになって、ほぼ一世紀半。世界と共通する概念も定着し、現在、新聞や雑誌などで流通している日本語の質は、開闢以来の高さを誇っているかもしれない。

だが、〈文学の言葉〉は別である。

今の日本でも優れた文学は書かれているであろう。それは出版もされているであろう。これだけの人口を抱えた日本に、才あり、志の高い作家がいないはずはない。だが、漫然と広く流通している文学は別である。そのほとんどは、かつては日本文学が高みに達したことがあったのを忘れさせるようなものである。昔で言えば、まさに「女子供」のためのものである。かつて日本近代文学の奇跡があったからのみ、かろうじて、〈文学〉という名を冠して流通しているものである。

実際、今、たとえ二重言語者ではなくとも、〈叡智を求める人〉であればあるほど、日本語で書かれた文学だけは読まなくなってきている。読むとしても、娯楽のように読み流すだけである。かれらは、地球の温暖化や、生物学の最近の発見や、イスラム世界の動きについて知ろうとして、さまざまな本を日本語で読むであろう。それらの本は〈世界性〉をもって書かれている必然性がある。日本の年金問題や少子化問題、日本の古代史や近代史などについても日本語で読むであろう。それらの本も少なくとも最低限の〈世界性〉をもって書かれている必然がある。それに引き替え、文学、いや〈国民文学〉とはまさに〈自分たちの言葉〉だけで充足することが可能であるがゆえに、いったん〈自分たちの言葉〉で充足するようになると、いつしか自動運動がはじまり、ついには〈世界性〉から取り残された人たちのふきだまりとなりうる。そして、〈叡智を求める人〉ほど、日本の文学に、〈現地語〉文学の兆し――「ニホンゴ」文学の兆しを鋭敏に感じとっているのである。

英語が〈普遍語〉となったことと、日本で流通する文学が「ニホンゴ」文学と成り果てつつあること。

この二つのあいだには、因果関係はない。

英語が〈普遍語〉となったのがはっきりと目に見えるようになる前から、日本の文学は内側から一人で幼稚なものとなっていったからである。日本という国が先進国のなかでも先鋭的に大衆消費社会が進んだ国だということや、さらには非西洋の島国であり、開いても開いても、自然に閉じてしまう国だということもその原因として挙げられるであろう。新しい日本語も新しい日本もあたりまえのものとなり、捉え難い〈現実〉を捉えようと、作家が言葉そのものに向かい合うのを強いられなくなったのも挙げられるであろう。また、のちに触れるように、戦後の日本語教育も挙げられるであろう。

だが、芸術とは人智を超えた自然に似た動きをもつ。それは、波のうねりが高まるように上へ上へと昇り、空を大きく、雄大に、華やかに駆けめぐって、いつしか堕ちてくる。あるとき、あるところで、ある芸術がなぜ「亡び」たのか、いくら説明しようとしても説明し切れるものではない。

たしかなのは、日本の文学の行く末の危うさである。芸術は、一度は堕ちても、時を待てば、形を変え、ふたたび四方の気運を集めて高みへと昇りはじめる。しかし、英語が〈普遍語〉として流通するということは、日本語という〈国語〉が危うくなるかもしれないということである。日本語が危うくなれば、本来なら日本語の祝祭であるべき日本文学の運命は危うい。

実際、すでに、〈叡智を求める人〉は、今の日本文学について真剣に語ろうとは思わなくなってきている。今の日本文学について真剣に考察しようとは思わなくなってきている。だからこそ、今の日本では、ある種の日本文学が「西洋で評価を受けている」などということの無意味を指摘する人さえいない。言葉について真剣に考察しなくなるうちに、日本語が西洋語に翻訳されることの困難さえ忘れられてしまったのである。近代に入り、日本語は西洋語からの翻訳が可能な言葉に変化していく必然性があった。日本語で読んでも西洋語の文学の善し悪しがある程度はわかるのはそのせいである。ところが、西洋語は、そのような変化を遂げる必然性がなかった。西洋語に訳された日本文学を読んでいて、その文学の真の善し悪しがわかることなど、ほとんどありえないのである。わかるのは主にあらすじの妙であり、あらすじの妙は、文学を文学たらしめる要素の一つでしかない。

それは、漱石の文章がうまく西洋語に訳されない事実一つでもって、あますず示されている。実際、西洋語に訳された漱石はたとえ優れた訳でも漱石ではない。日本語を読める外国人のあいだでの漱石の評価は高い。よく日本語を読める人のあいだでほど高い。だが、日本語を読めない外国人のあいだで漱石はまったく評価されていない。以前『ニューヨーカー』の書評で、ジョン・アップダイクが、英語で読んでいる限り、漱石がなぜ日本で偉大な作家だとされているのかさっぱりわからないと書いていたのを読んだときの怒りと悲しみ。そして諦念。常に思い出すことの一つである。

日本文学の善し悪しがほんとうにわかるのは、日本語の〈読まれるべき言葉〉を読んできた人間だけに許された特権である。

強調するが、いくらグローバルな〈文化商品〉が存在しようと、真にグローバルな文学など存在しえない。グローバルな〈文化商品〉とは、ほんとうの意味で言葉を必要としないもの——ほんとうの意味で翻訳を必要としないものでしかありえない。グローバルな〈文化商品〉といえばハリウッド映画がその代表だが、今や収益の五割以上を輸出に頼っているハリウッドの映画産業は、制作費が巨額な映画ほど、輸出用にわざと台詞を少なく抑え、捉えにくい個別的な〈現実〉を描こうとする代わりに、人類に共通する神話的世界を描こうとしている。目をみはるほどの勢いで進化するCGの技術を駆使しながら、これまた目をみはるほど古くさい壮絶な善悪の戦いが氾濫する所以である。商業主義のハリウッドであるからこそ、翻訳というものの困難を充分に承知しているのである。言葉の力だけは、グローバルなものと無縁でしかありえない。

そして、その事実こそが、言葉の力なのである。

くり返し問うが、今、漱石ほどの人材が、わざわざ日本語で小説なんぞを書こうとするであろうか。

私自身も含め、今、書いている人たちに失礼だが、たぶん書かないような気がする。

今でさえすでにこのような状況である。

このまま手をこまねいていたとしたら、これから四半世紀後はもちろん、五十年後、百年後、私程度の者でさえ果たして日本語で小説を書こうとするであろうか。

それ以前に、果たして真剣に日本語を読もうとするであろうか。

# 七章　英語教育と日本語教育

日本語が「亡びる」運命を避けるために何をすべきか。

何か少しでもできることはあるのか。

凡庸きわまりないが、学校教育というものがある。

日本では、文学とはあまりに文学的なもの——それは、詩的なもの、ロマンティックなもの、エロティックなもの、無頼なもの、権力から遠く離れたもの、果ては、権力にたてつくべきもの、反国家的なものだという、それ自体十九世紀ロマンティシズムそのままの文学観がいまだに生きながらえ、小説家が国の学校教育などに口を出すのは無粋だとされている。

だが、学校教育と言葉の歴史を顧みれば、学校と文学とを対立させて考えるなど、とんでもないことである。学校教育とは、ある言葉を教えることによって、その言葉を〈国語〉に育て上げることもできる代わりに、ある言葉を教えないことによって、その言葉を亡ぼすこともできる。ある言葉で書かれた〈読まれるべき言葉〉を読ませないことによって、その言葉で書かれた文学を亡ぼすこともできる。悪い為政者は、〈読まれるべき言葉〉をいっさい読まさずに、訓蒙教育の美名のもとに、愚民教育を与えることができる。しかし、愚民教育を与えるのは悪い為政者だけではない。善意の塊となり、すべての国民が読み書きできるようにと、〈読まれるべき言葉〉が少しでも困難だといって読まさずにいれば、結果的には愚民教育を与えるのと同じことになる。

英語の世紀に入った今、一人の日本語の小説家として思うのは、日本が、まずは学校教育について考え直すべきだという凡庸きわまりないことである。

それでは、その学校教育とは、国語教育のことであろうか。

否。

なによりもまず、英語教育のことである。英語の世紀に入った今、どのような国語教育にすべきかについては、まずはどのような英語教育にすべきかにかかっている。

英語の世紀に入ったということは、国益という観点から見れば、すべての非英語圏の国家が、優れて英語ができる人材を、充分な数、育てなくてはならなくなったのを意味する。

そして、その目的を達するにおいて、原理的に考えれば、三つの方針がある。あくまで、原理的に考えればのことではあるが。

Ⅰは、〈国語〉を英語にしてしまうこと。

Ⅱは、国民の全員がバイリンガルになるのを目指すこと。

Ⅲは、国民の一部がバイリンガルになるのを目指すこと。

日本が恐らく絶対に採用しないだろうと思われるのは、Ⅰ。〈国語〉を英語に変えてしまうという方針である。

だが、ここで、Ⅰという方針を一応挙げるのは、すべての国がⅠという選択肢を頭ごなしに否定するとは限らないからである。英語が〈国語〉であることの計り知れぬ利益は、英語を〈国語〉とする幸せな国民以外は、誰もがよく知っている。〈国語〉が充分に機能していない多民族国家が、英語を「公用語＝共通語」として使っているうちに、いっそのこと英語を〈国語〉にしてしまおうという結論に達しないとは限らない。

ただ、日本はそのような選択肢は採用しないであろう。

それでは、日本は、現在、日本政府はどのような方針をとっているか。

Ⅱか。

あるいは、Ⅲか。

遺憾ながら、危機感の不足と、勇気のなさと、頭の悪さから、無策という策である。日本は代表民主制国家である。政府の国民に対する義務というのは、毎日仕事や子育てや親の介護で忙しい勤勉な国民、さらには毎日おせんべいをかじりながら小説を読んでいる怠惰な国民に代わって、日本の国益を考えることにある。また、国益のさらに先に、日本という国が、人類全体のためにいかなる役割を果たすべきかを、国民に代わって、考えることにある。要するに、日本人としてもっとも考えねばならないことを、国民に代わって考えることにある。

ところが、日本政府は、英語の世紀に入ったというのに、真の危機感をもつこともなく、相変わらず無策のままである。そして、無策のままであるゆえに、いつまでたっても日本には優れて英語ができる人材が充分に育っていない。それをことに感じるのは、テレビのニュースで国際会議などの模様を見ていて、各国の政治家がみな英語を話すなか、日本の政治家だけはしれっと日本語で通し、皆が並ぶ写真の辛うじて端に立たされないよう努力したあげくの作り笑いが見え透くときである。日本は国際会議に出かけられるだけの英語力をもった政治家さえ育っていない。国連や世界銀行で働く日本人の数も、日本の経済力を考えると、信じがたいほど少ない。

このような日本政府の危機感のなさ自体に以前から危機感をもっていた人たちがいる。十年近く前、「英語第二公用語論」（ここでは「英語公用語論」とよぶ）を唱えた人たちである。かれらは、Ⅱという方針を選ぶのを唱えた人たち、すなわち、かれらの言葉でいう「国民総バイリンガル社会」の実現を唱えた人たちである。「英語公用語論」は多くの識者の批判を受けいつのまにか立ち消えになった。

今、「英語公用語論」はあたかも永遠に葬られたかのように、メディアを賑わすことはない。だが、実は「英語公用語論」はほんとうに死んだわけではない。それどころか、その根底にある理念は、日本政府、そして日本国民のなかで熱く息づいているのである。「英語公用語論」をここで少し詳しく見ていく必要がある所以である。

「英語公用語論」に反対を唱えた識者の主な論点は、〈国語〉が立派に機能している日本において、英語を「公用語」にしようとするのが、いかに荒唐無稽な試みであるかにあった。

事実、今、英語を「公用語」として使っているのは、英語を「公用語」として使わざるをえない国々である。すなわち、もともと多言語多民族社会であったところに、イギリスやアメリカの植民地となり、独立したあとも、多民族間の意思の疎通、さらには高等教育のためにいまだ英語が必要な国々である。ふつう日本で例に挙げられるのは、インド、フィリピン、シンガポールなどのアジアの国々。これらの国では、我々日本人には想像もつかない言語生活を送っている。

たとえば、インド。

インドは数え方によって、百いくつから数百といわれる言葉があり、多言語多民族国家として世界でももっとも有名である。一番話者の多いヒンディ語が「公用語」。英語が「準公用語」。さらに、十八の「地方公用語」なるものがあり、憲法では二十二の言葉を認めているという。

あるいは、フィリピン。

フィリピンではフィリピノ語が〈国語〉、フィリピノ語と英語が「公用語」、さらに十二の地域の方言が「準公用語」である。十二の地域の方言が「準公用語」なのは、フィリピノ語が〈国語〉だと規定されていても、それは首都マニラを中心とした方言のタガログ語をもとに人工的に作られたものだからである。タガログ語の話者は全人口の三分の一にも満たず、そのほかのフィリピン人はフィリピノ語という〈国語〉をわざわざ学ばねばならない。

さらには、シンガポール。

シンガポールは、公式にはマレー語が〈国語〉で、国歌もマレー語。そのマレー語を入れて、北京語、タミル語、英語という四カ国語が「公用語」である。

ついでに、日本人には遠いアフリカにおいては、かつて大英帝国の植民地だったり保護国だったりした国は二十近くあり、そのほとんどが英語を「公用語」の一つにしている。

右に挙げた国々においては、英語のおおやけの地位は建前としては必ずしも一番上にある訳ではない。だが、実質的には英語が行政の言葉であったり、司法の言葉であったり、高等教育の言葉であったりする。もちろん、英語は読書人の共通語となっている。要するに、今、英語を「公用語」としている国は、〈普遍語〉と〈現地語〉という、二重言語状況を生きざるをえない国なのである。

それらの国に引き替え、日本はきちんと機能している〈国語〉をもった国である。しかも、日本のなかでは、日本は多言語多民族国家だと主張する人もいるが、一歩外へ出て世界的な視点からみれば、日本は単一言語単一民族国家の好例として出てくる国である。ほとんどの国民の〈母語〉がそのまま〈国語〉として流通しているという、幸せな国なのである。

それでは、なぜ、このような日本で「英語公用語論」を唱える人たちがいるのか。

答えは、憂国ゆえである。

「英語公用語論」には反対するが、政府の無策をまえにして「英語公用語論」を唱えずにはいられなかった人たちの思いには、手を取り合って泣きたいほど共感する。

英語の世紀とは、冷戦構造が壊れ、日本が明治維新のときのように自前で外交を進めねばならなくなった世紀でもある。しかも、外交がメディアにさらに左右され、いよいよ言葉の力で世界と渡り合わねばならなくなった世紀でもある。そんなときに、日本に優れて英語ができる人材が充分に存在しなかったら、どうやって世界のなかでやっていけるのか。

「英語公用語論」の中心的な主張者である、朝日新聞のコラムニストの船橋洋一。かれが、『あえて英語公用語論』という新書を二〇〇〇年に著したのは、題からもわかる通り、反対が多い中で、それでもなぜ「英語公用語論」を唱え続けるかを説明するためである（注二十四）。英語が急速に世界の共通言語になっているのを示す数々の具体的な例が挙げられ、それにもかかわらず、いかに日本人がその事実を充分に認識していないか、認識していないことが、いかに日本人の英語を下手なままにしているか——日本の受験英語は「訓詁学であり、暗号解読の場となっている」——そして、その下手な英語がいかに日本の国益を損ねているか、それらのことが、現場で仕事をしてきた人間ならではの説得力をもって書かれている。ことに、日本人の下手な英語がいかに国益を損ねているかという部分は読んでいていたたまれない。

いわく、日本の渉外弁護士に充分な英語力がないがため、仲裁を必要とする外国企業とのあいだの紛争は増える一方である。いわく、日本の金融界の英語力不足のため、これだけ経済力がある国なのにアジアの「ファイナンシャル・センター」になれない。いわく、日本の企業一般の英語力不足のため、外国の企業との「戦略同盟」を結んで発展することができない。

だが、思うに、経済という面から見れば、日本人は、世界的に製造業が主だったこともあり、少なくとも今までは、その下手な英語でもって、目覚ましい成果を上げてきた。

問題はNPOやNGOをも含む国際政治の場である。外交の手腕である。『あえて英語公用語論』を読んでいて、もっともいたたまれなくなるのは、日本の国益が問題になる場で、日本の置かれた立場や日本がなした選択を、世界が納得できる形で説明できないのが指摘されている部分である。「一国の防衛政策は、ますます予防外交であり、政策対話であり、説明責任となりつつある」とあるが、まさに、その通りであるがゆえに恐ろしい。このような英語力不足は日本を「言語的孤立」へともっていく。「言語的孤立」の恐ろしさは、それがえてして国民の間に「言語的孤立感」から来る被害者意識と犠牲者意識をもたらし、排外主義を噴き出させかねないことにある」

この日本の「言語的孤立」と、日本の過去の戦争はもちろん無関係ではありえない。船橋洋一が、これでもかこれでもかと引用するのは、満州事変から第二次世界大戦勃発までの日本人の英語力の不足を、酷いほど明るみに出す、イギリス人やアメリカ人の言葉である。

満州事変を調査したリットン調査団の団長、ヴィクター・リットンが妻に宛てた手紙。

「中国の指導者たちの英語は実に正確（articulate）だった。フランス語もよく話した。しかし、日本の指導者ときたら、英語の単語を一つ一つ取り出すたびに外科手術が必要だった」。あるいは、日本が真珠湾攻撃をする前、ワシントンで行われた日米交渉にあたったコーデル・ハルが出版した回想録。当時の駐米日本大使であった野村吉三郎は「陰気にくすくす笑い、オジギをするばかりだった」。「野村の英語はひどかった（marginal）ので、私はしばしば彼がこちらの話していることが本当に分かっているのかどうか疑問に思った」。交渉では「野村自身が深刻なお荷物だった」。さらには、一九六〇年代に駐日米国大使を務めたエドウィン・ライシャワーが大使をやめたあとに著した『ザ・ジャパニーズ』という本。「日本の対外接触にとって、言語的障壁がどれほど大きいかを本当に認識している人は、日本人にも少ないし、外国人になおさらである」。「ここ二十年ほどの間に、私は何十人もの日本の閣僚と知り合ったが、そのうちで、知的に真剣な会話を英語でかわすことのできるのは、せいぜい三名しか思いつかない。西洋史を含む歴史の教授も、ここ四十年間に何百人となく知り合ったが、同じことのできる人の数は、閣僚の場合をそれほど上回らない」。「日本と外部世界とを隔絶する言語的障壁が、基本的には、きびしい言語的現実に起因することは明白だが、それにしても、日本人がそれを乗りこえるために、従来、もっと努力を払ってこなかったことは驚きに値いする」

このような文章を読み、今もさほどは大きく状況が変わっていないこと——しかも、今世紀は前世紀よりさらに言葉の力で世界と渡り合わねばならなくなったことを思うと、ただ、ただ、ただ、暗澹としてくる。日本ほど無策ではない国が英語を流暢に扱える層をきちんと育てているのを想像するだけで、日本のふがいのなさが、悲しい。「維新の志士」よ今いずこ、と無駄とは知りつつ叫びたくなる。

要するに、ふだんからの「悪癖」の憂国がいよいよ深まる。

それもあって私はふだんは船橋洋一の愛読者である。

だが、私は船橋洋一の憂国の精神には深く共鳴しながらも、「英語公用語論」には反対である。なぜなら、それが究極的には「国民総バイリンガル社会」を目指すものだからにほかならない。船橋洋一は、別の本にある、言語学者の鈴木孝夫との対談でも言う(注二十五)。鈴木孝夫も「国民総バイリンガル社会」には反対で、高い英語力をもった「指導者層」を育成すべきだと主張する。それに対して船橋洋一は応える。「指導者層と一般市民を分けて考える発想では無理だと私は考えています。たしかに熊さん、八つぁんが英語を身につける必要はないかもしれない。しかし、熊さん、八つぁんの息子や娘たちには英語を使って世界に雄飛してほしいと思います。(中略)私も、真のエリートを再びつくらないとだめだと思っていますが、それだけでは戦えないでしょう」。「国民総バイリンガル社会」の実現。

それは、私は、日本において、まずは不必要だと思う。

たしかに今日本にいる外国人の数は増えていっている。だがこの先グローバル化がいくら進むといっても、資本が国境を越えて動くほどたやすく人は国境を越えない。ことに、日本の国土の相対的な広さからいっても、産業形態からいっても、過去の歴史からいっても、日本という国が外国人だらけの国になるとは考えられない。少子化が進むにつれ、移民の数は増えていくだろうが、移民とは、どの国でも、移民先の国の言葉を学ぶものである。もちろん、短期滞在者や旅行者もさらに増えていくだろうし、そのためにさまざまな英語での表示や案内は増えるべきだが、かれらと実際に接触する人の数は限られている。しかも、そこで必要とされる英語はさほど難しいものではない。（かって進駐軍に勤めていたボーイやメイドは片言の英語で用が足りた。）英語を使う企業に勤める人も増えていくだろうが、そのような人の数も全体から見れば限られている。

要するに、日本はⅡを選ぶ必然性がまったくない。

もちろん日本にⅡを選ぶ必然性がなくとも、理念としては、「国民総バイリンガル社会」が実現するのは、歓迎すべきことであろう。いや、「国民総バイリンガル社会」のみならず、「国民総マルチリンガル社会」、すなわち、すべての国民がいくつもの言葉を使える社会が実現するのは、さらに歓迎すべきことであろう。だが、理念のなかにも、その理念を追い求めること自体が世の中をより良くする理念と、その理念を追い求めること自体が世の中をより悪くする理念とがある。日本で「国民総バイリンガル社会」を追い求めれば、日本の言語状況はより悪くなる。日本にはⅡを選ぶ必然性がないだけではない。もし、日本がⅡを選んだら、まずは、日本が必要とする、優れて英語ができる人材など、充分な数、絶対に育たない。

今、まだ多くの日本人の英語に対する関心は「外国人に道を訊かれて英語で答えられる」か否かにとどまる。

たしかに、スカンジナビア人やオランダ人やドイツ人は、義務教育で英語を学ぶだけで、道を訊かれたら答えられるぐらいにはなる。かれらの言葉は西洋語のなかでもことに英語とよく似ているからである。真剣に勉強をすれば、瞬く間に上達する。長年英国に留学したりすれば、人によっては、ちょっと聞いただけではイギリス人だと思うぐらいまでに上達する。

だが、同じヨーロッパ人といっても、フランス語やイタリア語やスペイン語など、ロマンス系の言葉を〈母語〉とする人は別である。西洋語の常として、ギリシャ語とラテン語の抽象概念が共通しているおかげで、英語を読むのはさほど困難ではないが、話せるようになるのは、困難である。スラブ系の言葉を〈母語〉とする人にとってもやはり困難である。同じヨーロッパ人だからといって、そこそこのバイリンガルになるのは困難なのである。

いわんや、日本語のような言葉を〈母語〉とする人においてをや、である。しかも、日本が必要としているのは、「外国人に道を訊かれて英語で答えられる」人材などではない。

日本が必要としているのは、専門家相手の英語の読み書きでこと足りる、学者でさえもない。日本が必要としているのは、世界に向かって、一人の日本人として、英語で意味のある発言ができる人材である。必ずしも日本の利益を代表する必要はなく、場合によっては日本の批判さえすべきだが、一人の日本人として、英語で意味のある発言ができる人材である。日本語を〈母語〉とする人間がそこまでいくのは、並大抵のことではない。

かれらは、英語を苦もなく読めるのは当然として、苦もなく話せなくてはならない。発音などは悪くともいいが――悪い発音で流通するのが〈普遍語〉の〈話し言葉〉の特徴である――交渉の場で堂々と意見を英語で述べ、意地悪な質問には諧謔を交えて切り返したりもしなくてはならない。それだけではない。読んで快楽を与えられるまでの、優れた英語を書ける人もいなくてはならない。優れた英語を書くことこそ、インターネットでブログが飛び交い、政治そのものが世界の無数の人たちの〈書き言葉〉で動かされるこれからの時代には、もっとも重要なことだからである。

ラテン語の格言に「Fama volat」＝「噂は飛ぶ」というのがある。いや、より的確には、「Fama crescit eundo」＝「噂は流通すれば流通するほど大きくなる」というのがある。そして、噂と真実とはしばしば何の関係もない。白を黒と言いくるめられる言葉の力は恐ろしいもので、白を黒だとするたくさんの言葉が流通すれば、いつのまにかそれが嘘であろうと真実のように見えてくる。もし日本を誹謗する事実無根のブログが世界中で流通したら、どうすべきか。日本人が一丸となって稚拙な英語で反論しても意味がない。英語圏の人間にもなかなか書けないような優れた英語を書ける人材が存在し、根気よく真実を告げるようにするしかない。しかもそのような人材はある程度の規模でもって存在せねばならない。真実の力といくつもの優れた文章の力が合体して、世界もいづれは真実を信じるかもしれないのである。

このような優れたバイリンガルが充分な数で存在するのは、この先日本にとって絶対に必要なことである。そして、それには少数の〈選ばれた人〉を育てる以外には実現のしようがない。人はさまざまで、優れたバイリンガルなどにみながなりたいわけではない。また、なれるわけでもない。しかも、そのような人材を育てるには、国費私費にかかわらず、たいへんなお金がかかる。

すべての国民に同じ英語教育を与えている限り、そのような優れたバイリンガルは充分な数、絶対に育たない。また、市場の力に任せておいても、そのような優れたバイリンガルは充分な数、絶対に育たない。国策として、少数の〈選ばれた人〉を育てるほかはないのである。

要は、日本はⅡという方針を退け、Ⅲという方針、すなわち、国民の一部を優れたバイリンガルに育てるという方針を選ぶ以外に、英語の世紀のなかでの「言語的孤立」を避ける道はないのである。「国民総バイリンガル社会」という理念を退け、Ⅲという方針を選ぶしかないと考えている人が英語の世紀に入ったことを深く認識している人にたくさんいるのも当然である。

格差社会になりつつあるといわれていても、世界を広い目で見れば、少なくとも今のところ、日本は極めて格差の少ない社会の一つである。すでにこれだけの中流層があるとき、そのような少数の〈選ばれた人〉とその他の人のあいだに大きな貧富の差が生じるとは思えない。また、すでにこれだけ教育が行き渡り翻訳本が溢れるとき、両者のあいだに大きな情報の差が生じるとも思えない。

ただ、わずかの格差が生じるのも恐れているようでは、そのような人材は育たない。

Ⅲを選ぶということ。

それは、第二次世界大戦後からつい最近まで、日本の教育が一番避けてきたこと、一番倫理的に正しくないと思ってきた道を選ぶということである。日本の教育は、現状はともあれ、平等主義を一番の信条としてきた。Ⅲを選ぶということは、その信条に別れを告げねばならないということである。

だが、そこまで思い切ったことをせねば、どうなるか。くりかえすが、そこまで思い切ったことをせねば、これからの日本にとって必要な数の優れたバイリンガルは育たない。

それだけでない。

Ⅲを選ばなくては、いつか、日本語は「亡びる」。

前にも触れたように、西洋語を〈国語〉に採用しようという意見は、歴史に残った有名なもので、二回ある。最初は、明治維新直後の森有礼の「英語採用論」で、次は、第二次世界大戦敗戦直後の志賀直哉の「仏語採用論」である。（志賀直哉は文学者の偏見と世界的視野に欠けていたせいで、「世界中で一番いい言語、一番美しい言語」として、本人はフランス語ができないのを認めつつも、フランス語を選んだ。）

今回の「英語公用語論」は前の二回とは決定的に異なる。それは、今回は、日本語はそのまま維持しようというのが大前提になっているからである。まさに、「国民総バイリンガル社会」を目指しているのである。この変化は、〈国語〉としての日本語がいかに完璧に定着し、あたりまえのものとなったかを物語っている。「英語公用語論」は、「英語も、日本語も」――「あれも、これも」という欲張った論なのである。

そもそも「英語公用語論」の発端は、一九九九年。二十一世紀を目前に控え、民間の有識者を集めて小渕恵三内閣総理大臣のもとに、「21世紀日本の構想」について話し合う懇談会が設けられたときである。座長を務めたのは、河合隼雄。その報告書が二〇〇〇年一月に政府への提言として提出された。そこでは、日本人が「国際共通語」としての英語の「実用能力を日本人が身につけることが不可欠である」としたうえで、「もちろん、私たちの母語である日本語は日本の文化と伝統を継承する基である」とされている。べつの個所では、「誤解を避けるため」、さらに詳しく、日本語にかんしての記述がある。

誤解を避けるために強調しておきたい。日本語はすばらしい言語である。（中略）だが、そのことをもって外国語を排斥するのは、誤ったゼロ・サム的な論法である。日本語を大事にするから外国語を学ばない、あるいは日本文化が大切だから外国文化を斥ける、というのは根本的な誤りである。日本語と日本文化を大切にしたいなら、むしろ日本人が外国語と他文化をも積極的に吸収し、それとの接触のなかで日本文化を豊かにし、同時に日本文化を国際言語にのせて輝かせるべきであろう。

何だかよくわからないが、御説ごもっとも、としか言いようもない。

だが、こと言葉にかんしては、「ゼロ・サム的な論法」を否定し、否定することによって、「あれも、これも」という「プラス・サム」の結果を引き出すのは、容易ではない。

たとえば、シンガポール。「英語公用語論」を唱える人たちが理想として挙げる国である。日本人と同じ顔をした中国系の人がたくさん住んでいる非西洋社会でありながら、一見、「国民総バイリンガル社会」を実現しているからである。

シンガポールには、ほかの旧植民地と決定的に異なる点がある。ほかの旧植民地においては、英語を流暢に操れるのはほとんどが上層階級に限られているのに、シンガポールでは、新しい世代の国民みなが英語をある程度流暢に操れるのである。資本主義が発達し教育が行き渡ったおかげである。(今、シンガポールの一人あたりのGDPは日本を超す。)シンガポール人の〈話し言葉〉の英語は「シングリッシュ」とよばれるが、〈書き言葉〉は規範的な英語である。シンガポールは、まさに一見したところ「国民総バイリンガル社会」なのである。

だが、その「国民総バイリンガル社会」も、実態を近くで見れば、「あれも、これも」の困難が、明らかになってくる。シンガポールでは、国民教育の時間の多くが英語を学ぶのに割かれているだけではない。科目によっては、そのまま英語で教えられている。しかも、英語での授業の比率は、小学校、中学校、高等学校と上のレベルに行くにつれて増えていく。大学に至っては、ほとんどの授業が英語で行われる。民族語も学ぶことができるが、基本的には、言葉や文学として学ぶのであり、それらの言葉でもって学問をする訳ではない。民族語は政府によって保護され、「公用語」の地位を与えられ、学ぶことが奨励されているにもかかわらず、例外的な教育を受けない限り、事実上は〈現地語〉でしかないのである。しかも、その傾向は高学歴の国民が増えるにつれさらに進み、今や、英語を家でも話し、英語を〈母語〉とする人が増えつつある。〈普遍語〉の力とは、ある臨界点を過ぎると、ブルドーザーのようにあたりの言葉を薙ぎ倒して突き進んでいく、すさまじいものだからである。

中国の経済台頭によって、中国系シンガポール人のあいだで、北京語を習得する人の数も増えているというが（これは、華僑が住む東南アジア全体に関して言えることである）、北京語は、あくまで主に商売の言葉であって、〈学問の言葉〉でもなければ、〈文学の言葉〉でもない。〈学問〉を志す人はもちろん、〈文学〉を志す人も、英語という〈普遍語〉で読み書きする。

シンガポール人の作家はふつう英語で書くのである。

日本人が、シンガポールのような国に「国民総バイリンガル社会」の理想を見いだすのは、ほかでもない、言葉というものを、〈話し言葉〉を中心に見ているからである。このことは、強調しても、しすぎることはない。シンガポール人は英語と民族語と両方の言葉を話す。だが、言葉を〈書き言葉〉を中心に見れば、シンガポール人は英語人である。さまざまな言葉の本も一応流通はしているが、シンガポール人が真剣に出入りするのは、圧倒的に、英語の〈図書館〉だからである。その点においては、シンガポールも、旧大英帝国植民地の典型的な国の一つなのである。というよりも、今、英語の力が強くなるにつれ、いよいよそうなりつつあるのである。

実際、英語が広く「公用語」として流通している旧植民地は、長年にわたって、ジレンマの中に生きている。あくまでも言語ナショナリズムにこだわるか、あるいは元植民地だった負の価値を逆手に取り、すべての国民を英語人にしていくか。〈書き言葉〉という観点からみれば、「あれも、これも」という選択肢はほとんどない——ことに非西洋語人にはない。

たとえば、フィリピンは、今のところ、言語ナショナリズムを国策としている。フィリピン人の英語の能力はいまなお高く、一般庶民でも英語のテレビや映画を字幕なしで見られる。ところが、小学校ではフィリピノ語の教育に重点を置き、なんと一般庶民のあいだでのバイリンガル人口は減っていっているのである。日本人にすればもったいないと思うだろうが、フィリピン人は、まずは〈国語〉を作ろうとしているのである。フィリピノ語の本もたくさん出回っているし、フィリピノ語の小説も数多く書かれている。それでいて高等教育は未だに英語で行われており、読書人は未だに英語の〈図書館〉にしか、真剣に出入りしない。これから先、フィリピノ語は〈現地語〉から〈国語〉に変身しうるか。それとも、いつかは、小学校で英語が教えられるように国策を変えるか。インドのさまざまな民族語は、フィリピノ語と異なって、豊かな〈書き言葉〉——主に詩——の伝統をもつ。だが、英語とは、すでに百五十年にわたって、異なった民族語を超える「共通語」として流通してきた言葉である。高等教育の言葉でもある。しかも、最近のインド経済の急速な発展をもたらした言葉でもある。民族語の出版は盛んだが、果たして、この先、読書人が英語以外の〈図書館〉に真剣に出入りする可能性が、どれぐらいありうるであろうか。

例を挙げてきたついでに挙げるが、遠いアフリカでも同じようなジレンマがある。たとえば、アフリカの言葉を代表するように思われているスワヒリ語——マイケル・ジャクソンがスワヒリ語を入れた歌を歌ったりしている。スワヒリ語は、もとはといえば、サハラ砂漠以南の東アフリカのあまたある民族語の一つでしかなかったのを、西洋列強が、植民地政策の一環として、なんとか東南アフリカの「共通語」にしようとして広げていった言葉である。成果は上がり、今は十ぐらいの東南アフリカの国々のあいだでの「共通語」となっている。アフリカ連合の「公用語」に入っている唯一のアフリカの言葉でもある。しかも、タンザニア、ケニア、ウガンダでは、スワヒリ語が〈国語〉と定められ、教育やメディアを通じて国語化政策が進められ、スワヒリ語の話者は年々増えていっているという。しかしながら、地域全体を通じて識字率が低く、本はおろか、新聞さえ簡単には手に入らないのが現状である。この先、英語を操ることの利点がさらに目に見えるようになるのを考えれば、スワヒリ語の〈国語〉としての運命は不透明である。

私はすべての民族が〈自分たちの言葉〉を護るべきだとは、決して、思わない。長い歴史を見れば、たとえ最初は征服者によって押しつけられたものであったとしても、人は進んで〈自分たちの言葉〉を捨て、勢力のある言葉を選んでいった。英語の世紀に入ったことによって、ある国の言葉が実質的には〈国語〉から〈現地語〉に堕ちてしまう、あるいは、〈現地語〉に永遠に留まってしまう——いや、さらには、いつしかその言葉を話す人たちさえも地上から消えてしまったところで、その国の人たちを民族的誇りのない人たちだとは思わない。また、かつて〈自分たちの言葉〉で書かれた古典＝〈読まれるべき言葉〉が栄えた国で、それらの古典が、いつしか研究者だけが読む言葉になってしまったところで、その国の人たちを民族的誇りのない人たちだとは思わない。それぞれの国はそれぞれの歴史を生き、そのなかで、自分たちが選びたい道をふさがれたり、どさくさまぎれに方向づけられたり、また、たとえ選ぶ道があったところで、その国にとって、今、何が一番必要かという優先順位がある。たとえば、平和。あるいは、豊かさ。長い目でみれば、文明は大小にかかわらず興っては「亡びる」ものでしかなく、数え切れないほどの〈話し言葉〉はもちろん、数え切れないほどの〈書き言葉〉も「亡び」ていった。

　だが、私たち日本人はどうすべきか。

「英語公用語論」はいつのまにか立ち消えになった。

　しかし、その根底にある前提は、日本政府、そして日本国民によって、ほんとうの意味で否定されてはいない。

　ほかならぬ、高校も含む、学校教育を通じて多くの人が英語をできるようになればなるほどいいという前提である。

　日本政府も、日本人も、「英語公用語論」を唱えた人たちと知らず知らずのうちにその前提を共有しているのである。

　もし、私たち日本人が日本語が「亡びる」運命を避けたいとすれば、Ⅲという方針を選び、学校教育を通じて多くの人が英語をできるようになればなるほどいいという前提を完璧に否定し切らなくてはならない。そして、その代わりに、学校教育を通じて日本人は何よりもまず日本語ができるようになるべきであるという当然の前提を打ち立てねばならない。英語の世紀に入ったがゆえに、その当然の前提を、今までとはちがった決意とともに、全面的に打ち立てねばならない。

日本語を〈母語〉とする私たちには、「あれも、これも」という選択肢がないというだけではない。〈普遍語〉のすさまじい力のまえには、その力を跳ね返すぐらいの理念をもたなくてはならないのである。そして、そのためには、学校教育という、すべての日本人が通過儀礼のように通らなければならない教育の場において、〈国語〉としての日本語を護るという、大いなる理念をもたねばならないのである。

英語の世紀に入った今、非・英語圏において、英語に吸いこまれていく人は増えていかざるをえない。英語に吸いこまれていくのは、〈叡智を求める人〉だけには限らない。国際的なＮＰＯやＮＧＯで働き、世の役に立ちたい人も英語に吸いこまれていく。たんにより豊かな生活をするため、より高い収入を求める人も英語に吸いこまれていく。英語など興味がないのに仕事によって吸いこまれていかざるをえない人もいる。だが、非・英語圏の〈国語〉にとっての悲劇は、そのようなところではとまらない。非・英語圏の〈国語〉にとっての、さらなる悲劇は、英語ができなくてはならないという強迫観念が社会のなかに無限大に拡大していくことにある。ことに大衆消費社会においてほど、その強迫観念は、無目的に人々を捉える。なぜこの自分に英語が必要なのかなどという問いはさておき、周りがみな英語ができなくてはと焦っているのを見るうちに、我も我もと、自然に焦らざるをえなくなるからである。

たとえば、今、日本語が「亡びる」のに不安を覚える日本人などほとんどいないであろう。それにひきかえ、英語ができなくてはという強迫観念をまったく感じていない日本人は死も間近い老人かへそ曲りの変人ぐらいのものである。英語ができなくてはという強迫観念は疫病のように日本中に広がり、街には苦もなく英語を話せるようになるという会話教室の広告が氾濫している。テレビでは「通じて嬉しかったデス」などという体験談を交えた英語教材のコマーシャルが絶え間なく流れている。インターネットにあるiTunes配信のポッドキャストという無料番組では、何と、人気教育番組トップ二十五のうち二十一が英語学習の番組である（二〇〇八年八月二十日）（注二十六）。わけがわからぬまま、そして、はっきりとした目的もないまま、日本中が猫も杓子も英語を学ばねばという気にさせられているのである。

ことに焦燥感を募らせているのは子供をもつ親である。

親によっては、保育園から英語を学ばせ、小学生になれば大学の授業料などよりもよほど高いインターナショナル・スクールへと通わせ、早ければ高校から、遅くとも大学からは英語圏へと留学させようとしている。自分の子供がほとんど日本語を話せないと言って喜んでいる親もいるぐらいである。もちろんこの傾向は日本だけのことではない。近年、英語圏の大学、大学院に占める中国人の数は驚くほど増えていっているが、さらに驚くのは、韓国人の数である。韓国ではアメリカの一流大学に子供を送り出すのを専門にする中高等学校があり、国民総人口はインドや中国の二十分の一以下でしかないのに、インドと中国についで多数の留学生をアメリカに送っている（注二十七）。

いうまでもなく、そのようなことができるのはどの国でも金持である。

ふつうの日本の親が、自分の子供が将来損をするのではと不安になるのも当然で、それらの親の要望に応えるということもあって、日本の文部科学省は、二〇〇八年二月に発表された「新学習指導要領案」で、小学校の高学年から「片言でも通じる喜びを教える」ために英語教育を導入することを決定した。

小学校のある段階から英語教育を導入することの是非はここでは問わない。「片言でも通じる喜びを教える」などという目的がいかに見当はずれかも、まずはおく。

問題にすべきは、英語の世紀に入った今、日本の学校教育が何を理念として掲げるべきかについての、文部科学省の見識のなさである。小学校から英語教育を導入することを決定した背後にある前提は、例の、学校教育を通じて多くの人が英語をできるようになればなるほどいいという前提である。文部科学省が、日本の教育理念——そして、日本という国の理念としてこのような前提をまっこうから否定しなかったらどうなるか。英語の世紀が進むにつれ、経済的に余裕がある親はいよいよ子供の英語教育にお金をかける。残りの親はさらに不安になる。「もっと英語を」という親の声はいよいよ烈しくなる。すると文部科学省は、どうやってその「もっと英語を」という声に応えようかと頭を抱え続けることになる。

教育とは最終的には時間とエネルギーの配分でしかない。

英語教育に時間とエネルギーをかければかけるほど、何かを疎かにせねばならない。

何を疎かにするか。

文部科学省――そして日本人が今の見識を改めない限り、もちろん日本語教育である。いかに文部科学省が相も変らず日本語を粗末に扱っているかは、「新学習指導要領案」にも明らかである。「新学習指導要領案」は、過去十年間の「ゆとり教育」に対する反省から「選択」を減らし、必修の授業の数を多くしたものである。中学校三年の授業の配分を見ると、英語は、当然のこととして、週三時間から四時間に増えている。数学も、社会も、週三時間から四時間に増えている。理科は週二時間から四時間に増えている。ところが、国語は週三時間のままなのである。

数学を増やすのはわかるとして、なぜ、英語や社会や理科を週四時間に増やし、国語は週三時間のままでよいのか。国語の授業こそ五時間あってしかるべきではないか。ことに英語の世紀に入った今、そうあってしかるべきではないか。「英語公用語論」が論じられていたとき、反対派の一人の国語学者の大野晋が、日本の中学校において日本語の授業が週三時間しかないのを嘆いていたのを思い出すが、一生を国語の研究に捧げた人間として、嘆いても嘆き足りない思いであっただろう。当時、大野晋が調べた限りにおいて、フランスの中学校ではフランス語は五時間、ドイツの中学校ではドイツ語は五時間教えられているという（注二十八）。私の知っている限りでも、アメリカの中学校では英語は週五時間教えられている。のみならず、アメリカ人に日本の中学校で日本語の授業が週三時間しかないのを告げると、かれらは絶句する。

もちろん、文部科学省も、いくら「もっと英語を」と親が叫ぼうと、国語の授業時間を週三時間以下に減らすわけにはいかないであろう。〈国語〉は腐っても〈国語〉である。だが、国語の授業を音楽や美術や体育の授業のように、生徒たちの知的エネルギーをほとんどとらない、楽しい「お遊び」のような授業にしていくことはできる。〈自分たちの言葉〉である日本語など自然に学べるだろうと、文部科学省だけでなく日本人の多くも考えているから、国語の授業がいよいよそういうものになっていく可能性は充分にある。

だからこそ、学校教育を通じて多くの人が英語をできるようになればなるほどいいという前提を、まさに、学校教育の場において、完璧に否定する。それは、学校教育から英語教育をなくすべきだというのではない。国の責任として、すべての国民に、英語を読む能力の最初のとっかかりは与える。いくら強調しても強調したりないことだが、インターネットの時代、もっとも必要になるのは、「片言でも通じる喜び」なんぞではない。それは、世界中で流通する〈普遍語〉を読む能力である。しつこく強調するが、この先五十年、百年、最も必要になるのは、〈普遍語〉を読む能力である。また、読む能力とは、外国語を聞いたり話したりする能力の一番重要な基礎となるものでもある。読めるということは、文法の基本構造がわかっており、単語を数多く知っているということにほかならないからである。読むことさえできれば、ゆっくり話してもらえれば相手の言うことも何とかわかる。また、自分のほうからも、どんなにひどい発音でも、ある程度は言いたいことを言える。将来YouTubeのような視聴覚的なメディアがどこまで普及しようと、読むという能力が外国語を学ぶ基礎であることに変わりはない。

くり返すが、何はともあれ、学校教育で、英語を読む能力の最初のとっかかりを与える。その先は英語は選択科目にする。もちろん、他の言語の学習も奨励する。

英語をもっと学びたいという強い動機をもった人は、学校の外で自主的に学べばよいのである。たとえ、少数の〈選ばれた人〉として、優れたバイリンガルになるための教育を受ける機会を逃したところで、今や、学校の外で外国語を学ぶことが限りなく容易になっている。さまざまな技術進歩のおかげで、読めるだけでなく、話すようにさえなれる。しかも、お金もほとんどかからない。当人に強い動機さえあれば、誰でも、いくらでも英語を学ぶことができる時代に入っているのである。それればかりか、強い動機をもたない人でも、大衆消費社会であるがゆえに、「もっと英語を」という強迫観念にかられざるをえない時代に入っているのである。

だからこそ、日本の学校教育のなかの必修科目としての英語は、「ここまで」という線をはっきり打ち立てる。それは、より根源的には、すべての日本人がバイリンガルになる必要などさらさらないという前提――すなわち、先ほども言ったように、日本人は何よりもまず日本語ができるようになるべきであるという前提を、はっきりと打ち立てるということである。学校教育という場においてそうすることによってのみしか、英語の世紀に入った今、「もっと英語を、もっと英語を」という大合唱に抗うことはできない。しかも、そうすることによってのみしか、〈国語〉としての日本語を護ることを私たち日本人のもっとも大いなる教育理念として掲げることはできない。

人間をある人間たらしめるのは、国家でもなく、血でもなく、その人間が使う言葉である。日本人を日本人たらしめるのは、日本の国家でもなく、日本人の血でもなく、日本語なのである。それも、長い〈書き言葉〉の伝統をもった日本語なのである。〈国語〉こそ可能な限り格差をなくすべきなのである。

思えば、日本人は日本語を実に粗末に扱ってきた。

日本に日本語があるのは、今まで日本に水があるのがあたりまえであったように、あたりまえのことだとしか思ってこなかった。水は日本列島の中央を走る山の頂からこんこんと湧き出《いで》てはいくつもの川に分かれて人をも森をも田畑をも潤してきた。そんな日本に住む私たちは、水を大切にしなくてはなどと思う必要もなく生きてきた。それと同様、日本語を大切にしなくてはなどと思う必要もなく生きてきた。

だから、〈国語〉としての日本語を護らねばなどと言われても、妙に空々しくしか聞こえない。

たしかに、第二次世界大戦後、「日本語を大切にしよう」といった類いのことは言えない風潮というものはあった。大日本帝国の同化政策に対する反省ゆえである。その反省は、日本人に、「日本語を大切にしよう」などという発言をするのに禁忌を強い、その結果、今に至るまで「美しい日本語」といった表現も、グラビア写真満載の高級婦人雑誌が、「日本伝統工芸の技」「和の発見」「からだにやさしい日本食」などという特集を組んだときに漂う、日本人の自己満足の表現に成り下がってしまった。日本語を護ろうなどと言い出すと、始末の悪い愛国主義者と一緒くたにされてしまう。迷惑なことこの上ない。

だが、日本人が「日本語を大切にしよう」と言わないのは、それだけが原因ではない。平たく言えば、日本人は実際に「日本語を大切にしよう」という気がないのである。そして、日本人が「日本語を大切にしよう」という気がないのは、もっと深いところに原因があり、その原因自体、さらに深いところに原因があり、また、その原因自体、さらに深いところに原因がある。あたかも洞穴の奥へ奥へと入るように、さまざまな要素が幾重にも重なって、日本人はかくも日本語を粗末に扱ってきたのである。

この本の最後に、なぜ私たち日本人がかくも日本語を大切にせずにやってきたかを考えていきたいと思う。

遡れば、千五百年にわたって、日本の言葉は漢文という〈普遍語〉の下にくるものでしかなかった。漢字という文字こそ「真名」であり、大和言葉を表す文字は「仮名」でしかなかった。だが、そのころのことは今やほとんどの日本人はすでに忘れている。問題は、近代に入り、日本語が〈国語〉になってからも、日本人は日本語に真に誇りをもつことはなかったことにある。

そこには、まずは、「西洋の衝撃」を受けて以来、非西洋語圏全体を覆う〈自分たちの言葉〉についての自信のなさがあった。「西洋の衝撃」を受けるとは、西洋人こそが人間の規範に見え、それと連動し、西洋語こそが人間が使う言葉の規範に見えるということにほかならない。いにしえの奈良の都の八重桜がにほふころから日本に文学があるのをほんとうは誇りとする日本人である。それでいながら、日本人は、人間は本来は西洋語を〈母語〉とすべきではないかという思いに悲しくも囚われ続けてきた。

私が驚いたのは、韓国人の社会言語学者、イ・ヨンスクが日本語で著した『「国語」という思想』の「結び」を読み、国粋主義者だとされている北一輝が、何と、エスペラント語採用論者だったのを知ったときであった（注二十九）。思えば、北一輝は社会主義者でもあったから、驚くこともなかったのかもしれない。だが、「北一輝」という固有名詞と「エスペラント語」の組み合わせはやはりあまりに意表を突くものであった。なぜ北一輝はエスペラント語採用論者だったのか。それは、北一輝が、日本語は「甚タシク劣悪ナル」言葉だと思っていたからである。エスペラント語を第二国語として採用すれば、日本語のように「劣悪ナル」言葉は「自然淘汰ノ原則ニヨリ」五十年後には使われなくなるだろうとまで言っている。しかも、かれの、エスペラント語へのこだわりは、もし大日本帝国がロシアやオーストラリアまで広がったとき、こんな「劣悪ナル」日本語を「朝鮮ニ日本語ヲ強制シタル如ク」、ヨーロッパ人にまで強制するわけにはいかないとの論理が背景にある。「それほどまでに「劣悪」な日本語を強制された朝鮮民族は、なんとみじめな犠牲の羊になったことだろう」とイ・ヨンスクは書く。もっともな感想である。

日本語が果たして人間が使うのに正しい言葉なのか。

日本人がもつ日本語に対しての自信のなさは、その経済力が西洋と肩を並べた今も、変わらない。それどころか、いよいよ強くなっている印象がある。日本語をローマ字で表記するのと、西洋語をカタカナで表記するのは、増える一方である。たとえば、ここ四半世紀のうちに気がつけば百貨店の名の多くはローマ字表記になってしまったが、そのような変化は外国の旅行者にもわかりやすいようにという理由づけが少なくとも可能である。ISETANやらKeioやらSEIBU。だが、西洋語のカタカナ表記の氾濫は、ああ、もしもこの日本語が西洋語であったら……という、西洋語への変身願望の表れでしかない。そもそも政府からして、翻訳語を考え出すこともせず、西洋語のカタカナ表記を公文書に使って平気である。

恥ずべきコンプライアンス（＝屈従）。

しかも、このような日本人が日本語にもつ自信のなさを、いやましに深めたのが、「西洋の衝撃」を受けたあと日本にじわじわと浸透していった、誤った言語観で、一言で言えば、〈書き言葉〉とは、〈話し言葉〉の音を書き表したものだという言語観である。それは、言文一致体を生んだ言語観とはちがう。言文一致体とは、新しい文章語であり、少しむずかしい言い方になるが、従来の文章語に比べて、言語の修辞学的機能（極端な例としては「言葉遊び」）よりも言語の指示機能（意味を指し示す機能）を優先させた文章語なのである。翻訳という行為は、同じ意味のことを別の言葉に置き換える行為であり、それは、言語の指示機能に重点を置かずには成り立たない。つまり、原文にある文章がいったい何を意味するかということに重点を置かずには成り立たない。日本語は、もともと指示機能を優先させた西洋語からの翻訳が可能な〈書き言葉〉として生まれ変わったとき、従来の文章語よりも、より指示機能を優先させた文章語として、言文一致体を創り出したのである。（言文一致体を文章の末尾の問題に還元できないのは、そのせいである。）

〈書き言葉〉とは、〈話し言葉〉の音を書き表したものだという言語観は、それとは別で、日本で「表音主義」とよばれるものである。「表音主義」は、西洋から輸入されたあと、半世紀にわたって実りのない戦いを続けた。だが第二次世界大戦後アメリカの支配のもとで、危うく勝利を収めそうになったのである。

表音主義者たちの誤った言語観がもっとも露骨に現れるのが、前にも触れた漢字排除論である。実際、漢字という文字ほど「表音主義」と相反するものはない。

最近になって、漢字は見直され、漢字は日本語の一部であると謳った辞書も出ている。この期に及んで漢字排除論なるものが起こる気配はなく、日本語から漢字をなくしてしまおうなどという動きがあったのを忘れた人、知らずに育った人も多いであろう。だが、漢字排除は、国語教育をつかさどる役割を背負った文部省の、長い長いあいだの悲願だったのである。

なにしろ、明治三十五年、文部省が国語調査委員会を発足させたとき、その基本方針として最初に掲げられているのは、「文字ハ音韻文字《フォノグラム》ヲ採用スルコトトシ仮名羅馬字等ノ得失ヲ調査スルコト」という驚くべき文章である。日本語の表記から漢字を排除するのは当然のこととして、いきなり、かな文字表記とローマ字表記とどちらがよいのかを調査するというのである。国語調査委員会は、やがては国語審議会へと引き継がれていくが、その基本的な方向づけは同じである。当座の目的は漢字の数を制限すること。そして、最終的な目的は、漢字を全面的に廃止すること。仮名文字にするか、ローマ字にするか、新国字を作るかのみが問題であった。

かつては漢文が、〈普遍語〉であった日本である。日清戦争以前は教育でも漢文のほうをまだ重視していた日本である。漢字排除論は、良識ある国語学者や文学者が反対したし、「漢字かな交じり文」に慣れた国民も真剣にとらなかった。大東亜共栄圏を掲げたころには、漢文調のリバイバルさえあった。漢字の全面的排除はおろか、漢字の数の制限も、文部省がいくら提唱しようと、マスメディアでは実現しないままであった。

大きな転機が訪れたのは、第二次世界大戦に敗れ、アメリカに占領されたあとである。一九四六年、ＧＨＱの占領下で、漢字の全面的な廃止が政府決定され、実際に廃止されるまでのあいだ、当面使用される漢字として、一八五〇字の「当用漢字表」が定められた。教育、公文書、新聞などのマスメディアで使われる漢字の数が、初めて、「当用漢字表」に沿って制限されることになった。しかも、アメリカ教育使節団は日本語のローマ字表記を勧め、一九四九年に改組された国語審議会においては、日本人自身が、日本語をローマ字表記にする方法を盛んに議論するようになったのである。志賀直哉の驚くべき「仏語採用論」の背景にはこのような歴史的状況があった。ローマ字化への動きは、アメリカ軍が日本から去ったあとも続き、ローマ字調査分科審議会が設立され、義務教育でローマ字学習の時間が増えた。おりしもタイプライターの存在が広く日本人に知られるようになったころで、漢字を排除しない限り、我々はあのような文明の利器を使うのもかなわず、これからの世界の流れに遅れてしまうという、今となっては昔話のようなあせりも加わった。

このような動きに反対する声がようやく出てきたのは、敗戦から十数年たってからである。きちんとものを考えることができる人間が、きちんと異議を申し立てることの重要性をつくづく考えさせられる。一九五八年には福田恆存が『聲』に『私の國語教室』の連載を始める。のちに名著と謳われるようになる本である。やがて、一九六一年には、作家の舟橋聖一を含めた数人が、表音主義者を中心とした国語審議会を脱退したのが大きなニュースになる。国民も、文部省がどのように日本語をめちゃくちゃにいじろうとしていたのかを朧気に知るようになる。それを契機に、翌一九六二年には急速に漢字排除への流れが止まる。ローマ字調査分科審議会が廃止される。そして、一九六五年には、国語審議会会長が、初めて、日本語の表記法は「漢字かな交じり文」であることを前提として審議を進めることを記者会見で発表する。翌年の一九六六年、ついに国語審議会の総会で、当時の文部大臣であった中村梅吉が、「当然のことながら国語の表記は、漢字かな交じり文によることを前提」とすると述べる。「漢字かな交じり文」をあまりに「当然のこと」としていた国民は、そんなことを文部大臣がわざわざ述べる意味がわからなかったかもしれない。だが、実際は、この宣言によって、文部省が進めようとしてきた漢字排除論に、初めておおやけに休止符がうたれたのである。それは前島密が「漢字御廃止之儀」を上申してからちょうど百年後であった。

〈書き言葉〉が〈話し言葉〉の音を表したものにすぎないという「表音主義」を真に受け、実に百年にわたって、日本語から漢字を排除しようという動きがあったのであった。

いうまでもなく、もと漢文圏において、漢字を排除したいという思いをもったのは日本だけではない。朝鮮語は日本語よりも抽象語のなかで漢字が占める率の高い言葉だそうだが、北朝鮮では漢字を使うのが法律で禁止されているし、韓国でも今やほとんど漢字を使わなくなってしまった。朝鮮半島の人たちは漢字を捨ててハングル表記だけを選び、いわば、仮名文字論者の立場をとったのである。また、ヴェトナム語はその朝鮮語よりさらに抽象語のなかで漢字が占める率の高い言葉だそうだが、すでに二十世紀の前半に全面的にローマ字アルファベットに表記を変えてしまった（この表記法を創ったのは十七世紀のフランスのカトリック宣教師だという）。ヴェトナム人たちはローマ字論者の立場をとったのである。朝鮮語やヴェトナム語は、発音が日本語に比べて複雑な言葉だから可能なことだったと言われている。ご存じのように、本家本元の中国でさえも、漢字を廃止しようという動きがあり、私が好きな魯迅も漢字を捨てなくては中国という国の未来はないと書いたことがある。

思うに、日本から真に漢字排除論が消滅したのは、ここ二十年ぐらいのことである。経済の急速な成長によって中国という国が存在を増し、その中国が、たとえ日常的に使う文字は簡体字に変えたとしても、漢字は使い続けるという意志をもっているのがはっきりと見えてきたからである。また、コンピューターという技術革新のおかげで、漢字はかつてのように「不便なもの」でも、ポピュリズムと相反するものでもなくなったからである。今や漢字は外国人も進んで学ぶようになり、漢文の運命はわからないが、少なくとも漢字という三千数百年の歴史をもつ文字——未だに世に大きく流通する唯一の表意文字が絶滅する危機を人類は脱した。

日本語が漢字という文字を残したおかげで、私のように呆れるほど漢字を書けない者ですら、「知遇」「君子」「朋友」「寂寂」「欣欣」「春風」「豪放」などの単語を見れば日本がかつて漢文圏の一部であった歴史を感じとることができる。「煩悩」「輪廻」「衆生」「浄土」「穢土」「如来」「因縁」などの単語を見ればはるばる天竺から仏教が伝来した歴史、「自由」「平等」「権利」「哲学」「引力」などの単語を見れば文明開化に沸いた歴史を感じとることができる。ひらがなに混ざった漢字は、屹立し、私たちの無意識にも意識にも訴え、日本語と世界との交流の歴史をそのまま語りかけてくれる。まことに結構な文字である。

ベネディクト・アンダーソンがいう「出版語」が確立されるとき、なるべく多くの人が読めるようにと〈書き言葉〉が整理されるのは当然である。西洋でもあまたの方言が切り捨てられ、統一された綴りを作るための正書法ができた。もと漢文圏の人たちが、無限に近い漢字の数を制限しようとするのも、難しい漢字を理にかなった略字にしようとするのも、当然である。だが、漢字を排除しようというのはまったく別の問題である。

くり返すが、日本語は幸い漢字を残した。

日本語にとっての不幸は、漢字を残したことが、即、「表音主義」の敗北を意味したわけではなかったことにある。戦後、日本語に漢字は残ったが、それは、表音主義者から見れば、あたかも必要悪のように残されただけであり、実は、その代償のように、かれらは目立たない小さな勝利を収めた。「伝統的かなづかい」を「表音式かなづかい」に改めるというかれらの長年の念願がついに叶ったのである。明治時代から、「表音主義」を唱えていたのは、「仮名文字論者」「羅馬字論者」「新国字論者」などである。「わたしわひょーおんしゅぎおてーしょーします」と表記すべきだと考えていた人たちである。かれらが「伝統的かなづかい」を「表音式かなづかい」に改めるのを、明治以来のもう一つの念願にしていたのは当然であろう。そして、戦後、文部省は、新しいものをひたすらありがたがる、今なお続く日本の風潮に乗じて、「表音式かなづかい」を「新かなづかい」とよび、教育とマスメディアでの規制を通じてそれを国民に強制したのであった。

さきほども触れた、福田恆存の『私の國語教室』。そこには、「表音主義」が日本語にとっていかに合理性を欠くものであるかが諄々と説かれている。「表音式かなづかい」が、いかに日本語を混乱させ、さらには、語意識に対する感覚を鈍らせてしまったかが、深い知識と、日本語への愛と、日本を憂える心と、英文学者ならではのユーモアとで語られている。たとえば、「遠い」。「とほい」という歴史的仮名遣いを尊重しなかったせいで、「遠い」をひらがなで表すとき、「とおい」とすべきか「とうい」とすべきかわからないという混乱が生じている。あるいは、「胡瓜」。「きうり」を「きゅうり」と表記するようになったせいで、「きゅうり」が「うり」の一種だという語意識の感覚も鈍る。語意識の感覚が鈍った文章を読み書きするというのは、指先や足先へ神経がいかないまま舞いを舞うようなものである。言葉の意味というものは、言葉の定義にはなく、ほかの言葉との関係にあり、ほかの言葉との関係がわからなくなればなるほど、言葉全体の命が枯れていくのである。

このような言葉への暴力は、教育とマスメディアの規制とを通じ、いったん国民に広まると、そうかんたんに元へ戻せるものではない。『私の國語教室』は次の文章で終わる。

かうして幾多の先学の血の滲むやうな苦心努力によつて守られて来た正統表記が、戦後倉皇の間、人ゝの関心が衣食のことにかかづらひ、他を顧みる余裕のない隙に乗じて、慌しく覆されてしまつた、まことに取返しのつかぬ痛恨事である。しかも一方では相も変らず伝統だの文化だのといふお題目を並べ立てる、その依つて立つべき「言葉」を蔑ろにしておきながら、何が伝統、何が文化であらう。なるほど、戦に敗れるといふのはかういふことだつたのか。

「なるほど、戦に敗れるといふのはかういふことだつたのか」という最後の一言は今読んでもなお胸にせまる。

もう、今の日本には、福田恆存の怒りを共有する人はわずかにしかいない。谷崎潤一郎などの作家が、自分の作品が「新かなづかい」に改められるのにいかに抵抗を示したかを知る人もわずかにしかいない。ついでに申し上げると、私が「伝統的かなづかい」で書いた『續明暗』という漱石の続編も、文庫化されたときは「新かなづかい」に当然のこととして改められた。私自身は深い日本語の知識がないので、今の日本の〈書き言葉〉が果たして「伝統的かなづかい」にそっくり改められるべきかどうかはわからない。

また、それ以前に、ここまで「新かなづかい」が広まった今、「伝統的かなづかい」に戻るのはもう無理だろうという思いが先立つ。ただ、「少しづつ」を「少しずつ」と書くとき、「いづれ」を「いずれ」と書くとき、会話文の「それぢゃあ」を「それじゃあ」と書くとき等々、背筋に気味の悪い感覚が走るのはたしかである（注三十）。「かくして」の変形が、「かうして」ではなく、「こうして」となるのに神経が逆なでされるのもたしかである。まさに、かくして、どこかに妥協線というものを打ち立てられないかと思わずにはいられない。「新かなづかい」も、ところどころ「伝統的かなづかい」を残している。「私は本を読む」と書き、「私は本お読む」とは書かない。「続く」は、「つづく」と書き、「つずく」とはならない。それでいながら「大地」は「だいち」と書き、「地面」は「じめん」である。誰もが指摘することだが、わけがわからない。「表音主義」に主眼を置くのをいったん否定し、語意識をもっと生かした〈書き言葉〉――過去とのつながりをもっと大切にした〈書き言葉〉というものを、これから考えていくのは可能ではないだろうか。というよりも、これから考えていく日本語の専門家たちが現れてくれること、そして、文部科学省がかれらの意見に耳を傾けてくれることを切に切に願う。

たかが表記法のことではないかと人は言うかもしれない。

だが、それはたかが表記法のことではない。

福田恆存は言う。「言葉は文化のための道具ではなく、文化そのものであり、私たちの主体そのものなのです」。かれは、国語審議会に入っている表音文字主義者の松坂忠則に問う。「松坂さん、気を確かにもつてください。タイプライターのための文字か、文字のためのタイプライターか」

「伝統的かなづかい」が「表音式かなづかい」にほとんど改められてしまったという事実。それを福田恆存のような人がかくまでも嘆くのは、その改悪の根底にある「表音主義」というものが、究極的には、文化そのものの否定につながるからである。

〈書き言葉〉が〈話し言葉〉の音を書き表したものにすぎないという「表音主義」。それは、西洋のように音声文字を使う文化が、歴史を通じて、性懲りもなく、くり返し、くり返し、到達せざるをえない誤った言語観だといえよう。数年前に亡くなったジャック・デリダは、多分、世界的な影響力をもちえた最後のフランス人の哲学者かもしれないが、かれはそのような言語観に「音声中心主義」という名を与え、それを一つのイデオロギーと見て、そこからたいそう難解な言葉で西洋形而上学批判を展開した。「音声中心主義」においては、〈書き言葉〉は〈話し言葉〉より非本質的なものとされ、さらに〈話し言葉〉自体も、それを発する〈主体の意識〉より非本質的なものとされる。すなわち、言語に先行して存在する〈主体〉というものが特権化される。

そして、イデオロギーというものは、別の文化的土壌に突然移されたとき、すべての思考が必要とする微妙さをしばしば欠く。「表音主義」の西洋からの輸入。それは、日本語が果たして人間が使うのに正しい言葉なのかという自信のなさを日本人のなかで深めただけではなかった。それは、戦後の日本語教育において、〈書き言葉〉がどういうものであるかの基本的な認識を誤らせた。しかも、それは、最終的には文化そのものを否定するイデオロギーへとつながった。

「表音主義」を中心に据えた戦後の国語教育は、多分に心ある人たちの善意から生まれたものである。日本に生まれれば、どんな人間でも日本語を話すことはできる。ということは、どんなに教育を受ける機会を奪われたとしても、〈書き言葉〉というものを、〈話し言葉〉をそのまま書き表したものだとさえ規定すれば、人は文章を書けるようになる。つまり、「あいうえお」の五十音と最低限の漢字さえ覚えれば、国民すべてが文章を書けるようになる。〈書き言葉〉を、国民すべてのもの——主婦はもちろんのこと、鋤をもった農民や、サイレンの音と共に工場入りをする労働者のものにすることができる。それは、文化の否定どころか、文化を国民すべてのものにしようという文化の礼賛だとかれらは思っていたのであろう。

だが、文化とはそのようなものではない。

国語教育の理想をすべての国民が書けるところに設定したということ、国民全員を〈書く主体〉にしようとしたということ——それは、逆にいえば、国語教育の理想を〈読まれるべき言葉〉を読む国民を育てるところに設定しなかったということである（注三十一)。ところが、文化とは、〈読まれるべき言葉〉を継承することでしかない。〈読まれるべき言葉〉がどのような言葉であるかは時代によって異なるであろうが、それにもかかわらず、どの時代にも、引きつがれて〈読まれるべき言葉〉がある。そして、それを読みつぐのが文化なのである。

ゆえに、〈読まれるべき言葉〉を読みつぐのを教えないことが、究極的には、文化の否定というイデオロギーにつながるのである。文化の否定というイデオロギーのそもそもの種は近代西洋のユートピア主義にあり、それは、原始共産制礼賛、文化的資産を持つ者と持たざる者との差をなくそうとするポピュリズム、社会の規範からまったく自由な〈主体〉の物象化など、さまざまな形をとって、西洋でも文化の破壊を招いてきた。だが、非西洋においての文化の破壊は、西洋とは比較にならないすさまじいものとなった。中国の文化大革命は貴重な文化財の多くを地球から永遠に消し去り、読書人を吊し上げて辱めた。カンボジアのクメール・ルージュにいたっては読書人をことごとく虐殺した。日本の戦後五十年の国語教育を、文化大革命やクメール・ルージュと比べようというわけではない。もともと文学好きの日本人である。国語教育を通じて優れた文学を子供たちに読ませる努力は戦後も続き、優れた文学に親しんだ人たちが育ち、一時期はこの世の春とばかり文学は栄えた。作家たちは殺されるどころか「文化人」の代表として大きな顔をしていられた。作家によっては羨ましいほどの大金持にもなった。だが、日本の国語教育の理想を、〈読まれるべき言葉〉を読む国民を育てるところに設定しなかった――すなわち、文化を継承するところに設定しなかったがゆえに、時を経るに従い、しだいしだいに〈読まれるべき言葉〉が読みつがれなくなっていったのである。〈読まれるべき言葉〉を読みつぐのを理想としない教育の意味をあえて極限まで突き進めれば、それはやはり文化の否定と言わざるをえない。

文化は国家のものでもなければ、権力者のものでもない。私たち人間のものである。だから、難民が自分の国を追われても、何とかして自分たちの〈読まれるべき言葉〉を継承していこうとするのである。「さまよえるユダヤ人」にいたっては、国が亡ぼされたあと実に二千五百年にわたって世界中を流浪しながらも嵩張る教典だけは宝物のように抱えて読みつぎ、自分たちの文化を継承してきた。

中国の文化大革命は一党独裁のもとでおこったことである。クメール・ルージュの虐殺も長年にわたる植民地支配、それに続いた腐敗政権、さらにはヴェトナム戦争の波及効果のせいでおこったことである。しかし、日本は戦後五十年のあいだ、平和と繁栄と言論の自由を享受しつつ、知らず知らずのうちに自らの手で日本語の〈読まれるべき言葉〉を読まない世代を育てていったのである。〈書き言葉〉の本質が読むことにあるのを否定し、文化というものが〈読まれるべき言葉〉を読むことにあるのを否定し、ついには教科書から漱石や鷗外を追い出そうとまでしたのである。そして、誰にでも読めるだけでなく、誰にでも書けるような文章を教科書に載せるという馬鹿げたことをするようになったのであった。

〈国語〉など自然に学べるものだとしか日本人が思わなくなって当然であった。〈書く主体〉としての自己表出が〈文学〉だと日本人が思うようになって当然であった。〈国語イデオロギー〉がもっとも幼稚な形で跋扈するようになって当然であった。

そして、あの懐かしい「文語体」の数々の詩歌。「西洋の衝撃」を受けたあとも、「文語体」は明治後期から大正、さらには昭和のほんとうの初期にかけ、詩歌のなかで絢爛と花ひらいていった。そして、翻訳詩も含めて、日本近代文学をより豊かなものにしていった。その「文語体」という文字文化さえ、戦後から歳月を経るうちに、日本の国語教育は、過去へ過去へと次第に追いやりつつあるのである。

からまつの林を過ぎて、
からまつをしみじみと見き。
からまつはさびしかりけり。
たびゆくはさびしかりけり。

(『落葉松』北原白秋)

「文語体」を過去へと追いやるうちに、若い世代の日本人は、「文語体」で書かれた詩歌を読む習慣さえ失っていった。

しみじみと、さびしかりけり。
ひたぶるに、さびしかりけり。

しかも、日本語という特異な〈書き言葉〉をもつ私たち日本人こそ、世界に向かい、まさに誰よりも声を大にして、「表音主義」を批判すべきだったのである。

日本語は〈話し言葉〉としては特別な言葉ではない。だが、その〈書き言葉〉は、世にも特異な表記法をもつ。日本語は、朝鮮語が一時そうしていたように、漢字という表意文字と、自分たちの表音文字を混ぜて書く。それだけでも特異なのに、日本語にはなんと二種類の表音文字――「ひらがな」と「カタカナ」――がある。そのうえ、漢字そのものを「音読み」と「訓読み」という二種類の読みかたをする。しかもその「音読み」も「訓読み」も複雑なことこのうえない。ご存じのように、「香」という漢字は「コウ」とも「キョウ」とも「音読み」で読め、「かおる」とも「こうばしい」とも「訓読み」で読める。その「かおる」という「訓」自体、「香る」だけでなく、「薫る」「芳」「郁」「馨る」などのほかの漢字の「訓」でもある。

スティーヴン・ロジャー・フィッシャーという言語学者は『文字の歴史』という本のなかで、「日本語は、これまで地球上に存在した文字のなかで最も複雑な文字によって表記される」とし、その日本語の表記法の複雑さを、数頁にわたって――「重箱読み」や「湯桶読み」にまで言及して――説明しようと試みるが、日本語を知らない読者が読んだら、絶句し、たぶん途中で読むのをあきらめるであろう（注三十二）。

だが、そのような表記法をもつ〈書き言葉〉が地球上に存在するというその事実そのものが、「表音主義」の批判となるのである。

それは、日本語が視覚に訴える言葉だからではない。表音文字でさえも多かれ少なかれ視覚に訴える。モスクの正面を飾るアラビア文字は、絵のように美しく厳かである。ヒンディー語に使われるデーヴァナーガリー文字も、絵のように美しく遊び心を感じさせる。ローマ字アルファベットといえども、視覚的な側面を残しており、コンピューターで作成する文字でさえさまざまなフォントが使われるのはそのせいである。古典的なフォントと近代的なフォントを使い分けることによって、同じ文章が、古風にもモダンにも感じられる。視覚的効果が意味の生産と関係するというのは、どの文字でもありうることなのである。

だが、表記法を使い分けるのが意味の生産にかかわるというのは、それとは別のレベルの話で、日本語独特のことである。そのようなことは、漢字という表意文字を使う漢文でもおこらない。表記法を使い分けることによって生まれる意味のちがいとは、一本の筆で、溜息が出るほど流麗な達筆で書かれていようと、一本のボールペンで、これまた思わず嘆息するほどまずい字で書かれていようと、あるいは、明朝体が使われていようと、ゴシック体が使われていようと、そのような視覚的な差とはまったく関係のないところから生まれる、意味のちがいである。

同じ音をした同じ言葉——それを異なった文字で表すところから生まれる、意味のちがいである。

ふらんすへ行きたしと思へども
ふらんすはあまりに遠し
せめては新しき背広をきて
きままなる旅にいでてみん。

という例の萩原朔太郎の詩も、最初の二行を

仏蘭西へ行きたしと思へども
仏蘭西はあまりに遠し

に変えてしまうと、朔太郎の詩のなよなよと頼りなげな詩情が消えてしまう。

フランスへ行きたしと思へども
フランスはあまりに遠し

となると、あたりまえの心情をあたりまえに訴えているだけになってしまう。だが、右のような差は、日本語を知らない人にはわかりえない。

蛇足だが、この詩を口語体にして、

フランスへ行きたいと思うが
フランスはあまりに遠い
せめて新しい背広をきて
きままな旅にでてみよう

に変えてしまったら、ＪＲの広告以下である。

このように表記法を使い分けるのが意味の生産にかかわる〈書き言葉〉は、朝鮮語がハングルに漢字を交ぜない限りは、日本語以外に存在しない。また、朝鮮語がハングルに漢字を交ぜたところで、朝鮮語は表音文字が一種類しかないし、基本的には漢字を音読みにしかしないので、このような〈書き言葉〉のもつ特異性は、日本語ほど、顕著ではない。

日本語や朝鮮語のような〈書き言葉〉は一見例外的な〈書き言葉〉に見えるが、実は、その例外的な〈書き言葉〉こそが、〈書き言葉〉は〈話し言葉〉の音を書き表したものではないという、〈書き言葉〉の本質を露呈させるものなのである。

フランス人には内緒だが、そんなおもしろい表記法をもった日本語が「亡びる」のは、あの栄光あるフランス語が「亡びる」よりも、人類にとってよほど大きな損失である。

それなのに、日本人は、「日本語を大切にしよう」とはしてこなかった。「西洋の衝撃」を受けて以来の、日本語が果たして人間が使うのに正しい言葉なのかという自信のなさ。その自信のなさをいやましに深めた西洋から輸入された「表音主義」。その「表音主義」を前提とした戦後の国語教育が知らず知らずのうちに浸透させていった、〈国語〉など自然に学べるものだという思い——さまざまな要素が幾重にも重なり、いくら口では綺麗ごとを言おうと、日本人は本気になって「日本語を大切にしよう」とはしてこなかったのである。

しかも、それらすべてに加え、日本人が「日本語を大切にしよう」としてこなかった原因の奥の奥には、一万年以上まえから存在する、日本固有の事情がある。日本列島の地理的条件である。

日本人が「日本語を大切にしよう」などと思わずとも、日本列島の地理的条件が、長い長いあいだ、日本語を人知れず護ってくれていたのである。

「英語公用語論」の発端となった「21世紀日本の構想」の座長を務めたのは河合隼雄だが、その発言には実に興味深いものがある（注三十三）。河合隼雄も、英語を公用語化したところで、「失うもの」はないと言うが、注目すべきはその言い方である。

朝日新聞の記者が次のように問う。「英語が第二公用語になったら、結局は日本語や日本文化がダメになる、という批判がありますが」。

それに対して河合隼雄は次のように答える。

見当違いやね。なにも英語を日本語より優先する、と言っているのと違う。（中略）日本語と日本文化は絶対、大丈夫やで。もしこの程度のことでダメになる日本語、日本文化なら、早うそうなったらええんや。

河合隼雄の柔らかい人柄を偲ばせる口調だが、この「日本語と日本文化は絶対、大丈夫やで。もしこの程度のことでダメになる日本語、日本文化なら、早うそうなったらええんや」という発言。これほど、日本人の無意識の思いこみを言い当てたものはない。日本人は未来永劫日本人であり続ける――どう叩いても切り刻んでも、粉みじんになるまで踏みにじったとしても、日本人は未来永劫日本人であり続けるという思いこみ。

あたかも、日本人はＤＮＡによって日本人であるかのような思いこみ……。

それは、あの有名な『日本文化私観』のなかで、坂口安吾に「必要ならば、法隆寺をとり壊して停車場をつくるがいい。我が民族の光輝ある文化や伝統は、そのことによって決して亡びはしないのである」と歯切れよく啖呵を切らせた思いこみと同じである。戦時中に書いていた安吾は反骨精神に燃えていたつもりかもしれず、また事実、反骨精神に燃えていたのかもしれないが、実は、これほどまでに日本人に典型的な発言もないのである。安吾は、桂離宮を「発見」したブルーノ・タウトについて言う。「タウトは日本を発見しなければならなかったが、我々は日本を発見するまでもなく、現に日本人なのだ。我々は古代文化を見失っているかもしれぬが、日本を見失うはずはない」

安吾が気がついていないのは、ヨーロッパ人は、他民族の侵略につぐ侵略という過酷な歴史を生きてきたうちに、自分たちの国を「発見」してきたということである。

安吾は結論づける。「日本人の生活が健康でありさえすれば、日本そのものが健康だ」！

日本人がみな安吾のように、いくら文化財など壊しても「我々は……日本を見失うはずはない」と思っているうちに、日本の都市の風景はどうなっていったか。建築にかんしての法律といえば安全基準以外にないまま、建蔽率と容積率の最大化を求める市場の力の前に、古い建物はことごとく壊され、その代わりに、てんでばらばらな高さと色と形をしたビルディングと、安普請のワンルーム・マンションと、不揃いのミニ開発の建売住宅と、曲がりくねったコンクリートの道と、理不尽に交差する高架線と、人が通らない侘びしい歩道橋と、蜘蛛の巣のように空を覆う電線だらけの、何とも申し上げようのない醜い空間になってしまった。散歩するたびの怒りと悲しみと不快。

法隆寺が残っているのは喜ぶべきことだが、私たちふつうの日本人の生活に関係あるのは、ふつうの町並である。安吾が「法隆寺をとり壊して停車場をつくるがいい」と言ったとき、かれは鉄道の駅のようなものを指して言ったのであろう。だが、安吾が偶然使った「停車場」という言葉は、あたかも半世紀後の日本の町並みを暗示しているように聞こえる。それは車社会となり、家が壊され空き地ができるたびに、その空き地という空き地がコイン式の有料駐車場へと変わっていっている今日の日本の町並みにほかならない（注三十四）。戦火を免れた京都も、日本人は自ら壊し続け、西洋人が腰を上げて保存せねばならない恥ずかしい都となってしまった。

「日本語と日本文化は絶対、大丈夫」と河合隼雄が保証しても、都市の風景も文化の一部である。日本文化は「絶対、大丈夫」ではなかったのである。

日本人は信じないだろうが、日本語も同様である。

日本語も、「絶対、大丈夫」ではない。

日本人がかくも無邪気に日本語の永続性に自信をもてたのは、ひとえに、四方を海で囲まれた地理的条件が幸いし、日本語を護らずに済んだだけのことである。

世界のほとんどの民族は、歴史のなかで、他民族から自分の言葉を護らねばという情熱をもつ契機を与えられた。どの民族の言葉も、その言葉自体は、歴史の流れのなかで偶発的にできたものであり、その言葉が世に存在する必然性もなければ、ある民族にとって、その言葉が、〈自分たちの言葉〉となる必然性もない。ところが、異民族の襲来による危機に晒されることによって、その民族が使う言葉がかれらの民族的アイデンティティの拠り所となり、それこそが〈自分たちの言葉〉だという必然性をもち、護らねばならないものとして、その民族の情熱の対象となっていったのである。護られなかった言葉は亡びてしまった。〈書き言葉〉をもっていても、護られなかった〈書き言葉〉は「亡び」ていった——たとえ書物という形で残っていたとしても、読まれなくなることによって「亡び」ていった。人類の歴史は言葉の戦いの歴史でもあったのである。

今、私たち日本人は日本語が生まれてから未曾有の状況に直面している。

「日本語を大切にしよう」などと思わずとも、日本語を自然に守ってくれていた地理的条件が急速に消えつつあるからである。

もちろん、十九世紀には蒸気船が出現した。

二十世紀には飛行機も出現した。

そして、そのあいだに、船便、電報、ラジオ、航空便、電話、テレビ、テレックス、ファックスと、地球のあちこちを結ぶさまざまな伝達技術が出現した。

だが、今世紀に入って急速に普及したインターネットの出現──しかも、英語が〈普遍語〉となったのと時を一にしたインターネットの出現は、今まで日本語という〈書き言葉〉を護ってきた地理的条件を、徹底的に無意味なものにしてしまったのである。一秒前、誰かがニューヨークで書いた文章は、瞬時に、私たちの目の前に立ち上がる。モンゴルやリトアニアで書いた文章も、瞬時に、私たちの目の前に立ち上がる。そして、それらの文章が〈普遍語〉で書かれていれば、二重言語者には、そのまま読める。ヒマラヤ山脈やサハラ砂漠や太平洋など、ありとあらゆる地理的条件を無にして〈普遍語〉が飛び交う。そのような時代に入っても、たしかに〈話し言葉〉としての日本語は残るであろう。〈書き言葉〉としての日本語さえ残るであろう。だが〈叡智を求める人〉が真剣に読み書きする〈書き言葉〉としての日本語はどうか。知的、倫理的、美的な重荷を負う〈書き言葉〉としての日本語──名実ともに〈国語〉としての日本語は、どうであろうか。

漢文圏に属していたとき漢文から日本語を護ってくれた日本の地理的条件は、これから先、日本語を護ってはくれない。日本人は、日本語は「絶対、大丈夫」という信念を捨てなくてはならないときに来ている。

「我々は日本を発見するまでもなく、現に日本人なのだ。（中略）日本を見失うはずはない」と言い放つ坂口安吾だが、「現に日本人」とはいったいどういう人を指すのか。血は日本人だが日本語を話せないという人を私はたくさん知っている。日本語は話せるが日本語を読めないという人もたくさん知っている。かれらも「現に日本人」であり、「日本を見失」っていないと言えるのか。

『三四郎』の出だしである。

うと〳〵として眼が覚めると女は何時の間にか、隣の爺さんと話を始めてゐる。此爺さんは慥《たし》かに前の前の駅から乗つた田舎者である。発車間際に頓狂な声を出して、馳け込んで来て、いきなり肌を抜いだと思つたら背中に御灸《おきう》の痕が一杯あつたので、三四郎の記憶に残つてゐる。爺さんが汗を拭いて、肌を入れて、女の隣りに腰を懸けた迄よく注意して見てゐた位である。

何の変哲もない出だしだが、ああ、こんな時代があったのだと、自分が生まれるまえの古くて新しい日本の〈現実〉が、これ以上ありえないほど、鮮やかに目の前に立ち上がる。「田舎者」の「爺さん」と「女」がぼそぼそと話す様子が見えるだけでなく、ゴトンゴトンという列車の音さえ聞こえる。振動さえ感じられる。

自分が不意にそのままその場に連れてゆかれる。

日本人がこの『三四郎』を「原文」で読めなくなっても、「現に日本人」であり、「日本を見失」っていないと言えるのであろうか。くり返すが、『三四郎』が朝日新聞に連載されたのはちょうど百年前のことである。たった百年前に〈自分たちの言葉〉で書かれた小説をそのままでは読めなくなりつつあっても、「現に日本人」であり、「日本を見失」っていないと言えるのか。

いかに凡庸であろうと、私たちに今できることは、私たちのあとに来る日本人が「日本を見失」わずにすむ国語教育を考えていくことぐらいしかないのである。

当然ながら、どの国にもあてはまる、国語教育などはない。

多民族多言語国家であれば、〈国語〉以前に、何語を「共通語」として教えるべきかという問題がまず先に立つ。その国にどれぐらい義務教育が普及しているか、どれぐらい本の入手が困難かもかかわってくる。果たして、その〈書き言葉〉が、どれぐらい過去の文学をもつかということもかかわってくる。テレビのニュースを観れば、いまだ教科書もないアフリカの田舎の子供たちが、先生が黒板に書いた字を大声で読みあげる姿が映る。文字と無縁の生活を送っている子供たちである。学校は、そのような子供たちをひとところへ集め、文字に触れる機会をもうけ、将来都会に働きにいったり、選挙に参加したりできるよう「共通語」の読み書きを学ばせる。そのような学校教育は真に啓蒙的な機能を果たしているといえよう。

思い出すのは、私自身一時アメリカの学校で入れられていた、「dumb class」――「お馬鹿さんのクラス」である。

アメリカでは、地域の差、貧富の差、さらには能力の差に応じて、まったくちがったレベルの教育が平気で与えられている。私が通っていたアメリカの公立のハイスクールでは、数学や理科の授業は難易度を自分で選べたが、〈国語〉の授業だけは、過去の成績をもとに、学校側が生徒を上中下の三種類のクラスに振り分けた。格別に優秀な生徒を集めた上級のクラスではギリシャ神話やホメロスまで遡って古典の素養を身につけさせられた。ふつうの生徒を集めた中級のクラスではアメリカ文学と共にシェークスピアやディケンズを読まされた。どちらのクラスでも、可能な限り、英語で書かれた文学の伝統を継承させるのに主眼が置かれていたのである。そのような贅沢が許されたのは、比較的裕福な人々が住む郊外にある恵まれた学校だったからであろう。ただ、それとは別に、ふつうの授業にはついてゆけない一握りの生徒たちを集めた下級のクラスがあった。そこで行われた授業は、英語で書かれた文学の伝統の継承などとは無縁の授業であった。まさにアフリカの田舎の子供を集めたのと同様、読み書きができるのに主眼が置かれていたのである。

そしてそのクラスが、学生たちのあいだでは「ダム・クラス（dumb class）」――「お馬鹿さんのクラス」とよばれていたのである。

英語ができない私はそこに入れられた。

数学や理科や社会の授業では、教科書＝〈テキストブック〉を使ったが、英語という〈国語〉の授業だけは、教科書を使わず、学校が所持している本＝〈テキスト〉を次々と読んでいった。ところが、である。「お馬鹿さんのクラス」は別であった。本を次々と読んだりすることはなく、一冊の教科書が使われたのである。日本のあの、信じがたいほど薄っぺらい〈国語〉の教科書よりははるかに分厚かったが、それでも教科書は教科書でしかない（注三十五）。誰が書いたともわからぬ、生徒たちと同い年ぐらいの主人公が生徒たちと同じような日常生活を送っている物語――しかも生徒たちが理解できる文章で綴られた物語だけが入っている教科書であった。

日本はアフリカの田舎ではない。多くの人が中流生活を送っている。十八歳までの教育がほとんど義務教育といえるほど普及している。本は、資源ゴミで出すか、重さで売るしかないほど巷に溢れている。

それだけではない。

日本は八世紀から〈自分たちの言葉〉の文学をもっているうえに、非西洋圏のなかで、「日本近代文学の奇跡」というものさえあったのである。日本では〈自分たちの言葉〉が〈学問の言葉〉たりえなかったり、〈自分たちの言葉〉の文学といえば、近代以前の詩歌の伝統に戻るしかなかったりするわけではない。また、文学が大衆消費社会における〈文化商品〉の一つでしかなくなった時代に初めて文学が栄えるようになったわけでもない。「西洋の衝撃」を受けたあと、古い言葉から新しい言葉を生まねばならなかった運命に直面し、その困難と興奮と情熱のなかで、天が大きく動き、才をもった人たちが続出し、はやばやと〈国語〉が生まれ、〈国民文学〉が生まれ、以来たくさんの人がその言葉を糧にして生きてきたのである。

しかも途中から英語への翻訳者にも恵まれ、世界で「主要な文学」と認められる〈国民文学〉をもつに至ったのである。

そのような幸運な道を辿った文学をもった日本で、戦後から歳月を経るうちに、どこか「お馬鹿さんのクラス」に似た国語教育を、次第に、すべての国民に与えるようになっていったのである。

なんというもったいないことをしてきたのであろうか。

教育とは家庭環境が与えないものを与えることである。

教育とは、さらには、市場が与えないものを与えることである。

日本の国語教育はまずは日本近代文学を読み継がせるのに主眼を置くべきである。

一つには、それが「出版語」が確立されたときの文章だからである。

明治、大正、昭和初期に書かれた日本近代文学の文章は、ベネディクト・アンダーソンがいう「出版語」が、初めて真に統一されたものとして、日本で確立されたときの文章である。「出版語」とは、なるべく多くの読者に読んでもらえるよう、規範性をもって市場で流通するに至った〈書き言葉〉である。「出版語」が規範性をもって流通し続けることによってのみ、人々の〈話し言葉〉が安定する。そして、人々の〈話し言葉〉が安定することによってのみ、古典の専門家でも何でもない人が、〈読まれるべき言葉〉を読み継ぐのを可能にする。イギリス人やフランス人が苦もなく三百年以上前の〈読まれるべき言葉〉を読むことができるのは、三百年以上前に「出版語」が成立したからだけではなく、人々が「出版語」のもつ規範性を理解し、それを大切にしてきたからである。

それが、文化である。

口語の変化がそのまま反映された文章を「新しい」などと言って喜ぶのは、〈書き言葉〉のもつ規範性がいかに文化を可能にするかを理解していないからである。（それと同時に、会話体の文章こそまさに〈現地語〉の〈書き言葉〉を特徴づけるものであることを理解していないからでもある。）

ふたたび、くり返すが、日本の国語教育は日本近代文学を読み継がせるのに主眼を置くべきである。

二つには、それが漱石がいう「曲折」から生まれた文学だからである。日本近代文学は、西洋語の翻訳から新しい日本語の「出版語」を生むため、そして、その言葉で「西洋の衝撃」を受けた日本の〈現実〉について語るため、日本語の古層を掘り返し、日本語がもつあらゆる可能性をさぐりながら花ひらいてきた。日本近代文学を読む習慣さえつければ、近代以前の日本語へさえも朧気に通じる。

　年暮れてわがよふけゆく風の音にこころのうちのすさまじきかな

今からほぼ一千年前に生まれた紫式部が詠んだ歌である。その歌がこうしてしみじみと心の中に入ってくるのも――私が歳をとったせいもあるだろうが――日本近代文学が、過去の文学の古層を生かしながら花ひらいていったからである。

みたび、くり返すが、日本の国語教育は日本近代文学を読み継がせるのに主眼を置くべきである。

三つには、日本近代文学が生まれたときとは、日本語が四方の気運を一気に集め、もっとも気概もあれば才能もある人たちが文学を書いていたときだからである。日本の国語教育においては、すべての生徒が、少なくとも、日本近代文学の〈読まれるべき言葉〉に親しむことができるきっかけを与えるべきである。子供のころあれだけ濃度の高い文章に触れたら、今巷に漫然と流通している文章がいかに安易なものか肌でわかるようになるはずである。大人になり、たとえ少数の〈選ばれた人〉として優れたバイリンガルになろうと、そこへと戻ってゆきたく思う、懐かしくもあれば憧憬の的でもある言葉の故郷ができるはずである。今の日本にもたくさんいるにちがいない良心的な国語教師たちにとって、血湧き肉躍る教えがいのある授業となるはずである。

具体的には、翻訳や詩歌も含めた日本近代文学の古典を次々と読ませる。しかも、最初の一頁から最後の一頁まで読ませる。もちろん、何はともあれ読む習慣をつけるため、ほとんどの作品は、漢字の数を減らし、〈今のところは〉「表音式かなづかい」に直されたもので読ませるよりしかたがないであろう。だが、そうではない作品も混ぜることによってすべての生徒が、高等学校を終えるころには、文語体にも慣れ、伝統的かなづかいにも慣れるようにする。たとえば、高等学校を終えるころには、樋口一葉の『たけくらべ』ぐらいは「原文」で読ませる。うすぼんやりとしかわからなくともよいから、なにしろ、読ませる。字面に触れさせ目に慣らす。音読させ耳に慣らす。あの一葉の天の恩寵のような文章に脈打つ気韻やリズムを朧気ながらでも身体全体で感じ取らせる。一葉も〈国民国家〉に生きた近代人であり、文語体で書かれていようと、一葉の精神はそのまま私たちの心に響くのを身を以て知らせる。（以前一葉の「現代語訳」——それも大人に向けての「現代語訳」を頼まれたことがあるが、とんでもない話である。）感想文を書かせたりもせず、なにしろ、気概もあれば、才能もある人たちが書いた文章を読ませる。「ゆとり教育」の反省から日本の国語教育にも力を入れる動きはすでに少しづつはじまり、日本近代文学の古典が〈国語〉の教科書についに戻ってきているというが、もっと過激に。あの信じがたいほど薄っぺらい〈国語〉の教科書がようやく倍ほどの厚さになったというが、もっと過激に。

もっともっと過激に。

福田恆存も言う。

> 専門家だけが（中略）書斎のなかで古典を楽しんでゐたからといつて、一体そんなことが日本の文化とどういふ関係があるのでせうか。よその国の学者と同様、なんの関係もありますまい。一番大事なことは、専門家も一般大衆も同じ言語組織、同

じ文字組織のなかに生きてゐるといふことです。同一の言語感覚、同一の文字感覚をもつてゐるといふことです。古典には限りません。江戸時代の無学な百姓町人が難しい漢語の続出してくる近松や馬琴を十分に楽しめたといふのも、そのためではありませんか。大衆が古典を読むか読まないかは第二義的なことで、古典をひたしてゐる言語文字と同じもの、同じ感覚に、彼等もまたひたされてゐることが大切なので、それによつて彼等は古典とのつながりを最小限度に保つてゐるのです。

「古典とのつながりを最小限度に保つ」――みながそのつながりを保っていれば保っているほど、日本語は生きている。

〈国語〉の運命。そしてその〈国語の祝祭〉である〈国民文学〉の運命。それは、国民がその〈国語〉とどう向き合うかでもって、この先、酷いほど明暗を分けるであろう。〈大図書館〉が実現すれば絶版はなくなり、いつかは今まで日本語で出版されたすべての文学にアクセスできるようになる。だが、文学とは、たんにそこにあるモノではない。それは、読むという行為を通じてのみ、毎回、そこに新たに存在するものである。日本文学という〈国民文学〉の豊かさは、日本語の〈図書館〉にどれぐらい〈読まれるべき言葉〉が入っているかではない。それらの〈読まれるべき言葉〉をふつうの日本人がどれぐらい読むかにかかっているのである。

　これから五十年後、百年後も『三四郎』は誰にもアクセスできるものではあり続けるであろう。だが日本文学の専門家しか『三四郎』を読まなくなってしまったらどうするか、コンピューター用語でいう「ロングテール現象」(注三十六)の一部に『三四郎』が入ってしまったらどうするか。それは、あたかも日本近代文学の奇跡がなかったのと同じことでしかない。

　あたかも、百数十年前、アメリカに植民地化されたのと同じことでしかない。

　もちろん、世界の人たちにとっては、『三四郎』が存在したことなど、どうでもよいことである。日本語という〈国語〉、そして日本近代文学が、非西洋圏のどこよりも先んじて存在するようになったことなどもどうでもよいことである。日本文学という〈国民文学〉が「主要な文学」だとされていたことなども、じきにきれいさっぱり忘れ去られる。そもそも、二十世紀というのは、日本という国が初めて世界の表舞台にひっぱり出され右往左往するうちに終わってしまった百年間であった。この先、日本が、二十世紀においてもったほどの世界的な意味をもつことは、良きにせよ悪しきにせよ、もう二度とありえないであろう。

　だが、これから先、日本語が〈現地語〉になり下がってしまうこと——それは、人類にとってどうでもいいことではない。たとえ、世界の人がどうでもいいと思っていても、それは、遺憾ながら、かれらが、日本語がかくもおもしろい言葉であること、その日本語がかくも高みに達した言葉であることを知らないからである。世界の人がそれを知ったら、そのような非西洋の〈国語〉が、その可能性を生かしきれない言葉――〈叡智を求める人〉が読み書きしなくなる言葉になり下がってしまうのを嘆くはずである。〈普遍語〉と同じ知的、倫理的、美的な重荷を負いながら、〈普遍語〉では見えてこない〈現実〉を提示する言葉がこの世から消えてしまうのを嘆くはずである。

人類の文化そのものが貧しくなると思うはずである。

少なくとも、日本語をよく知っている私たちは、かれらがそう思うべきだと思うべきである。

この先、〈叡智を求める人〉で英語に吸収されてしまう人が増えていくのはどうにも止めることはできない。大きな歴史の流れを変えるのは、フランスの例を見てもわかるように、国を挙げてもできることではない。だが、日本語を読むたびに、そのような人の魂が引き裂かれ、日本語に戻っていきたいという思いにかられる日本語であり続けること、かれらがついにこらえきれずに現に日本語へと戻っていく日本語であり続けること、さらには日本語を〈母語〉としない人でも読み書きしたくなる日本語であり続けること、つまり、英語の世紀の中で、日本語で読み書きすることの意味を根源から問い、その問いを問いつつも、日本語で読み書きすることの意味のそのままの証しとなるような日本語であり続けること——そのような日本語であり続ける運命を、今ならまだ選び直すことができる。

私たちが知っていた日本の文学とはこんなものではなかった、私たちが知っていた日本語とはこんなものではなかった。そう信じている人が、少数でも存在している今ならまだ選び直すことができる。選び直すことが、日本語という幸運な歴史を辿った言葉に対する義務であるだけでなく、人類の未来に対する義務だと思えば、なおさら選び直すことができる。

それでも、もし、日本語が「亡びる」運命にあるとすれば、私たちにできることは、その過程を正視することしかない。

自分が死にゆくのを正視できるのが、人間の精神の証しであるように。

# あとがき

この本は私が読んできた〈読まれるべき言葉〉から生まれてきたものである。書物の名はいちいち挙げないが、まずは、それらの書物に感謝する。

そして、若いころに出会った人たち。

言語について思考するのがいかに困難でありながら大切なことであるかを学んだのは、昔、イェール大学で仏文学を専攻していたときである。ポール・ド・マン、ショシャナ・フェルマン、マリア・パガニーニの諸先生に感謝する。また、当時、加藤周一氏、そして柄谷行人氏が日本文学を教えるために招かれていた。まったくちがった視点からだが、まだ二十代だった私がお二人から日本文学にかんする色々な話をじかに聞くことができたのは実に幸運であった。さらにそのころはエドウィン・マックレラン先生が日本近代文学を教えていた。日本近代文学をあそこまで愛し——漱石のこの部分がいいという話になると、ほとんど涙ぐまれたりした――くり返しくり返し読んでいた人物を私はほかに知らない。アメリカで育ったがゆえの恵まれた出会いであった。

この本の最初の三章を雑誌に載せるよう勧めて下さった『新潮』編集長の矢野優氏、および同編集部のかたがたに感謝する。

最後に、本書の編集にあたって下さった間宮幹彦氏に感謝する。体調を崩していたうえに年老いた母親の面倒を見なければならず、この数年間、毎日悲しいほどわずかにしか仕事ができなかった。「今年の秋には絶対に書き終えます！」と私が電話で宣言するたびに、「いや、ご自分のお身体の方を優先して下さい」と間宮氏特有の思慮深いバリトンで応えて下さり、五年間も辛抱強く待って下さった。この場で心からの御礼を申し上げる。

二〇〇八年八月

水村美苗

# 文庫版によせて

## はじめに

最初に一言、『日本語が亡びるとき』という題にかんしてである。これは本文が始まる前、序言で引用した、『三四郎』の広田先生の台詞から取ったものである——「かの男はすましたもので、(日本は)「亡びるね」と云った」。こんなことを登場人物に言わせる漱石が面白く、それで「亡びる」という表現をそのまま使った。この題で人を驚かせようというような意図はなかった。

二〇〇八年十月にこの本が出版されたとき、想像を越えたことがおこった。『ウェブ進化論──本当の大変化はこれから始まる』（二〇〇六年）の著者の梅田望夫氏は当時有名なブロガーでいらしたが、彼が「この本は今、すべての日本人が読むべき本だと思う」という強い言葉で薦めて下さったのである。それをきっかけにブログやツィートなどでこの本をめぐって、賛否両論、さまざまな意見が書きこまれ、一時、本がアマゾンの売り上げ一番となり、ふつうの本屋でも平積みとなるという日が続いた。

私のような者の書く小説はそのような現象を引き起こしたことは一度もない。まして、この本は、小説よりよほど難解なものである。それが、梅田氏の一言をはずみに、まずはインターネット上で小さな竜巻のようなものをおこし、次第に外の世界へと広がっていったのである。一年以上、インタビューも続いたし、体調が悪いままだったのでほとんど断らざるをえなかったが、講演も頼まれ続けた。数知れぬ紙の媒体でも取り上げられた。また個人的に受け取った手紙も、日本語や英語の教師のみならず、科学の研究者や駐在経験の長かったビジネスマンなどからのものもあった。それらの手紙は、この本が、予想もしなかった幅広い読者にまで届いたという実感をしみじみと与えてくれた。インターネットが巻き起こすその力の大きさを思い知ると同時に、この本が、偶然、かくも幸運な道を辿ったことに感謝した。

英訳がコロンビア大学出版局から出版されたのは、二〇一五年一月である。

英訳されるなどとは考えもせずに書いた本である。それが、この本が日本語で出たとたんに、ハワイ大学でアメリカ学を教えている吉原真理教授から、ぜひ、英訳したいとの連絡があった。日本語について日本人を相手に書いた本を英語にしようというのだから、今思えば、ずいぶんと勇気のある発想である。どんなもんだろうと半信半疑でいたら、いつのまにか訳し終えて下さり、そのうえに、マンハッタンに出たついでだからとコロンビア大学出版局まで足を運び、なんと出版という話にまで漕ぎ着けて下さった。たいへん優れた訳であった。それをもとに、英語の読者向けに私が手を入れ、さらにその原稿に、私の『本格小説』の翻訳者であるジュリエット・W・カーペンター教授が手を入れて下さった。これまで六十冊以上の翻訳を手がけたという高名な翻訳家で、今は、同志社女子大学の特任教授でもある。彼女には、こなれた英語にしてもらっただけでなく、もっと踏みこみ、場所によっては論理の進め方や、例の挙げ方なども、的確に直してもらった。英訳は二人の女性の勇気と親切と知性の賜である。

英訳の題は『The Fall of Language in the Age of English』――日本語に直訳すると、「英語の時代における言語の凋落」である。最初は「日本語」という言葉が副題に入るはずだったが、いつしかその案は消え、副題もないまま出版されることになった。私自身、せっかく英語で出るのなら、この本を、日本語や日本の専門家だけでなく、より広い読者に開かれた本にしたいと思っていたので、コロンビア大学出版局の編集者がそこまで思い切った決断を下してくれたのはありがたいことであった。日本語で書いたときに、一番頭を使い、高揚感のようなものを覚えたのは、理論的な基礎を展開した第三章である。図のようなものを描いては消し、描いては消しという毎日だった。日本語の運命にはそんなに興味をもてないであろうことがかえって幸いし、英訳の読者のうちの何人かが、その第三章に興味をもってくれることを期待している。

英訳が出たのを機会に、文庫という形で日本語でも出版し直すことになったのが、この増補版である。単行本が出版されたのは、二〇〇八年の十月。それから六年余たつうちに、新たに読んだ本もあれば、新たに経験したことも聞いたこともある。ことに、体調が少しよくなったので、外国にも何度か旅行し、すると、その国の人は英語の時代をどう受け止めているのか、その国の〈国語〉はどうなっているのかなどとばかりを旅行中考えることになる。当然、二、三、書き足したいことがでてきたので、短いエッセイを最後に載せることになった。題して「文庫版によせて」。まとまった内容のものではなく、思いつくままに、小見出しをつけ、脈絡もなく並べただけである。また、英訳では、第七章の「英語教育と日本語教育」は最初から訳さずにいた。そして、外国人、ことにアメリカで出版されるのだから、アメリカ人に向けて大幅に書き直し、「The Future of National Languages」（「国語の将来」）と題した。その書き直した部分で、日本語でも残したいと思った個所を、今度は日本の読者向けに手を入れ、それもここに収録することにした。

本文そのものに手を入れたのは、主に、意味が通りにくいと思ったところと、版を重ねるごとに直していった事実のまちがいに、さらに気がついたところである。本文に出てくる数字で古くなってしまったものは、本文のなかでは直さず、「注」で新しい数字を入れた。私は自分の本が文庫化されるときによく手を入れるが、今回は、本文にはなるべく手を入れないようにした。

それには理由がある。この本が結果的に幅広い読者に届くことになったのは、まずはインターネット上で広がったときに、たくさんの人の顰蹙を買い、議論が盛んになったからである。その顰蹙のうち、極めて正統だと思ったのは、この本が全体を通じて、今の日本文学を軽視していることに対するものである。あのような書き方をしたことによって多くの読者の怒りを招いてしまったことは、すでにこの本の受容のされかたの――大げさな言い方をして申し訳ないが――歴史の一部である。文庫本でその部分を書き換えてしまえば、なぜこの本に対してああいう反応があったのかが、のちの読者にわからなくなるかもしれない。だから、あえて表現をやわらげることを避けた。

だが、この場を借りて釈明させていただければ、私は、若い小説家や文芸評論家を傷つけようとしてあのような書きかたをしたのではない。私が想定していた読者は、極めて限られた読者であった。本というものは、よく、主題や文章の色合いや難易度を含め、限定された読者を想定して書かれるものである。この本もそのような本の一つであった。

そもそも、エッセイ集の巻頭エッセイとして書き始めたものだが、言葉にかんしての理論的、歴史的考察などふつうの読者は興味がない。私は、その巻頭エッセイを、私の小説の読者のうち、さらに少数の、とりわけ熱心な読者を念頭において書き始めた（そのために出だしはあたかも小説のように読めるようにした）。そのような読者は年がいっている人が多い。年がいっているとは、必然的に、日本の近代文学に親しんで育ち、現代文学にはなじめないということである。「今、何が書かれていようとそんなことは気にすることはない。私たちはもうすでに一生読み続けられるほどの文学を過去にもっている」――と、あるフランス人が言っていたそうだが、日本文学にかんして同じようなことを言いそうな人が、私が想定した読者であった。短く終わらせるつもりの巻頭エッセイが、どんどんと長くなり、やがて一冊の本になってしまったが、私が想定していた読者は、最後まで同じであった。

この本の存在がまずはインターネットで広がり、それによって、必然的に、若い人たちのあいだで広がるだろうとは予想もつかなかった。このような事態になる予想がついていたら、あのような大人げない失礼な書き方はしなかったであろう。読んで下さればわかると思うが、この本が真に目指すところは、今書かれている文学をあしざまにいうところにはない。英語という〈普遍語〉の意味を問い、その力を前に、日本語をどうしたら優れた「書き言葉」として護ることができるか、今、それを真剣に問わねばならない――と、そう訴えているだけである。それは英語にあらざる〈国語〉を母語とする人たちの共通の問いである。

今までで一番苦しい思いをしながら書いた本であった。小説以外のものを書くのは好きではないし、そのうえ内容が内容だから、書いているあいだ中、鬱々とした思いに囚われざるをえなかった。だが、勝手な思いこみかもしれないが、書き進めば進むほどこれを書くのは自分のような立場に置かれた人間の使命だという気がし、何とか終えようと毎日必死の思いでコンピューターに向かった。それでも長いあいだ考えが纏まらず、先が見えなかった。すでに悪かった体調はよくならず、そこへ八十を越した母親の世話が加わり、乏しい体力と精力がさらに枯渇した。転機が訪れたのは、二〇〇七年十一月、アメリカのプリンストン大学が主催した日本文学学会で基調講演を頼まれたときである。例によって躊躇したが、講演は学会誌に残る。この本の主旨を英語で残しておくのも必要かもしれないと思って引き受ければ、自分の考えを短く英語でまとめねばならなかったがゆえに、別の方向から考えることができ、それまで収拾がつかなかった部分が明確になった。そのこと自体、いかに翻訳という行為が生産的な行為でありうるかを示すものであるように思う。帰国してから八カ月ぐらいのあいだに大幅に手を入れ、最後のほうは誤嚥性肺炎で酸素マスクをつけていた母のベッドの横で仕事をしていた。脱稿したのは母が死ぬ二日前である。合計五年かかった。

小説家になったのが遅かったので、貴重な五十代の半分をこの本で失ってしまったのは、今振り返っても悲しいが、結果的には書くことができてよかったと思っている。〈普遍語〉というものの理論的な意味、〈国語〉としての日本語の成立を可能にした歴史的条件など、それまで充分に考え抜いていなかったことを考える機会を与えられた。また、まさか届くとは思えなかった人にまでこの本が届いた。しかも〈普遍語〉である英語でも出版されたのだから、さらに多くの人に届くであろう。

この本もまた幸せな本だったと今ふたたび思う。

## 自然科学と母語の関係、そして、翻訳文化の重要性について

先に申し上げた通り、脈絡のない話となるが、まずは、自然科学と母語との関係について、一言つけ加えたい。これは単行本を出したときに、ほんとうは入れたかったことである。だが、自然科学にかんして充分に知識がないので、気が引けて、入れるのをためらっていた。

覚えておられると思うが、単行本では、自然科学は、文学と対立するものとして扱われている。自然科学は、テキストブックに置き換えられるもの、翻訳可能な学問の代表

とされ、それに対して、文学はテキストでしかありえないもの、翻訳がもっとも困難なものの代表だとされている。だが、このように自然科学と文学とを、両極にあるものとして分けて扱ったのは、議論をわかりやすくするためである。日本語を母語とする自然科学者が、英語で読み、しかも英語で書くのに、障害がないということは意味していない。さらにいえば、障害がないほうが良いということも意味していない。母語が英語ではないこと、西洋語でさえないことは、場合によっては、生産的な結果をもたらしうるのではないかと思うのである——というより、そう願うのである。

単行本が出たあと、自然科学者から受け取った手紙は、英語で学問をせねばならない現場の深い悩みが伝わってきた。大学院に上がり、さらに研究者ともなると、英語で読み書きしなくてはならない。そして、そのときには母語が日本語であるという問題が、どうしても目の前に立ちはだかる。ことに、読むのは何とかこなせても、書くのは困難である。それではいっそのこと自然科学——そして数学や工学——のようなものは、最初から英語で学んだほうがいいのだろうか（旧大英帝国植民地ではそういう方針をとっている国もある）。だが、そのようなやりかたは、決して良い解決法にはならない。日本人が子供のころから自然科学に興味をもつのは、西洋語からの科学の概念が、それが翻訳であることを意識されないまで日本語に浸透し、ふだん使っている言葉でもって自然科学を学べるからである。そのような広く厚い基盤があって、初めて、日本語を母語としながらも、世界的な研究をできる人材が育っている。そこへ、最初から英語で自然科学を学ぼうということになると、自然科学に興味をもつ門が狭き門となり、今ある広く厚い基盤が消えてしまう――というのが、たいへん納得できる現場の悩みであった。

自然科学にかんしての知識がなくとも、やはり日本語では一言書き残しておきたいと思ったのは、この本が出版された直後、ある機会に恵まれたからである。二〇〇九年の春のことで、ひょんなことから、セルビアのベオグラード大学の創立二百年を記念する式典に便乗して出席することになった。北大西洋条約機構（ＮＡＴＯ）の空爆の跡もなまなましい建物がいたるところにある町に到着し、やがて、がらんとした内装も、ほの暗い電灯の明かりも、どこかうら淋しい魚料理の店に案内されれば、二、三十人の学者が集まっていた。そのうちの一人が私に紹介されるや否や直立不動の姿勢をとったと思うと、次に慇懃に腰を折り、むかしの紳士のように私の右手に恭しくくちづけの真似をした。それが、ジョージ・シラッキ氏といい、ベオグラード大学の物理学者であった。

国によって別の時間が流れているのを発見するのは、いつも面白い。

食事中、時代がかった動作で私を驚かせたシラッキ氏は偶然同じテーブルに座り、各国の学者をも交えてのセルビア人たちの話は、じきに憂国の模様を帯びてきた。しかも、そのテーブルに英語を母語とする人がいなかったせいか、英語圏の優勢を羨むような話となっていった。セルビアは気の毒な国であった。英語圏（主にアメリカ）に留学する人のほとんどが祖国に戻ってこないという。ある人は、九五パーセントは戻ってこないと言って、苦笑いをしていた。経済力がないがゆえの、英語圏への頭脳流出である。英語で高度教育を受けてなお戻ってくる人たちは、ソビエト連邦が消え、ユーゴスラビアが霧散し、さらに空爆まで受けたあと、国を建て直そうという建国の士たちであった。やがて話は、ごく自然に、英語で学問をすることの苦労話になっていった。英語で読むのはともかく、書くのは苦労するという話である。お世辞にも美味しいとはいえない魚料理を前に、西洋人もそうなのかと思って耳を立てながらナイフ・フォークを動かしていると、シラッキ氏が、彼の専門とする物理学は当然英語で読み書きするが、彼自身、微妙な思考をするときには、母語のセルビア語でしか思考できないと言った。セルビア語はスラブ語系の言葉で、スラブ語系の言葉は、インド・ヨーロッパ語である。日本語などに比べるとはるかに英語に近い。しかも物理学は数学を駆使するたいへん抽象的な学問である。だが、それでも微妙な思考をするときには、母語で思考をしなくてはならないという。

その話が記憶に鮮やかに残っていた数日後に、名誉博士号の授賞式も兼ねた大学の創立二百年の記念式典があった。名誉博士号の受賞者の一人は、素粒子の研究でノーベル賞を受賞した、マーティン・パール氏というアメリカの物理学者——見るから人格者で、相知ればますます人格者だという類いの物理学者であった。受賞記念講演の内容はもちろんわからなかったが、日本初のノーベル賞受賞者、湯川秀樹について幾度か触れたところだけはわかった。彼は敬意と驚嘆のまざった声で言った。中間子を発見するなど、そんなオリジナルな発想がどうして可能だったのか、いまだに、わからないと。先日の夕食時のシラッキ氏の話と、その日の式典でのパール氏の言葉が頭のなかで木魂《こだま》するうちに、日本語で自然科学を研究することが、必ずしもマイナス面ばかりではないのかもしれないと、常日頃考えていることが、胸に湧き上がってきた。

日本語を母語とする自然科学者は、いくつかの世界的な発見をしている。そのなかで、日本語で思考していたのと繋がっているように思われる発見がある。湯川秀樹が理論的に予言した中間子などの存在は、まさに、その一つである。中間子は、それ自体が素粒子でありながら、素粒子と素粒子のあいだを媒介する物体である。西洋語では、媒介というものを、あくまでも「実体」と「実体」を媒介するものとしてしか、認識しない傾向がある。ところが、日本語では、「実体」と「実体」とを関係づける媒介そのものを、「実体」として認識しやすい。そしてそれは、西洋語は、「実体」への指示機能が強い言葉として発展し、日本語は、ものとものとのあいだの「関係性」を思考するのに適した言葉として発展してきたことと繋がっているように思う。一番かんたんな例は、英語の「I」と日本語の「私」とのちがいである。英語の「I」は相手が誰であろうと「I」である。ところが、日本語の「私」は相手によって「僕」や「俺」や「あたし」になる。

日本語の「私」は「関係性」のなかにある「実体」なのである。

今西錦司のグループが率いたサルの個体識別法も、動物生態学に大きな影響を及ぼしたが、ニホンザル一匹一匹に人の名を与えて観察するなどという方法を考え出すことができたのも、日本語で思考をしていたのと繋がっているのではないか。というよりも、人間を特権化しがちな、西洋語で思考をしていなかったのと繋がっているのではないか。また、ここまで考えると行き過ぎかもしれないが、南部陽一郎氏の自発的対称性の破れの発見、それを応用した小林誠氏と益川敏英氏のCP対称性の破れの発見なども、日本語が対称性や必然性を特権化することがないことと繋がっている可能性もあるのではないだろうか。「対称・非対称」、あるいは「必然・偶然」という対概念のうち、前者を特権化するような思考法は日本語の深層には脈打っていないように感じるからである。同じようなことが、木村資生《もとお》が最初に定式化し、今や現代進化論の重要な一部となった、分子進化中立説——遺伝子の突然変異は、自然淘汰という点からみて、有利なものでも不利なものでもなく、中立的なものが多いという、分子進化中立説にかんしても言えるかもしれない。

自然科学はもちろん、言語学にも通じていない私は、何か強い確信をもっているわけではない。大体、このような漠然とした一般論（generalization）が空疎な文化論に陥ることがあるのも承知しているし、こういう類いの議論がすでに陳腐なものになっている可能性があるのも承知している。また、日本の自然科学者たちが、母語が日本語であることによって不利な立場に立たされているのを否定するつもりもない。ただ、彼らに、このように考えることはできないでしょうかと、ここで、問いかけてみたいだけである。同時に、もし、いづれにせよ自然科学においても微妙な思考は母語でせざるをえないとするならば、日本語が、その言葉でもって科学ができるような言葉であり続けて欲しいと、そう願うだけである。

もちろん、それに欠かせない条件とは、日本において、翻訳文化が、学問でも盛んであり続けるということにほかならない。

つい最近のことだが、『言語天文台からみた世界の情報格差』（注三十七）という興味深い本が送られてきた。サイバースペースを宇宙の天体とみなし、あたかも天文台から観測するように、インターネット上で、どのようにさまざまな言語が発せられているかを観測する。それが、「言語天文台」だという。すでに十年にわたって研究が進められているというが、この時代にいったい何を研究対象とすべきかを見極められる人たちがいるのは、ありがたいことである。彼らの仕事によって、次から次へと面白いことがわかる。たとえば、インターネットを観測したとき、世界でどういう文字がどういう風に流通しているか、どの地域でどの言語が何パーセントぐらい流通しているか、あるいは、かつてはほとんど流通していなかった言語が、いかに徐々に流通するようになってきているか等々。そして、本の題からわかるように、今、「言語天文台」を通して酷いほど浮き彫りになるのは、「デジタルデバイド」といって、言語間で、いかに情報収集能力の格差があるかという事実である。

「学問の言葉」としての、英語の圧倒的な力はいうまでもない。たとえば東南アジア諸国連合（ASEAN）を例にとった調査結果である。その十の加入国に所在する三十五の工科系大学において、ウェブでどのような言語が使われているかを観測してみる。すると、インドネシア、タイ、ヴェトナム、ラオスをのぞいた六カ国では、ほぼ九十パーセントが英語を使っているという。ほぼ九十％というのは、全面的というのと、変わらない。別の言い方をすれば、シンガポール、フィリピン、マレーシア、ブルネイ、ミャンマー、カンボジアの六カ国の工科大学では、母語では学問ができないということである。しかも、「言語天文台」から観察してわかるのは、「学問の言葉」として、英語がウェブで覇権をふるっているという事実だけではない。その対極に、「学問の言葉」などという問題以前に、それ自体がウェブで流通していない言語が、アジア・アフリカにはまだたくさんあるというのもわかる。代表的なソフトウェアがまだそれらの言語に対応しておらず、ことに、検索エンジンが使えないという。私などは何も考えずにコンピューターで日本語を使っていたが、その背後にはITに携わる人たちの努力があったのを初めて思い知った。（ノルウェー系アメリカ人のケン・ランディという人が、精密な漢字コードを開発したという！）

日本で「学問の言葉」の翻訳文化が花開き続けているのを裏打ちする研究報告も収録されていた。「言語天文台」を通じて、さまざまな言語のウィキペディアの記事の数を見てゆき、その数のちがいから、言語間の情報収集能力のちがいを数字で出したものである。まずは百の工学用語をランダムに選び出す。その百の工学用語のうち、甲という言語で、いったいいくつぐらいがウィキペディアの記事として存在するか。乙という言語ではどうか。観察の対象となったのは、百六十一の言語である。英語ではその百の工学用語それぞれにかんする記事が百項目全部ある（そもそも英語から百の工学用語を選んだのかもしれない）。ところがその百項目のうち、八十項目以上が存在していたのは、なんと観察の対象となった百六十一の言語のうち、十の言語しかなかった。そして、そのうちの九つの言語がヨーロッパ語で、残り一つの言語が、日本語だったのである。しかも、百六十一の言語のうち、アジアの言語で観察の対象となったのは五十六の言語だったが、そのうち半分以上の言語では、百項目のうち、二十項目以下しか存在していない。このようなデータを見ると、いかに日本語が、アジアの言語でありながら、素早く新しい概念を——たとえそれがカタカナ表記のままであっても——自国語に取りこみ、翻訳を基盤にして、〈国語〉として機能し続けているかがわかる。（データは少し古く二〇〇九年のものである。）このように〈国語〉がきちんと機能していて、初めて、自然科学の分野でも意味のある研究ができるようになるというのが、よく見えてくる。

## 〈普遍語〉と〈国語〉の役割分担

だが、私のこの本に戻って、その本文にあることをしつこくくり返せば、たとえいくら翻訳が充実しようと、この先は、〈普遍語〉と〈国語〉とは、ちがうところで機能するようになるしかない。〈国語〉がいくら立派に機能していようと、この先、学者として世界に向けて発信するときは、〈普遍語〉で直接発信する人がますます増えていくことには変わらないからである。ただし、そのことは、〈国語〉を軽んじるのに繋がる必要はない。

こうあってほしいという希望的観測もたぶんに入っていたかもしれないが、それを、今一度感じたのは、二〇一三年の末にベルリン自由大学のフリードリヒ・シュレーゲル文学研究大学院に招かれ、比較的長くドイツに滞在したときである。ドイツ語は言語としては英語に近いにもかかわらず、母語人口が多いだけに、道を行く人たちの英語はさほどうまくない。まったくだめだという人もいるぐらいである。スカンジナビア諸国とは大きなちがいである。それでいて、ドイツ人も英語が〈普遍語〉となってしまったという運命は粛々と受け入れており、若い世代になればなるほど、英語をうまく操る。そして、その流れのなかで、自然科学者はもちろんのこと、人文科学者も、博士号などを英語で書くようになってきているのである。

ドイツにおける日本文学の研究者においてもそうである。ベルリンに私をよんでくれたのは、文学研究大学院の学院長であると同時に日本文学研究者として名高い、イルメラ・日地谷＝キルシュネライト教授。ベルリンに行く話があってから偶然会った日本人のほとんどが彼女のことを個人的に知っていたのに驚かされたほど、顔が広く、また、誰にも優しい親切な人である。そして、彼女のもっとも重要な研究は一九八一年にドイツ語で著した、日本の私小説にかんする著書。注が何十ページにもわたる、立派な分厚い本である。一九九二年には日本語訳も『私小説——自己暴露の儀式』として出版されている。ところがことはそこで終わらない。なんと彼女はその本を超人的な努力で自分で英訳し続け、一九九六年にはついにハーバード大学から出版したのである。あたかも、かつての三大国語であったドイツ語に見切りをつけたかのようである。しかしながら、博士号を英語で書くことと、自国語を深く愛していることとは矛盾していない。

ドイツ滞在中はいくつかの大学を回ったが、たとえば、ハンブルク大学で会った日本文学研究者に、金髪碧眼のアイケ・グロスマンという女性がいた。彼女の博士論文は黒川能という重要無形民俗文化財の研究だったが、イルメラより若い世代に属するアイケは、もうそれを直接英語の本で著していた。(ドイツでは博士論文をしばしば一冊の本にしなくてはならない。)「だって英語で書かなくては、世界の人に読んでもらえないでしょう」。アイケは喫茶店で紅茶とパイを前にそう言ったが、続いて、今の学生がドイツ文学の古典をきちんと読んでいないのをしきりに嘆いた。そのあと喫茶店を出て、小人数の学生を前に私が話し終わり、質疑応答に入ったときである。一人の学生が私に訊いた。翻訳家になりたいのですが、どのような訓練をしたらいいのでしょう。私はすぐに応えた。まずはドイツ語の優れた文学をたくさん読んで下さい。すると講堂の前列に座っていたアイケが、首を幾度も縦にふりながら、パチパチと手を叩いた。そして夕食のとき、ああいう風に応えてもらってほんとうに嬉しいと言ってくれた。「良いドイツ語というものを知らないで、良いドイツ語に翻訳なんかできるはずはないと思います。自分の国の言葉を愛していなくては、ほかの言葉も愛せないし」

ドイツ語は、ヨーロッパの言葉のなかで、フランス語と同様、きちんとした〈国語〉として機能し続ける可能性が最も高い言葉である。もちろん、そのドイツ語のなかでも分業が進んでいくのはやむをえない。日本語よりもはるかに英語に近い分、日本語ほどは翻訳を介さずに、「学問の言葉」が〈普遍語〉になっていく可能性が高いであろう。重要なのは、たとえその分業がおこっても、〈国語〉が高みにあるのを望み続けることなのである。

本文の最初の章に出てくるノルウェー人のブリットとは、幸いあれから、オスロ、香港、ベルリンと地球のあちこちで、三回も会う機会があった。そして、四方山話をするうちに、ノルウェー語が英語と近いという事実に、母語人口が少ないという事実が加わり、ノルウェーの大学ではそのまま英語の教科書を使っているのも知った。翻訳書を出版しても採算が合わないのである。だが、そのような状況は、ノルウェー語、しかも「ニーノシュク」という、さらに読書人口が限られた言葉で書くブリットに、少しも暗い影を落としていなかった。彼女は一作ごとにノルウェーでの作家としての地位を固め、いまや大家の風格さえ出てきている。ノルウェー語は、母語人口が少なくとも、母語が「国語」として機能し続ける一つの言葉の例となるであろう。

もちろん、〈普遍語〉と〈国語〉の役割分担は、揺れの大きいものである。ドイツでもノルウェーでも、若い人は、英語の小説を、英語でそのまま読むようになってきている。英語は「学問の言葉」であるだけでなく、読むという行為で見ていけば、「文学の言葉」としても、重きをもってきている。だからこそ、ドイツ人もノルウェー人も、意識的にならざるをえないのである。ドイツ語やノルウェー語が、「文学の言葉」として生き続けられるためには、まずは、それぞれの「国語」で書かれた文学――それぞれの母語で書かれた文学が、どれぐらい読み継がれているか、これから読み継がれていくかに、かかっているということを。

『言語天文台からみた世界の情報格差』を読んで初めて知ったことで、ここでついでに紹介したいことがある。ご存じの方もおられると思うが、ユネスコが承認した記念日に「国際母語記念日」というものがあるという。一九五二年の二月二十一日、当時東パキスタンとよばれていたバングラデシュの首都ダッカで、自分たちの母語であるベンガル語を公用語にするのを求めるデモがあり、そのとき四人の学生が警察に殺された。その悲劇を人類の歴史に残すため、二月二十一日が「国際母語記念日」となった。

インドがイギリスから独立したとき、多数派のヒンズー教徒と少数派のイスラム教徒の対立がはげしくなり、収拾がつかなくなった結果、もともとイスラム教徒が多かった北方地方の東と西がインドから分離した。そのときパキスタンという国が誕生した。しかし、パキスタンという国が誕生したあとでも、東と西では、人々が使う言葉がちがった。東は主にベンガル語を使い、西は主にウルドゥー語を使う。パキスタン全体でウルドゥー語を公用語にしようという動きに異を唱えた東パキスタンでの抗議デモが、一九五二年の二月二十一日の流血事件へと発展したのである。その流血事件は、バングラデシュ独立戦争、第三次印パ戦争へとつながり、やがて一九七一年にパキスタンが分離し、東パキスタンはバングラデシュ（ベンガル人の国）という国名となり独立した。以来、バングラデシュの公用語はむろんベンガル語である。

『言語天文台からみた世界の情報格差』の著者は書く。
「日本では母語の地位が脅かされた歴史はなく、母語を使えることのありがた味が実感されることはない。しかし世界を見渡すと、母語を奪われたことが契機となって、あるいは母語を取り戻す運動が契機となって、民族の独立が実現した例は数多い」

## 続フランス語の凋落

本文に書いたが、IWPに参加したアルゼンチン人の作家、レオポルドのおかげで、『本格小説』がブエノスアイレスの出版社によって、スペイン語で出た。そして、それが縁で、二〇一一年の秋にブエノスアイレスの国際文学祭によばれることとなり、南米などもう死ぬまで行く機会もないだろうと思ったので出かけた。ラ・プラタという町に住んでいたレオポルドは、老いた母親と老いた猫との看病で文学祭には出てこられなかったが、ある晩、あい変わらず細い精悍な身をバスに乗せて会いにきてくれた。このブエノスアイレスで過ごした数日のことは文芸誌にも短く書いたが、フランス語の凋落と英語の台頭とをまざまざと感じた数日でもあった。

アルゼンチンという国は明治維新と同じころに国家統一を達成した。安定した政権と移民を優遇する政策によって、一八八〇年ころを境いにヨーロッパ諸国から移民が続々とブエノスアイレスに集まり、南米のなかではもっとも徹底的に西洋化を進め（もっとも徹底的に土着文化を壊しという風にも言える）、やがて二十世紀初頭には世界有数の金持国家となった。ブエノスアイレスも「南米のパリ」とよばれるほど、コスモポリタンな都市となった。だが、その後は経済的にすっかりと伸び悩み、私が見たブエノスアイレスはその古き良き時代が化石化されて残ったような印象の都市であった。そして、それにふさわしく、古き良きヨーロッパの多言語主義もまだ残っており、文学祭を通じて会うような知識人はスペイン語だけの単一言語者という人はいなかった。

今でも記憶に残る場面が矢継ぎ早に押し寄せてきた滞在だったが、ここでは、フランス語の凋落と英語の台頭をそのまま象徴するように思えた一家族を紹介するに止める。『本格小説』のスペイン語訳の出版社の社長であるアドリアナ・イダルゴ・ソラさんの家族である。本人は自分のことなど何も話さない控えめな人、これであの賑やかなスペイン語が母語なのだろうかと疑うほど物静かな人だったが、インターネットで調べれば、すでに出版社を経営していたという祖父の銅像が目抜き通りに建っており、政治家でもあれば外交官でもあったという父親は、軍事政権と密着していた政府の左翼狩りにより、一九七七年に「消されて」いる。そんな祖父と父をもつ彼女はブエノスアイレスの名門の出なのであろう。招かれた家も立派な邸宅であった。

そのアドリアナの母親に紹介されたことがあった。上質な服と小振りの宝石で目立たぬお洒落をほどこした、「優雅な老婦人」としか形容しようがない人であった。「I am sorry. No English」と申し訳なさそうに言う。セルビアで一人の学者の母親に紹介されたとき、やはりその「優雅な老婦人」も、同じことを言ったが、彼女はフランス語ができた。アドリアナの母親もフランス語ならできそうな感じがするので、「フランス語ならほんの少しできます」と私がおずおずと応えると、ぱっと嬉しそうな顔をして場慣れしたフランス語で挨拶を始めた。すると今まで私と英語で話していたアドリアナも、なんとフランス語に切り替えた。

ところが、アドリアナの息子と娘はもうフランス語はできなかったのである。しかも二人はアメリカン・スクールを卒業していた。息子はアメリカの大学にまで行っていた。二人ともアメリカ人のようではなかったが、アメリカ英語が流暢なので、なんだか半分アメリカ人と話しているような気がした。

ブエノスアイレスに入ってきたヨーロッパの移民はイタリアやドイツからの移民が多く、フランスからの移民はほとんどいない。それでも、知識階級、そして、上流階級の人間は、一時代前のヨーロッパと同様、たしなみとしてフランス語を〈普遍語〉として学んだものと思える。国際文学祭なので当然外国人の作家がよばれており、立食パーティなどである程度以上の年の人が集まると、さまざまな言葉が飛び交い、そのうちフランス語も聞こえた。だが、この古き良き時代が化石化された「南米のパリ」でも、だんだんとフランス語を聞くこともなくなり、「国際」と名がつけば、英語一辺倒になっていくのだろう。

東京に戻る前日の夕方、ブエノスアイレスに住む若い女性二人と逢った。彼女たちは珍しい種族であり、ひょっとすると、死に絶えつつある種族であった。以前文芸雑誌に書いた文章をそのまま引用する。

「フランス語で教育を受けられる学校は一つしかなくって、英語で教育を受けられる学校は百とあるのよ」

私をヴィクトリア・オカンポ（昔の大富豪で、「Sur＝南」という南米でもっとも重要な文芸雑誌を出版していた女性）の山荘に誘ってくれた、ディアナという若くて美しい振り付け師の女性が私に言った。フランス語である。フランス語の学校で教育を受けたという。四分の一「モトムラ」という日本人の血が入った女友達がおり、その彼女を紹介したいというので、ホテルのそばのカフェで逢った時だった。四分の一「モトムラ」さんはやはり若くて美しい。日本人らしく見せようと、髪を黒く染め、ストレートパーマをかけているが、流暢にフランス語を話していると、気の毒だが、パリジェンヌにしか見えない。思えば、あの二人は今や少数派となりつつある若者の代表だった。

英語学校の悪口が自然と続いた。そもそも英語学校の卒業生は金儲けにしか興味がない。無教養で退屈な人たち。しかも、必須の外国語が、今まではフランス語だったのに、中国語を選べるようになったりしている——等々。すべてが私立なので、ある程度余裕のある層の子弟たちの話である。

パリのように道にせり出しているカフェであった。北の空に太陽が移りゆくなかで、その一角はパリによく似ていた。だが、このヨーロッパのある時代で時間が止まってしまった街にも、ゆっくりとだが、英語の世紀はやってきているのであった。（注三十八）

## アジアの〈国語〉の混乱

恐縮だが、またまた国際文学祭の話である。二〇一四年の秋、インドネシア・バリ島のウブドでの文学祭に招かれ、かねがねバリ島には行きたいと思っていたので、やはり意を決して、行くことにした。こちらは『本格小説』の英訳が十年以上かかってようやく出たのをきっかけに、招かれたのである。バリ島では二〇〇二年、二百人以上の死者を出した、外国人観光客を狙った自動車爆破事件があった。ウブドの文学祭は、それに対する「healing ＝癒やし」をもたらそうと始まったものだそうで、東南アジアで一番大きな文学祭だという。

よく言われる、バリ島の自然の美しさ、文化の豊かさ、人々の優しさに、招待側の献身的な熱意が加わり、文句のつけようのない経験であった。それでいて、何かフランク・キャプラの映画『失われた地平線』（一九三七年）を観ているような居心地の悪さを滞在中ずっと感じていた。映画の『失われた地平線』では、アジアのどこかにある架空の国シャングリラが理想郷として描かれているが、どういうわけかその理想郷では白人は労働せず、美しい衣を着て、ピアノを弾いたり、乗馬したり、談笑したりしており、その傍らで、アジア人だけがこれまた奇妙に楽しそうに労働をしている。アジア・アフリカのほとんどが西洋列強の植民地だった一九三七年、西洋人の世界観というものは、こういうものだったのかと、いささか憮然としながら、改めて思う。バリ島があるインドネシアはオランダの植民地であり、日本軍の支配を経たあと、戦後再植民地化をめざしたオランダとさらに四年間にわたって戦い、一九四九年に独立した。だが、それから六十五年経った今もまだ国として貧しく、観光が盛んなバリ島では、観光客と現地の人間のあいだには、大きな経済的な差がある。だが、経済的な差だけでは片づかない、何とも命名しようのない溝が感じられる。自分が映画『失われた地平線』の名誉白人になったような気がしたのもそのせいだと思う。

泊めてもらうことになっていた分不相応なホテルに夜に着けば、痩せたバリ人が、段々畑のような段差だらけのホテルの敷地内を、私の大きな荷物をひょいひょいと肩に載せて運んでくれる。庭つき離れのような風情のある一室で朝起きるころには、落ち葉を箒で掃き寄せる音が絶え間なく聞こえてくる。日に二回も部屋を整えてくれる。背中に山とシーツを背負った彼らと道で行き交えば、それこそ笑み一杯の顔を見せてくれる。日本人観光客のブームは過ぎ去り、今観光客の大半をオーストラリア人が占めるせいだろうか、私が泊めてもらったホテルに白人客が多かったせいだろうか、本国ではふつうの暮らしをしているにちがいない西洋人が、贅沢を求めてだけでなく、映画やテレビドラマでしか見たことのない植民地時代の西洋人の優越そのものを追体験しようとして来ているような気がした。機会があれば観るようにしていたインドネシア映画で、主人公には白人の血が混ざっているのが歴然としている俳優が多く使われているのにも、三百年近く西洋に植民地化されていた傷跡のようなものを感じた。

滞在中、考えざるをえなかったのは、日本が西洋の植民地にならずによかったということではない。いかに日本が西洋の植民地に危うくなりそうだったかということである。『日本語が亡びるとき——英語の世紀の中で』を書く前に読むべきだった本がある。『イザベラ・バードの日本紀行』（注三十九）。イザベラ・バードという勇敢な英国女性旅行家が、明治維新から十年後の一八七八年（明治十一年）、まだ西洋人が足を踏み入れたことのない東北や北海道などを巡ったときの思い出を文章にしたものだが、旅行記が始まる前の序章が、たいへん興味深い。なにしろ、当時は、「教養ある英国人」でさえも、日本などという極東の島国にかんしては、何の知識もない。それだけではない。知識がないどころか、日本人にとってはあれだけの意味があった明治維新も念頭にない。日本という国もどうせ西洋の植民地になっているのにちがいないと思いこんでいるのである。彼らは訊く。「ハリー・パークス卿は日本の総督でいらっしゃるの？」「日本の総督は終身官でしたっけ？」「日本はいまロシアの領土だったっけ？」。このような「教養ある英国人」の無知は、日本が西洋の植民地となるのを免れたのが、いかに例外的だったかを教えてくれるし、また、明治維新のあとも、福沢諭吉が日本が独立国でいられるかどうか憂慮していたのと、呼応する。

話がわき道に逸れたが、バリ島の文学祭で感じ入ったのは、それでも、すでに、インドネシアにおいては〈国語〉が立派に機能しているということである。アジア・アフリカのほとんどが西洋の植民地であったのは当然として、西洋のどの国の植民地であったかということが、のちの〈国語〉の発展に関係してくるのではないかという思いを強くした。すなわち、インドネシアが英国領ではなく、オランダ領であったこと——その歴史がインドネシア人にかつての宗主国の言葉を捨てるのを容易にし、インドネシアにおいての〈国語〉の発達を勢いづけたのではないかということである。インドネシアの唯一の公用語であるインドネシア語（バハサ・インドネシア）は、それを母語とする人は全人口の十分の一しかいないのにもかかわらず、今は国の共通語、行政語であるだけでなく、大学で使われる「学問の言葉」でもあれば、もちろん、「文学の言葉」でもある。文学祭でも、インドネシアの観客たちは、驚くほど熱心に、インドネシア語の作家たちがインドネシア語で語るのに聞き入っていた。なかには、イギリス育ちのインドネシア人で、十二歳で祖国に戻ってから自分の言葉に深い興味をもち、英語でもインドネシア語でも書いているという女の人もいた。もちろん英語の力は強く、富裕層は子供に英語を学ばせ、なかには自分の子供はインドネシア語が下手だなどと自慢したりする風潮はあるようだが——このような風潮は日本にもある——今後しばらくはインドネシア語で読み書きする情熱が国民を捉えるのではないだろうか。

さきほど『言語天文台からみた世界の情報格差』から引用した、東南アジア諸国連合（ASEAN）を例にとった調査結果だが、工科大学において自国語で学問ができる四カ国——インドネシア、タイ、ヴェトナム、ラオス——には元英国領は入っていない。逆に、自国で学問ができない六カ国——シンガポール、フィリピン、マレーシア、ブルネイ、ミャンマー、カンボジア——は、元仏国領だったカンボジアをのぞいて、すべて元英国領である。

もちろんすべては物の見方による。ウブドの文学祭に集まった元英国領からの作家たち——インド人、バングラデシュ人、イラク人（彼は空港で毎回七時間ぐらい足止めをくらうそうである)、シンガポール人、マレーシア人などのアジアの作家の流暢な英語を聞いていると、やはり日本もアメリカの植民地になっていたほうが良かったのではないか、などという情けない思いが一瞬胸をよぎる。東京国際文学祭にも招かれたという、中国系マレーシア人の作家、タッシュ・オーとは昼食を一緒にして、いろいろ話したが、つるりとした東アジア人の顔をした彼がテーブルの向こうで完璧なイギリス英語を美しく操るのを見ていると、複雑な気持になる。英語で書いた小説がそのままロンドンなどで出版されているのを知ると、複雑な気持になる。

日本語の作家としては、このような思いから永遠に自由にはならないであろうが、それを受け入れて書き続けるよりほかに道はない。英語で書いていない作家は、みな、同じ思いを抱え、それを受け入れて書き続けているのだから……。

## 近代文学の古典を読み継ぐことの意味

さて、ここからは、第七章の、英語で書き直した部分に行く。

第七章を英語で読む読者にとって到底理解しがたいことが、まず一つある。日本の国語教育が、優れた近代文学を読み継ぐのにまったく主眼を置いていないということである。そもそも日本では、そのようなものを読み継ぐべきだという国の方針も国民の合意も意志もない。だが、英語圏の人々、いや、西洋語圏の人々、そして、たぶん多くの非西洋語圏の人々のあいだでは、自国の近代文学の古典（＝canons）というものは読み継がれるべきだという考えは、わざわざ言うまでもないほど、広く共有されたものなのである。

くり返すが、近代文学の古典とは、すでに専門家の対象となった前近代の古典とは別ものである。それは、〈国語〉が成立してからの作品群——ふつうの人が大きな困難もなく読むことができ、人によってはそこにしばしば戻り、生涯にわたっての会話を保てるような作品群である。たとえば英語圏でいまだに揺るがぬ近代文学の古典を挙げるとすれば、それは、シェークスピアの劇である。

だからこそ、彼らは、国語教育において、二つの目的を掲げる。その言葉で読み書きができるようになること、そして、その言葉で書かれた古典に触れる機会をもつことである。各国で移民の数が膨れあがりつつあるこの時代、「国民文学」ということにかんして、昔ほどナイーヴに話せなくなってきている。また、どのような作品が古典とみなされるべきかについては議論がある。女の作家、有色人種の作家、現存の作家などの作品をもっと古典とみなすべきだ、など。さらには、規範的な古典という概念そのものを疑う人たちもいる。ことに自国語や自国文学を護る必要などない英語圏においては、規範的な古典という概念そのものに対する批判が盛んである。だが、そもそものような批判は、古典を読み継ぐべきだという国の方針と国民の合意が大前提としてあって、初めて、出てくるものなのである。

ところが日本ではそのような前提が共有されていない。そして、日本でそのような前提が共有されていないこと自体が、英語でこの本を読む人にとって、すなわちある程度の読書人にとって、にわかには信じがたいことなのである。彼らの多くは日本文学が「主要な文学」とみなされてきたことを知っているし、それに、なによりも日本という国は、近代国家でありながら、良きにつけ悪しきにつけ、たいそう伝統を重んじる国であるという神話が生きているからである。

そこで、英訳では、主にアメリカ人の読者を念頭におきながら、このような日本の状況を端的に示すものを二つ挙げた。一つは本文でも触れている〈国語〉の授業時間の少なさである。もう一つは、〈国語〉の教科書の内容の薄っぺらさである。アメリカの学生の学力の低さ——ことに数学や理科の学力低さは——はよく知られているが、アメリカ人が自国語の学習にかんしてどういう教育理念をもっているかは、別の話である。日本でゆとり教育の揺り戻しがあったあとも、中学校三年の国語の授業時間は増えていないことは本文で述べた。今、日本人の十人に九人は高校に進学するが、実は高校の状況はもっとひどい。文科省の拘束からはより自由になるが、国語の授業時間は増えるどころか、国語教育に特別に力を入れている高校をのぞけば、かえって逆である。なかには、インターナショナル・スクールでもないのに、英語には週七時間を割き、国語には週二時間しか割かないという高校まである。ハイスクールを通じてふつう週五時間国語の授業があるアメリカ人にとっては、理解に苦しむ状況である。また、日本の大学の状況は、アメリカの大学から見ても、さらにひどい。アメリカの大学では「English 101」とよばれるような必須科目が一般的にあり、大学一年生でそれを受講する。だが、日本の大学ではそれに該当するような国語の必須科目はない。東京大学でも、英語はふつう三学期履修するが、国語は一学期も履修しないで卒業できる——というより、一学期も履修せずに卒業するほうがあたりまえなのである。

そして、それに加えて、日本の国語の教科書の内容の薄っぺらさ。（本文でも述べたが、私が経験したアメリカの国語の授業では、ふつう教科書を使わず、一冊づつ本を読んでいった。）そして、その内容の薄っぺらさが象徴する、古典を読み継ぐことにかんするまったくの無関心。それらをアメリカ人の読者——あるいは何人であろうと英語でこの本を読む読者——に知ってもらうため、英訳では、日本の教科書の内容を具体的に紹介することにした。選んだのは、日本のもっとも多くの中学校で採用され、国語の教科書市場の六割のシェアを誇るある出版社が作ったものである。それでは、その出版社の二〇一三年中学三年用の教科書——一学期ではなく、中学三年全体を通して使われる国語の教科書を、見ていこう。

色も鮮やかな絵、写真、図形などが満載された教科書はなかなか立派なものだが、なんと厚さが一・二五センチしかない。活字は子供の絵本のように大きい。使われている紙が上質な薄い紙なので、薄い本なのにもかかわらず一応三百一ページもあるとはいえ、読むための教材は大目に見積もっても百十五ページ、すなわち三分の一強しかない。そのなかで、最も長い文章は、どういうわけか、中国近代文学の父といわれる魯迅の作品を翻訳したもので、計十二ページ。次に長い文章が八・五ページ。読むための教材のほとんどは抜粋でしかない。小説のほかに、評論、新聞記事、科学についてのエッセイなども載っている。世に聞こえるとは言いがたい自由詩も三編載っている。そして、残りの三分の二弱は、国語を学ぶための説明と用例に使われているのである。漢字の練習や文法の説明などのほかに、「説得力のある考えを述べよう」「自分の魅力を伝えよう」「言葉を使おう」「文章の形態を選んで書こう」「三年間の歩みを編集しよう」などの、もっともらしい課題が、あちこちに埋め込まれている。

なぜもっと読むための教材を増やさないのか。

しかも、驚くべきは、読むための教材の少なさだけではない。驚くべきは、近代文学の古典に触れさせようという意図がどこにも感じられないことである。本を開いて逆さまにして振っても、どこからもそのような意図は漂ってこない。「いにしえの心と語らう」という古文を紹介する章をのぞいては、死んだ作家と現存する作家の作品が——というよりも、それらの作品の断片が、ごちゃまぜに載っているが、パラパラとめくるだけで、現存する作家の数が、死んだ作家の数をはるかに凌駕しているのがわかる。実際に数えてみれば、掲載されている十六作の散文や自由詩のうち、なんと十一作が現存している作家のものである。残りの五作も、そのうちの二作は、つい最近死んだ作家――ほぼ現存といえる作家のものなのである。すなわち、十六作のうち十三作が、現存か、ほぼ現存の作家のもの。日本近代文学の古典だとみなされうるものは、森鷗外の『高瀬舟』のほかにはない。最後に六ページにわたって、申し訳のように、「古典・近代文学の名作」と称して、『伊勢物語』から三島由紀夫の『潮騒』までの断片が数行づつ載っている。漱石からは『草枕』からの引用が六行。それだけである。高校の教科書も同じようなもので、中学校と同様、載っている文章のほとんどが現代作家によって書かれたものだし、課外読書案内では、どの本屋にも並んでいるような現存の作家の作品が、多数を占める。

もちろん国語教育に熱心な学校、熱心な国語教師にあたれば別である。そのような学校や教師は、教科書などには貴重な時間を取られないようにし、自分で選んだ文章を生徒に読ませるであろう。また読書好きの生徒は勝手に自分で本を読むであろう。まともな学校、まともな教師、まともな生徒なら誰も本気に取らない教科書をここで取り上げてもしかたがないという見かたもあるかもしれない。だが、教科書というものは、日本のように国が認定する場合、一応は国の教育方針を映し出す鑑のようなものである。貧富や男女の差にかかわらず、高度な教育を受けられるようになって久しい今の日本において、国そのものが、優れた近代文学を読み継ぐことなどには何の重きも置いていないのは確かである。また、多くの国民がそのことを気にもかけていないのも確かである。

日本近代文学を読み継ぐことが、日本語が亡びるのを食い止めるなどと考えるほど、私は能天気ではない。ただ、日本語を〈国語〉として護らねばならないという合意が日本人のあいだに生まれなければ、この先、いったいどうなるか。〈国語〉としての日本語があたりまえのものになってから、日本語の圧制からアイヌ語や沖縄語を護らねばならないと言われ、私はそのような動きに反対するものではない。だが、日本から一歩離れてものを見れば、日本語そのものが、護らねば亡んでしまう、か弱いものなのである。日本語はどこの言語グループにも属さないうえ、人口減少に伴い、母語集団も減ってゆく言葉である。しかも、日本という一つの国でしか使われていない。日本語を護らねばならないという合意に達するのは、日本人にしかできないことなのである。その合意に達する初めの一歩として、優れた近代文学を読み継ごうという気運が生まれること——私が願うのは、それだけである。知ることは愛することに通じるという格言があるが、知らないものを、どうやって愛することができるだろうか。

## 「書き言葉」と占領軍

なぜ、日本の教育では近代文学の古典が教えられないのか。それ以前に、なぜ、日本語自体がそのような粗末な扱いを受けるようになったのか。そもそも、なぜ、第二次世界大戦後に、本文で述べたような文字改革がいともやすやすと行われたのか。アメリカ人を主な対象とした英訳では、日本語版とはちがった角度からも、この問題を考えようとした。光を当てたのは戦後の日本の知的風景とアメリカの占領軍との関係である。

実は『日本語が亡びるとき』が出た二年後に『戦後日本漢字史』（注四十）という本が出版された。親しみやすい選書という形を通じて、私が知ったのは、戦後、日本語がローマ字化されるのに、いかに限りなく近いところまできたことがあったかという事実である。占領軍（およびアメリカ教育使節団）によって、日本語をローマ字表記に変えるべきだという提言がなされ、日本の国語審議会で、ローマ字化が盛んに議論されるようになったというのは、本文でも書いた。だが、その実現が、かくも目前に迫っていた瞬間があったとは知らなかった。隠されていた事実ではなく、知っていた人は知っていたようだが、今一度、少しでも多くの人に広めたいので、ここで『戦後日本漢字史』で学んだ事実を紹介する。

敗戦から三年目の一九四八年八月。漢字を使うことがいかに日本人の識字率を低くしているか、いかにその識字率の低さが民主主義の広がりを阻むものであるか――それを立証しようと思い立ったのが、占領軍の民間情報教育局の将校、ジョン・ペルゼルである。彼は文部省に全国的な調査を行うのを命令し、その命令を受けた文部省の教育研修所は、日本人男女の十五歳から六十四歳までのうち、ランダムに選ばれた一万六千八百十四人を対象に広範囲にわたる調査を実施した（日本初の「無作為抽出法〈ランダムサンプリング〉」の実施だという）。だが、予想外のことに、この調査から、漢字が日本人の識字率を下げているという結論を導くことはできなかった。文盲の定義にあてはまったのは、調査の対象のうち、たった二・一パーセントしかいなかったのである。

この調査結果はペルゼルには信じがたいものであった。ある日彼は自分のホテルの一室に、調査に関わった若い言語学者、柴田武をよびつけ、結果を書き換えるのを求めた。柴田武は、その当時も、のちに東京大学の教授となってからも、一生を通じてローマ字論者だった。だが彼は「学者として」そのような書き換えはできないと断った。ペルゼルはそれ以上押さなかった。かくして、二人の男による、このホテルの一室の短い話し合いでもって、日本語は、ローマ字表記にされる運命を危うく逃れたのである。

もちろん、これを機に、ローマ字化への動きが完全に止まったわけではない。本文でも述べたとおり、そのあとも、占領軍、そして、占領軍が消えたあとは、日本語改革論者が多数派を占めた国語審議会によってローマ字化、表音化への議論は進められた。くり返すが、これらの動きにおおやけに休止符が打たれたのは、一九六六年、国語審議会の総会で、当時の文部大臣であった中村梅吉が、「当然のことながら国語の表記は、漢字かな交じり文によることを前提」とすると述べたときである。だが、ジョン・ペルゼルと柴田武とのホテルでの会談が、別の方向へと流れていったとしたら、日本語はどういう道を辿ることになったであろうか。

あのとき、ローマ字論者であった柴田武が、ペルゼルの申し出を拒否せずに、統計の書き直しをしていたら、どうなっていたか。あるいは、ペルゼルが自分の申し出を大人しく引っこめずに、強く言いつのり、そんなペルゼルに押されて柴田武が折れてしまったとしたら、どうなっていたか。おそらく文部省は、即、ローマ字表記の強制に踏み切ったであろう。そうしたら、日本語は、新字、新仮名づかいなどといった、すでに施行された文字改革どころではなく、ローマ字表記になっていた可能性が大いにあるのである。同音異義の多い日本語では、たとえば「seikō」という単語は、成功、精巧、星光、性行、性交などの意味をもちうるが、混乱を避けるため、一つか二つの意味に限定されざるをえなかったであろう。いったいどうやって、漱石をローマ字で読めるというのか。いつしかは、日本語をローマ字化することの狂気沙汰に気づいて、漢字かな交じり文に戻ったであろうか。

　戦後の文字改革などにいまさら文句を言っても、時代遅れの人間だとしか思われないし、福田恆存の名などを出せば、「ああ、あの「てふてふ」の人ですね」という風に片づけられてしまうのが現状である。だが、あの戦後の文字改革は、日本語を完全に表音表記にしようとした人たちにとっては、初めの一歩でしかなかったのである。「言葉は自然に変わる」などというと、いかにももののわかりが良さそうに聞こえるが、歴史的には正しくない。もちろん言葉は自然に変わる。それはあたりまえのことである。だが、言葉というものは国家権力とそのイデオロギーによっても変わる。ことに「書き言葉」はそうである。そのような現実を無視して言葉の変化を語るのは、言葉のもつ政治性を無視したものである。「言葉は自然に変わる」と提唱する人たちも、日本語が、あのあと、ある日を境いにローマ字表記になっていたら、まさか自然に変わったとは思わないであろう。

　トルコ語の表記がアラビア文字からローマ字に変わったのは、トルコ共和国建国の父であり初代大統領だったアタテュルクの意志によるものであった。（二〇一四年に大統領となったエルドアンが、それをアラビア文字に戻そうとして現在揉めている。）インドネシア語はローマ字で表記されるが、オランダの植民地だったときはオランダ人が発明したオランダ式の正書法。一九四七年にオランダから独立したあとは、文部大臣の命により英語に近い共和国正書法。一九七二年からは、さらに「改良」された正書法。こういう風にインドネシアの正書法が変化していっているのは、国家権力によるものである。もちろん本文で述べたように、モンゴル文字がキリル文字に変わったのも、ソビエト連邦の傘下にモンゴルが入れられたからである。また、既存の文字をインターネットに載せやすいようローマ字表記に変えることが最近はあるが、たとえ国家権力が介入していなくとも、そのような変化を自然な変化だと言い切ることはできるだろうか。

英訳で、ジョン・ペルゼルと柴田武との逸話を入れたのは、アメリカ人にとって、戦後、自分たちの占領軍が日本語をどうしようとしていたか、それを知るのに意味があるだろうと思ってのことである。同じ占領軍の政策でも、財閥解体、農地解放、婦人参政権なども含む民主化は、ほとんどすべてのアメリカ人が是とするであろう。だが、日本語のローマ字化はどうであろうか。もちろん、アメリカ人には、覇権文化に住む人間特有の呑気な普遍主義者がたくさんいる。なぜこんなに便利なローマ字アルファベット――神がじきじきに人類に与えたとしか思えないほど便利なローマ字アルファベットを、世界中が使わないのだろうと不思議に思う人がたくさんいる。少なくとも、そう想像できる。だが、翻訳でこのような本を読もうとする読者は別である。彼らはたぶんに知識人に限られ、そして、知識人はおおむね文化の多様性を大切にすべきだと信じている。異文化同士がお互いの特性を尊重し合うべきだと思っている。そのような読者は、自分たちの占領軍は他の国の文字文化に対して出過ぎた真似をしたと思うであろう。

だが、そこで話は終わらない。そのような読者は、次に、疑問に思うかもしれない。昔から（紆余曲折はあったとして）基本的には表音主義者の牙城だった文部省はともかく、一般の日本人はこのような表音主義への動きをどう捉えていたのか。識字率も高ければ、書物も充分に流通していたというのに、表音主義への動きに異議を唱える人はいなかったのだろうか。占領軍が去ったあと、なぜもっと議論がなかったのか。学校の教師、新聞や雑誌などのメディアの人間、出版社の編集者など、文字改革を率先して実行に移さねばならなかった人たちはどう考えていたのか。実際にものを書く人はどうだったのか。日本の知識人は何をしていたのか。

英訳で戦後の日本の知的風土にかんして少しページを割いたのは、英語でこの部分を読む読者の頭に右のような疑問が浮かんでも不思議はないと思ったからである。英語圏のメディア――そしてたぶん世界のメディア――を通して日本を知る限り、ひどく偏った日本像しか浮かんでこない。もちろん、日本にかんする報道などは、ふつう、ほとんどない。世界は不穏な出来事だらけで、そのこと自体は驚くに値いしない。ただ、驚くべきは、いかに日本の右翼的、保守的な動きだけは、いまだにまめに報道されるかということである。ことに第二次世界大戦がらみのことは、日本の政治家などが少しでも愛国的だと思える発言をしたりすれば、待っていましたとばかりに、報道される。人間は、自分の世界観を逆撫でしない物語を好み、逆撫でするものを排除するからであり、英語圏のメディアでは、日本人は、いくら技術的に最先端を行くおもちゃに囲まれていようと、どこか反動的な人たちでなくてはならないのである。そのような偏った報道が、戦後から今にいたるまでずっと続いていた結果、英語圏のほとんどの人が何も知らされていないことがある。ほかでもない、日本にも左翼的、進歩的な人たちがいるという事実である。のみならず、戦後五十年間にわたって、日本において、まさに進歩的文化人とよばれた人たちの言説が言論界を支配していたという事実である。日本が、アメリカなどから見ると、進歩的どころか、鉄のカーテンの向こう側の言説さえもしばしば縦横する国だったという事実である。そして、アメリカ人にとっては存在すらしていないその日本の進歩的文化人が、平和主義のみならず、平等主義というものを信奉し、そのうちの多くが、ことばはかんたんなほどよい、と思っていたのであった（言葉という文化資本は、かんたんなほど万人に平等に行き渡る）。あるいは日本語を考察の対象にするのを避けていたのであった。知識人といえば、そのような進歩的知識人を指し、文字改革などに異論を唱えた知識人は、即、保守的というラベルを貼られた。

右のようなことを英訳ではかんたんに説明した。小説とはそれ自体が小宇宙のように閉じたものであり、その中である程度は意味が完結する。翻訳する際に、その歴史的背景がわからなくとも、構わないところがある。ところが、このような本の翻訳は、歴史的背景がわからないと、意味をなさないことがたくさんある。戦後の日本の知的風土を皮相的にでも理解してもらうのは、書かれていることが意味をなすためにも、英語圏の偏った報道を少しでも修正するためにも必要だと思った。

日本の英語の教育問題に触れたあと、英訳は次のように締めくくった。

英語の時代において、どのように英語＝外国語を学ぶかという問題――それは非英語圏の人たちだけの問題だとは思えない。どのように自分たちの言葉以外の言葉を学ぶかは、英語を母語とする人たちも考えるべき問題ではないだろうか。世の中にさまざまな言葉があるのを知るのは、世の中の見かたがさまざまでありうるのを知ることであり、人間として当然もつべき謙虚さを身につけることにつながる。だからこそ、英語を母語とする人たちも、当然のこととして、外国語を学ぶべきである。義務教育及び高等教育で外国語の学習は必須科目になるべきである（今、アメリカの教育で外国語教育がますます疎かにされつつあること、さらにはアメリカで出版される全書籍のうち、翻訳本が三パーセントしか占めないこと、翻訳文学となると、なんと、〇・七パーセントしか占めないことなどを考えると、大国にふさわしい人材が充分に育っているかが不安になる）。また、国際会議で使われる英語は国際語として、ある程度、規格化されるのが望ましいと思う。英語圏の人にしか理解できない冗談などは、いくら当人たちは楽しくとも、遠慮してもらえればと思う。加えて、いわゆる「Simple English＝かんたんな英語」と、子供の使う英語とを混乱しないでくれたらと思う。英語を母語とする人たちは、ラテン語系の単語を衒学的だと言って敬遠するが、外国人にはしばしばそのほうがわかりやすいのである。外国人にとっては、子供の使う「母語度」が高い英語のほうが、わかりにくい。

もし、母語がそのまま〈普遍語〉であるという彼らが、自ら率先して、右に述べたようなことを実行してくれたら、いかに世界から感謝され尊敬されるであろうか。いや、そこまでは望めないとしても、少なくとも、彼らが自分たちが特権的な立場にいるのを認識し、さらに、これはもっと重要なことだが、その特権的な立場というものに、根拠がないのを認識してくれれば、それだけでいかに、彼らも含む、世界の人みながやりやすくなるであろうか。このようなグローバル化の時代、全世界の人々が共通語として使う一つの〈普遍語〉が台頭するのは、必然であった。くり返すが、その〈普遍語〉が英語となったのは、英語が本質的により普遍的な言葉だったからではなく、歴史の偶然が重なってのことでしかない。英語は偶然によって〈普遍語〉となった言葉（＝accidental universal language）なのである。

英語を母語とする人たちの多くが、ほかの言葉の扉を開いてみたとしよう。すると、そこには想像したこともない光景が遠くどこまでも広がるのが見えるであろう。そして、それらの人のなかには、真に恵まれているのは、自分たちではないと思う人も出てくるかもしれない。真に恵まれているのは、いつも言葉にかんして思考するのを強いられた人たち、いつまでも、この世界の豊かさに驚かされるのを強いられた人たちではないだろうか――と、そう思う人も出てくるかもしれない。

# 注

## 一章

（注一）二〇一三年には、千四百人以上の作家を百四十カ国以上の国から迎えたという。

（注二）二〇一四年末には人類の数は七十二億を越した。

（注三）二〇一三年にはノルウェーの人口は五百万人に達した。

## 二章

（注四）Minaé Mizumura, "La littérature moderne japonaise: deux temps," Le Temps des œuvres/Mémoire et préfiguration, sous la direction de Jacques Neefs, Presses Universitaires de Vincennes, 2001. 一部加筆した。

（注五）"Japanese Literature," Encyclopaedia Britannica Online, August 15, 2008.

（注六）二〇一三年十一月の時点では、モンゴル文学は約二千三百語、リトアニア文学は約六百語。

## 三章

（注七）ベネディクト・アンダーソン『増補　想像の共同体——ナショナリズムの起源と流行』白石さや・白石隆訳、ＮＴＴ出版、一九九七年。

（注八）梅森直之編著『ベネディクト・アンダーソン　グローバリゼーションを語る』光文社新書、二〇〇七年。

（注九）二〇一三年には参加国の数が二十八なのに対し、「公用語」は二十四。

（注十）実は本書のゲラに手を入れている最終段階で、ベネディクト・アンダーソンの『想像の共同体』が『定本　想像の共同体』という新たな題のもとに、二〇〇七年七月に出版（英語の原本は二〇〇六年十一月に出版）されたのを知った（白石隆・白石さや訳、書籍工房早山）。もっと早くに気がつくべきだったが、私自身の本が五年もかかったので、『想像の共同体』が新たに出版されたのに気がつかなかった。新しい本には、「旅と交通――『想像の共同体』の地伝について」という書き下ろしのエッセーが最後に載っている。しかも、そこでアンダーソンは、英語がかつてのラテン語のような〈普遍語〉であることを、自著に対しての謙遜も含めて、認めている。「本書（以下ではICと呼ぶ）は、二〇〇六年末までには、三十カ国、二十七言語で出版されることになる。本書がこれほどまで普及したのはその質のためではなく、それが元来、ロンドンで、英語で、つまりかつての教会ラテン語と同様、いま世界的にヘゲモニーをもつ言語で出版されたためである」。早稲田での講演が二〇〇五年四月に行われていることを考えると、英語のもつ力により意識的になってきたものと思われる。もちろん、そこから続く文章には、英語が〈普遍語〉となったことにかんする深い考察はない。だが、英語が〈普遍語〉となったことが、アンダーソンの目にも歴然としてきたのを初めて確認した。

## 四章

（注十一）実は漱石自身日露戦争が勃発したときには、『従軍行』という題を冠した勇ましい新体詩を書いたことがある。あとで、後悔したかもしれない。

（注十二）加藤徹「明治維新を可能にした日本独自の漢文訓読文化──特集　中国古典の叡智に学ぶ」『中央公論』六月号、二〇〇八年。氏の小論を読み、「漢文」にかんしてのいくつかの疑問が解けた。また、「漢文」を「古文《グーウエン》」とよぶのを知った。

（注十三）山口仲美『日本語の歴史』岩波新書、二〇〇六年。漢文訓読でカタカナの占める地位がどう視覚的に変化していったかについて、氏の本で初めて具体的にわかった。

（注十四）品田悦一「国民歌集としての『万葉集』」、ハルオ・シラネ・鈴木登美編『創造された古典』新曜社、一九九九年。

（注十五）鈴木範久『聖書の日本語──翻訳の歴史』岩波書店、二〇〇六年。

（注十六）加藤周一・丸山真男校注「翻訳の思想」『日本近代思想大系』岩波書店、一九九一年。

（注十七）丸山真男・加藤周一『翻訳と日本の近代』岩波新書、一九九八年。

## 五章

（注十八）『金色夜叉』が、バーサ・M・クレーというイギリス人女性が書いた『女より弱き者』（『Weaker Than a Woman』）をもとにしたというのは、堀啓子という研究者によって二〇〇〇年に発見された。

## 六章

（注十九）Kevin Kelly, "Scan This Book!," The New York Times Magazine, May 14, 2006.

（注二十）さらには、二〇一三年、インターネットを通じ、米国の国家安全保障局が膨大な個人情報を世界中から収集していることがわかったが、ここではそれにも触れない。

（注二十一）"Remember Detroit," The Economist, March 11th 2006.

(注二十二) "U.S. Universities Rush to Set Up Outposts Abroad," The New York Times, February 10, 2008.

(注二十三) "The brains business—A survey of higher education," The Economist, September $10^{th}$, 2005.

## 七章

(注二十四) 船橋洋一『あえて英語公用語論』文春新書、文藝春秋、二〇〇〇年。

(注二十五) 船橋洋一・鈴木孝夫「英語がニッポンを救う」、中公新書ラクレ編集部＋鈴木義里編『論争・英語が公用語になる日』二〇〇二年。

(注二十六) 二〇一三年九月二九日においては、トップ三十のうち二十八。

(注二十七) "Elite Korean Schools, Forging Ivy League Skills," The New York Times, April 27, 2008.

(注二十八) 大野晋「英語第二公用語論の見当はずれ」『週刊朝日』四月二十一日、二〇〇〇年。氏が挙げている例は、在日ドイツ人子弟のための「東京横浜ドイツ学園」とパリの「ノートルダム・デ・シャン女子学園」である。

(注二十九) イ・ヨンスク『「国語」という思想——近代日本の言語認識』岩波現代文庫、二〇一二年。イ・ヨンスク氏の本からは近代日本における日本語の形成にかんして多くを教えられた。

(注三十) 私自身ふつうは、部分的に「伝統的かなづかい」を使うが、この本は評論に近いものなので、単行本は「新かなづかい」に統一した。だが文庫本では再び混ぜた。ご存じのように、丸谷才一などはずっと「伝統的かなづかい」で書いていた。

（注三十一）榊原理智「『山びこ学校』というユートピア――一九五〇年前後における〈書く主体〉の創出――」『日本文学』十一月号、二〇〇七年。一九五〇年代の国語教育において、「すべての国民が書ける」のにいかに重点が置かれたかは、このような小論にも明らかである。

（注三十二）スティーヴン・ロジャー・フィッシャー『文字の歴史』鈴木晶訳、研究社、二〇〇五年。

（注三十三）河合隼雄「国際社会で不可欠な「手段」」、中公新書ラクレ編集部＋鈴木義里編『論争・英語が公用語になる日』二〇〇二年。

（注三十四）坂口安吾は『日本文化私観』のなかで、文学には特権的な価値を与えている。「僕は文学万能だ。なぜなら、文学というものは、叱る母がなく、怒る女房がいなくとも、帰ってくると叱られる。そういう所から出発しているからである。だから、文学を信用することが出来なくなったら、人間を信用することが出来ないという考えでもある」。たしかに文学とはそこへ帰ってきた人を叱ってくれるありがたいものである。だが、文学も生まれながらに人間の精神に備わっているものではない。それは、〈読まれるべき言葉〉を読み継ぐ、すなわち、伝統文化を継承するという行為を通じて、人間の精神を形づくってゆく。

（注三十五）『声に出して読みたい日本語』の著者である齋藤孝氏は、「小学校の国語の教科書の薄さに日本で一番イライラしているのは、たぶん僕です（笑）」と言っている（齋藤孝・梅田望夫『私塾のすすめ――ここから創造が生まれる』ちくま新書、二〇〇八年）。私も「日本で一番」の一人である。小学生のころからあの薄さが不思議でならなかった。

（注三十六）梅田望夫『ウェブ進化論――本当の大変化はこれから始まる』ちくま新書、二〇〇六年。自分の作品にかんしては、それがロングテール現象の一部となって永遠に残りうるのを知って安心した。

## 文庫版によせて

（注三十七）三上喜貴、中平勝子、児玉茂昭『言語天文台からみた世界の情報格差』慶應義塾大学出版会、二〇一四年。

（注三十八）水村美苗「コスモポリタンな作家」、『新潮』、二〇一二年一月七日。

（注三十九）イザベラ・バード『イザベラ・バードの日本紀行　上・下』時岡敬子訳、講談社学術文庫、二〇〇八年。

（注四十）阿辻哲次『戦後日本漢字史』新潮選書、二〇一〇年。

新版 思考の整理学　外山滋比古

「東大・京大で1番読まれた本」で知られる〈知のバイブル〉の増補改訂版。２００９年の東京大学での講義を新収録し読みやすい活字になりました。

質問力　齋藤孝

コミュニケーション上達の秘訣は質問力にあり！これさえ磨けば、初対面の人からも深い話が引き出せる。話題の本の、待望の文庫化。（斎藤兆史）

整体入門　野口晴哉

日本の東洋医学を代表する著者による初心者向け野口整体のポイント。体の偏りを正す基本の「活元運動」から目的別の運動まで。（伊藤桂一）

命売ります　三島由紀夫

自殺に失敗し、「命売ります。お好きな目的にお使い下さい」という突飛な広告を出した男のもとに、現われたのは？（種村季弘）

こちらあみ子　今村夏子

あみ子の純粋な行動が周囲の人々を否応なく変えていく。第26回太宰治賞、第24回三島由紀夫賞受賞作。書き下ろし「チズさん」収録。（町田康／穂村弘）

ベルリンは晴れているか　深緑野分

終戦直後のベルリンで恩人の不審死を知ったアウグステは彼の甥に訃報を届けに陽気な泥棒と旅立つ。歴史ミステリの傑作が遂に文庫化！（酒寄進一）

向田邦子ベスト・エッセイ　向田邦子　向田和子編

いまも人々に読み継がれている向田邦子。その随筆の中から、家族、食、生き物、こだわりの品、旅、仕事、私……、といったテーマで選ぶ。（角田光代）

倚りかからず　茨木のり子

もはや／いかなる権威にも倚りかかりたくはない……話題の単行本に3篇の詩を加え、高瀬省三氏の絵を添えて贈る決定版詩集。（山根基世）

るきさん　高野文子

のんびりしていてマイペース、だけどどっかヘンテコな、るきさんの日常生活って？　独特な色使いが光るオールカラー。ポケットに一冊どうぞ。

劇画 ヒットラー　水木しげる

ドイツ民衆を熱狂させた独裁者アドルフ・ヒットラーとはどんな人間だったのか。ヒットラー誕生からその死まで、骨太な筆致で描く伝記漫画。

ねにもつタイプ　岸本佐知子

何となく気になることにこだわる　ねにもつ。思索奇想、妄想はばたく脳内ワールドをリズミカルな名短文でつづる。第23回講談社エッセイ賞受賞。

TOKYO STYLE　都築響一

小さい部屋が、わが宇宙。ごちゃごちゃと、しかし快適に暮らす、僕らの本当のトウキョウ・スタイルはこんなものだ！　話題の写真集文庫化！

自分の仕事をつくる　西村佳哲

仕事をすることは会社に勤めること、ではない。仕事を「自分の仕事」にできた人たちに学ぶ、働き方のデザインの仕方とは。（稲本喜則）

世界がわかる宗教社会学入門　橋爪大三郎

宗教なんてうさんくさい⁉　でも宗教は文化や価値観の骨格であり、それゆえ紛争のタネにもなる。世界宗教のエッセンスがわかる充実の入門書。

ハーメルンの笛吹き男　阿部謹也

「笛吹き男」伝説の裏に隠された謎はなにか？　十三世紀ヨーロッパの小さな村で起きた事件を手がかりに中世における「差別」を解明。（石牟礼道子）

増補　日本語が亡びるとき　水村美苗

明治以来豊かな近代文学を生み出してきた日本語が、いま、大きな岐路に立っている。我々にとって言語とは何なのか。第8回小林秀雄賞受賞作に大幅増補。

子は親を救うために「心の病」になる　高橋和巳

子は親が好きだからこそ「心の病」になり、親を救おうとしている。精神科医である著者が説く、親子という「生きづらさ」の原点とその解決法。

クマにあったらどうするか　姉崎等　片山龍峯

「クマは師匠」と語り遺した狩人が、アイヌ民族の知恵と自身の経験から導き出した超実践クマ対処法。クマと人間の共存する形が見えてくる。（遠藤ケイ）

脳はなぜ「心」を作ったのか　前野隆司

「意識」とは何か。どこまでが「私」なのか。死んだら「心」はどうなるのか。――「意識」と「心」の謎に挑んだ話題の本の文庫化。（夢枕獏）

しかもフタが無い　ヨシタケシンスケ

「絵本の種」となるアイデアスケッチがそのまま本に。くすっと笑えて、なぜかほっとするイラスト集です。ヨシタケさんの「頭の中」に読者をご招待！

ちくま文庫

# 増補《ぞうほ》 日本語《にほんご》が亡《ほろ》びるとき ――英語《えいご》の世紀《せいき》の中《なか》で

二〇一五年四月十日　第一刷発行
二〇二五年三月十日　第十刷発行

著　者　水村美苗（みずむら・みなえ）

発行者　増田健史
発行所　株式会社　筑摩書房
東京都台東区蔵前二―五―三　〒一一一―八七五五
電話番号　〇三―五六八七―二六〇一（代表）
装幀者　安野光雅
印刷所　信毎書籍印刷株式会社
製本所　株式会社積信堂


ISBN978-4-480-43266-7　C0195